CHARLES GUILLON

CHANSONS POPULAIRES
DE L'AIN
PRÉFACE DE GABRIEL VICAIRE

ILLUSTRATIONS

De : L. Barillot, — Beauverie, — H. Bidauld, — P. Delance, Norbert Gœneutte, — Grolleau, Jeanniot, — Linder, — P. Morgon, — Raffaeli, — Toffano.

12 GRAVURES HORS TEXTE

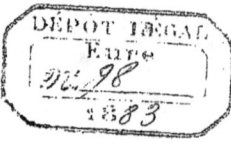

PARIS

Ed. MONNIER ET Cie, ÉDITEURS

16, RUE DES VOSGES, 16

En vente à la Librairie d'Art

125, BOULEVARD SAINT-GERMAIN, 125

1883

CHANSONS POPULAIRES

DE L'AIN

CHARLES GUILLON

CHANSONS POPULAIRES

DE L'AIN

PRÉFACE DE GABRIEL VICAIRE

ILLUSTRATIONS

De : L. Barillot, — Beauverie, — H. Bidauld, — P. Delance,
Norbert Gœneutte, — Grolleau,
Jeanniot, — Linder, — P. Morgon, — Raffaeli, — Toffano.

12 GRAVURES HORS TEXTE

PARIS

Ed. MONNIER ET Cie, ÉDITEURS

16, RUE DES VOSGES, 16

En vente à la Librairie d'Art

125, BOULEVARD SAINT-GERMAIN, 125

1883

PRÉFACE

Le temps n'est plus, Dieu merci, où la critique croyait devoir hausser les épaules au seul mot de littérature populaire. « Fi ! l'horreur ! enlevez ces magots ! » s'écriaient dédaigneusement les délicats, et les plus exquises productions de la muse rustique leur arrachaient à peine un sourire de pitié. A vrai dire, ils ne les connaissaient pas.

« Aucun peuple n'est aussi riche en chansons et en même temps aussi pauvre en chansons vraiment populaires que le peuple français [1] », écrivait en 1831 le philologue Wolff, et bénévolement, nous l'avons cru sur parole. Aussi, quand, écœurés de rhétorique, nous avons voulu revenir à la nature, est-ce aux ballades écossaises, aux romances espagnoles, aux contes allemands et scandinaves que nos poètes sont allés demander de nouvelles sources d'inspiration. Grèce, Roumanie, Serbie, Montenegro, tout y a passé. Seule, la France était tenue à l'écart. Il semblait vraiment que notre peuple fût muet de naissance et que l'alouette gauloise n'eût jamais chanté !

---

[1] Wolff, *Altfranzœsische Volkslieder*.

Pourtant, lorsque, à la suite de Gérard de Nerval et de George Sand, de rares curieux, plus confiants dans le génie de notre race, prirent la peine de se mettre en quête, dès les premiers jours la moisson fut abondante.

En 1852, l'autorité s'en mêla.

Un décret, rendu sur la proposition du ministre Fortoul, ordonna la publication des chants populaires de la France, et, tandis que les documents de toute sorte affluaient au ministère, qui ne sut d'ailleurs en tirer aucun parti [1], d'excellents travaux, dus à l'initiative privée, se succédèrent sans interruption. Je cite au courant de la plume, sans prétendre être complet, le recueil général de Champfleury et Wekerlin, les recueils de Prosper Tarbé sur la Champagne, de Jérôme Bujeaud sur les provinces de l'Ouest, de Max Buchon sur la Franche-Comté, du comte de Puymaigre sur le pays messin, de Beaurepaire sur la Normandie, de Gagnon sur le Canada, de Damase-Arbaud sur la Provence, de Victor Smith sur le Forez et le Velay, de Sébillot et de Luzel sur la haute et la basse Bretagne, de J. Bladé sur la Gascogne, enfin les journaux spéciaux comme la *Romania*, la *Revue des langues romanes* et la *Mélusine*.

Maintenant les publications de ce genre ne se comptent plus. Chaque année en voit éclore un assez grand nombre, et, à mesure qu'elles se multiplient, il est certain qu'elles reçoivent un meilleur accueil.

Les savants ont donné le branle ; les artistes ont suivi, séduits par la saveur étrange de ces chants du peuple qui leur vont au cœur, et voici que le gros public nous arrive, un peu en défiance

---

[1] Il est résulté des recherches provoquées par ce décret un immense recueil manuscrit qui, après être resté longtemps entre les mains de M. Rathery, est aujourd'hui déposé à la Bibliothèque nationale où tout le monde peut en prendre connaissance. On y trouve force noëls, des poésies composées par des instituteurs, des *variantes* des chansons de Pierre Dupont, enfin de tout un peu, même des chants populaires, et dans le nombre quelques-uns de délicieux qui ne sont guère que là.

encore, mais tout prêt à s'intéresser et à prendre part à la fête commune.

En tout cas, il est aujourd'hui hors de conteste, et on doit proclamer hautement que la France possède une littérature orale aussi riche, aussi variée, aussi originale que n'importe quelle nation de l'Europe. Si on ne l'a pas reconnu plus tôt, c'est que malheureusement il n'existe nulle part un divorce plus radical, une scission plus tranchée entre la poésie des simples et celle des lettrés qui s'ignorent l'une l'autre et semblent n'avoir rien de commun.

Jadis il y avait des points de contact. En dépit de l'abus des allégories, Charles d'Orléans et ses contemporains tiennent encore de près au terroir gaulois. Tout mignards qu'ils soient, on trouve chez eux beaucoup de naturel. Villon est peuple jusqu'au bout des ongles. Plus tard Marot, Rabelais, Montaigne, La Fontaine, Molière lui-même sont tous nourris de la fleur des traditions populaires. Mais déjà la séparation s'accentue. Au XVIIIe siècle elle est consommée. Il est vrai qu'un mouvement en sens contraire commence à se produire. Peut-être le jour est-il proche qui verra la réconciliation de ces deux sœurs ennemies dont le plus grand tort a été de se méconnaître, et ce jour, il n'en faut pas douter, sera un jour de renaissance.

*
* *

Qu'est-ce donc que cette poésie populaire, si longtemps inconnue ou bafouée, qui tout à coup s'avise d'attirer l'attention du monde savant ?

Chez bien des gens ce mot n'éveille que de vagues idées de chansons de café-chantant, bassement polissonnes ou simplement idiotes, auxquelles l'orgue de Barbarie a donné pour un jour la popularité de la rue. Rien, à coup sûr, ne ressemble moins aux chants qu'on va lire.

La poésie populaire est celle que le peuple lui-même a composée pour le peuple, poésie anonyme toujours, dont le texte varie sans cesse et que seule la tradition orale nous a conservée.

C'est un art comme un autre, quoique infiniment simple, naïf et borné dans ses moyens d'expression, un art véritable et qui ne laisse pas d'avoir ses règles, ses traditions, je dirai presque ses classiques.

Le vers sans doute est boiteux ; il court cependant. Le rythme ne se distingue pas toujours aisément; on peut être sûr néanmoins qu'il existe. La rime est remplacée par l'assonance ; mais la musique n'y perd jamais rien. Les pieds varient à l'infini. Qu'importe? Il semble qu'on ait affaire à une matière malléable, presque fluide, capable de s'allonger ou de se restreindre à volonté. Les syllabes, trop nombreuses, se tassent d'elles-mêmes. On vient toujours à bout de chanter, et c'est l'essentiel.

Comme noblesse d'origine la poésie populaire ne laisse rien à désirer. Ses parchemins sont en règle et au grand complet. Elle a ses légendes qui datent des croisades, ses contes qui viennent en droite ligne des fabliaux, ses complaintes de bergères qui rappellent l'antique jeu des pastorales.

Les versions que nous en avons se sont, il est vrai, passablement altérées à passer par tant de bouches. Chacun a tenu à y mettre du sien. L'un a ajouté des couplets, l'autre en a retranché. Des mots, dont le sens s'est perdu, ont été remplacés par des équivalents. Le texte primitif n'en reste pas moins reconnaissable sous les mutilations qu'il a subies. Comme le dit fort bien le poète Suisse, Juste Olivier, un de ceux qui se sont occupés les premiers de la question, « le fil change de couleur à mesure qu'il se déroule, mais il n'a pas été rompu [1] ».

---

[1] Juste Olivier, *le Canton de Vaud*.

Au fait, on est toujours le fils de quelqu'un et rien ne sort de rien. A la grande chaîne qui relie entre elles toutes les œuvres humaines, il ne manque pas un anneau. Il est donc permis de conjecturer que les auteurs anonymes de nos vieilles chansons se sont inspirés, pour la musique, du plain-chant de l'Église, la seule musique qui fût à leur portée, pour les paroles, de ces jongleurs du commun, qui, moins favorisés que leurs confrères de haut vol reçus à bras ouverts dans les châteaux, parcouraient nos campagnes, au Moyen âge, afin d'y débiter leurs poèmes interminables.

La plupart de nos chants populaires sont en vers de six pieds, dont le premier ne rime jamais. On peut, sans trop de difficulté, y reconnaître le grand vers des chansons de geste où souvent le premier hémistiche se termine par un *e* muet qui n'est pas élidé.

Mais ce sont là de pures questions de facture. Ce qu'il faut admirer, ce n'est pas le vase, souvent informe et toujours de matière commune ; c'est la liqueur qu'il contient, liqueur franche et généreuse, claire, pétillante, bien faite pour ragaillardir les énervés.

Si notre marche est parfois si hésitante, à nous lettrés d'une époque de décadence, c'est que nous traînons après nous, comme autant de boulets, vingt siècles de rhétorique. Nous savons que nos prédécesseurs ont parlé de toute chose et comment ils en ont parlé. Il n'est rien que nous ne regardions à travers les livres. Nous jugeons les hommes d'après ce qu'on en a écrit, et la nature d'après les tableaux qu'on en a faits. Pour voir par nous-mêmes, il nous faut un incroyable effort de volonté.

Le poète populaire n'a aucune de ces entraves. Le moule dans lequel il coulera ses inspirations, il le connaît d'avance, et c'est, d'ailleurs, la simplicité même. A part cela, il ne sait rien, ne se souvient de rien. Personne ne s'interpose entre lui et la création. Il va droit son chemin, sans même apercevoir les obstacles, jugeant avec son cœur et voyant par ses yeux.

Est-il surprenant qu'il ait gardé une spontanéité d'impression, une franchise d'accent, une fraîcheur d'imagination que nous ne connaissons plus? La rhétorique est une invention des plus compliquées. Il n'a pas encore été assez habile pour la découvrir : bien lui en a pris.

Aussi ne parle-t-il que lorsqu'il a quelque chose à dire. Le papotage, les mots d'auteur ne sont pas son fait. Il ne lui en coûte aucunement de se taire, à ce silencieux ; mais, quand la passion le prend aux entrailles et le secoue, ses cris nous bouleversent l'âme. Ce qu'il a senti violemment, il le rend avec intensité. C'est là tout son secret ; il n'en a pas d'autre.

Voilà pourquoi, en dépit des siècles, ses conceptions restent encore si étonnamment jeunes. Qui est plus vieux que la petite Rosette et la Fille au cresson? Elles n'ont pourtant pas une ride. Jean Renaud lui-même, l'héroïque Jean Renaud qui s'en revient de la guerre, « portant ses tripes dans ses mains », ne semble pas trop dépaysé parmi nous. Et rien n'est plus naturel. Dans l'art des raffinés, chez les meilleurs et les plus sincères, il y a des concessions au goût du jour, des choses qui vieillissent et qui passent de mode. Une convention en remplace une autre, et discrédite sa devancière. La vérité, au contraire, ne saurait changer. Elle est éternelle et toujours la même.

Tout cela sans doute a été dit cent fois. Peut-être cependant, avant d'entrer dans l'examen du présent recueil, n'était-il pas inutile d'y insister. Si vif que soit dans notre société démocratique le sentiment de l'égalité, une simple paysanne en jupon court et en sabots noirs ne franchit pas, sans trembler, le seuil d'un salon bourgeois. Ses bijoux ont beau être en vieil argent, ses dentelles valoir une fortune, le premier freluquet venu se croira le droit de la mépriser. Pour être acceptée, il lui faut une présentation en règle. La belle a montré patte blanche, et voilà qui est fait.

* *

Rien n'est amusant comme la chasse aux chansons populaires. Avec le métier de peintre de paysages, c'est, il me semble, ce qu'il y a de plus agréable au monde. Et pourtant de cette chasse on revient souvent bredouille. Le paysan s'imagine volontiers qu'on se moque de lui; défiant à l'excès, il ne se livre qu'à son corps défendant. Voulez-vous l'amener à vos fins ? Il faut avoir su l'apprivoiser de longue date. Et même alors, que de déceptions ! Pour quelques trouvailles de haut prix, que

Jeanne Vugnon, femme Cherel et Joseph Brédy, dit Lafleur, de Ceyzériat.

de couplets sans valeur, que de refrains insignifiants, empruntés au répertoire des cafés concerts ! Je ne parle pas des interpolations, des enchevêtrements sans nombre, où il est presque impossible de se reconnaître. Si vous demandez l'explication de quelque mot abracadabrant : « C'est ainsi, vous répondra-t-on ; la chanson dit comme cela. Je n'en sais pas davantage ».

Puis le chanteur, pour être en possession de tous ses moyens, a besoin de s'humecter largement la gorge, et si vous avez l'imprudence d'outrepasser la dose, sa langue s'empâte, ses idées s'embrouillent. Il est désormais impossible d'en rien tirer.

Tous ces contre-temps, l'auteur de ce livre les a connus. Heureusement pour lui, il a rencontré, chemin faisant, d'excellentes gens d'une bonne volonté à toute épreuve, point très jeunes, mais, doués d'une incroyable sûreté de mémoire, vrais puits d'éru-

Antoinette Basset, femme Perraud, de Rossillon

dition populaire : d'abord Jeanne Vugnon, femme Cherel, et Joseph Brédy, dit Lafleur, de Ceyzériat, puis Antoinette Basset, femme Perraud, et Jean-Marie Suchet, dit Trois-Vieilles, de Rossillon.

Pour leur donner une preuve de sa reconnaissance, il a tenu à ce que leurs portraits figurassent en tête de ce volume, et très certainement on aura plaisir à rencontrer ici ces aimables et souriantes physionomies du bon vieux temps.

M. Guillon a, d'ailleurs, très sagement limité son champ d'exploration. Toutes les chansons qu'il nous donne sont empruntées à la Bresse et au Bugey. Encore s'en est-il tenu pour la Bresse aux environs de Bourg, à Ceyzériat, à Revonnas, à Jasseron, au Revermont en un mot; pour le Bugey, à la vallée de l'Albarine et aux alentours de Rossillon.

Entre les chants des deux contrées, il n'y a guère de différence appréciable. Simple question de nuances.

Jean-Marie Suchet, dit Trois-Vieilles, de Rossillon.

Le Bressan, l'homme de la plaine, est, de sa nature, un peu endormi. Long, lourd, lent, lâche, a-t-on dit de lui, non sans injustice, car personne ne résiste mieux à la fatigue, n'est plus dur à la peine, et un autre proverbe local assure qu'il est invincible quand il a cassé ses sabots.

Pour le Bugiste, il se ressent naturellement de l'air vif de ses montagnes, de la fraîcheur de ses torrents. Son caractère est plus décidé, son tempérament plus nerveux, son allure plus dégourdie. Qu'un beau jour il se mette à improviser, son inspiration, soyez-en sûrs, n'aura rien de mélancolique.

Mais, ne vous y trompez pas. En quelque lieu qu'ils aient été recueillis, il est bien peu de chants auxquels on puisse avec certitude assigner un lieu de naissance déterminé. Le propre de la poésie populaire est, en effet, l'ubiquité. Toute pièce spéciale à un pays est, par cela même, suspecte ; et on ne peut affirmer qu'une chose, c'est que telle variante est connue en tel endroit. Bien fin qui prétendrait résoudre la question des origines.

Champfleury parle quelque part d'une chanson qui aurait grimpé sur je ne sais quelle montagne et passé dans l'autre versant. Si cette chanson était vraiment populaire, tenez pour certain qu'elle a été bien plus loin encore et qu'elle n'en était pas à ses débuts. Que de chemin elle a dû parcourir avec les conscrits et les compagnons du tour de France ! Vous la croyez méridionale, et voici qu'elle vous arrive du Nord. Vous l'avez rencontrée en Bretagne à quelque pardon, en compagnie des pèlerins et des malingreux. Bientôt vous la retrouverez en Provence, lançant au soleil d'or ses notes joyeuses, dans l'enivrement poudreux d'une farandole.

Son accoutrement, il est vrai, a changé, et il peut se faire qu'elle ait laissé choir quelques ornements, mais qui hésiterait à la reconnaître? Même les noms de lieux et de personnes ne font rien à l'affaire et ne prouvent rien. Le château de Beaufort devient à volonté le château de Delfort, de Boncourt, de Beauvais, etc, et dans les manuscrits de la Bibliothèque nationale il existe une bien curieuse version de la chanson du Mauvais Mari, arrangée sans doute par quelque rancuneux soldat de l'expédition d'Italie, où le tyran domestique se trouve être... devinez qui ? Ni plus ni moins que l'empereur François-Joseph.

Faut-il en conclure que la Bresse et le Bugey ne sont pour rien dans les chants qu'on lira tout à l'heure? Ce serait se tromper étrangement. D'abord, la plupart de nos *Ebaudes* [1], peu anciennes en général, beaucoup de nos chansons de coutumes, etc., très évidemment nous appartiennent en propre ; et quant aux chansons qui nous ont été apportées du dehors, elles ont pris, en venant chez nous, une sorte de goût de terroir, quelque chose comme l'accent de nos provinces. Cette monnaie courante, nos populations ne l'ont pas acceptée comme argent comptant ; elles l'ont refrappée à leur empreinte, et il est aisé de s'en apercevoir.

Au moins, ne trouvera-t-on rien ici qui ne soit absolument vrai et sincère. Certains collecteurs de chants populaires ont cru pouvoir les arranger quelque peu, afin de les rendre plus présentables. D'autres, moins scrupuleux encore, ne se sont pas fait faute de donner au public des chansons forgées de toutes pièces. Sans parler du Barzaz-Breiz, sur lequel la discussion est aujourd'hui close, n'est-il pas certain que le recueil des chants de la Franche-Comté contient plusieurs poésies de la composition de Max Buchon lui-même qui, on le sait, était un poète rustique d'un vrai talent ? La chanson des quenouilles, par exemple, sur laquelle on s'est tant extasié, n'est qu'un lied allemand, fort ingénieusement transformé, j'en conviens, mais qui n'a rien à démêler avec le génie populaire français. Et Jérôme Bujeaud lui-même, l'excellent et consciencieux Jérôme Bujeaud, n'aurait-il pas cédé à la tentation commune en retouchant, dans l'intérêt de la morale et de la poésie, la vieille complainte de la Femme du marin ?

---

[1] Les *Ebaudes*, sortes de sérénades, sont nos chansons d'amour.

L'auteur de ce livre n'a pas donné dans ce travers. Au risque de rebuter son lecteur par des incorrections et des platitudes sans nombre, il ne s'est pas permis de changer une syllabe aux textes recueillis par lui. Il estime, en effet, que l'honnêteté la plus stricte lui faisait un devoir d'agir de la sorte et qu'un document ne saurait avoir d'autorité, si l'authenticité absolue n'en est garantie.

Peut-être aurait-il dû donner pour chaque pièce des références, indiquer les principales variantes contenues dans les recueils publiés jusqu'ici. Mais, outre qu'une érudition aussi facile à se procurer n'a rien de très méritoire, il a pensé qu'elle serait toujours forcément incomplète, puisque les recueils en question ne sont rien auprès de ceux qu'on attend, et il a jugé bon de s'abstenir d'un travail de Pénélope, toujours à refaire.

*
* *

On s'étonnera sans doute de ne pas trouver dans ce volume de chansons patoises. Nous en avons de charmantes, et, pour sa part, M. Guillon en a recueilli un très grand nombre. Si, comme il l'espère, le public accueille favorablement sa publication d'aujourd'hui, elles ne sauraient tarder à voir le jour.

Pourquoi ne pas avouer, d'ailleurs, que les chants en dialecte sont infiniment moins populaires que les chants français ? « J'affirme, dit Bujeaud, qu'il est peu de chansons purement patoises sorties du peuple. Le paysan qui parle patois à son ordinaire, le repousse quand il crée, quand il chante. » Au premier abord, cela a l'air d'un paradoxe, mais qu'on veuille bien y réfléchir, rien ne semblera plus explicable. Pour être dégagée de tout préjugé classique, la muse populaire n'en est pas moins une muse ; elle est femme, elle est coquette, elle a sa dignité et son quant à soi ; volontiers, pour me servir d'une expression du cru, elle se met sur son trente-six. Avez-vous remarqué que les enfants et les illettrés, bien loin d'écrire comme ils parlent, compliquent à plaisir l'orthographe des mots qu'ils ignorent? Le peuple, ce grand enfant, est ainsi, toujours vrai, mais pas toujours simple. Lorsqu'il fait œuvre poétique, rien n'est assez recherché pour son goût. Il emploie donc de préférence la langue noble, le français, mais en la traitant à sa façon, qui du moins ne manque ni de relief, ni d'originalité. Parfois il a des raffinements qui étonnent, des préciosités infinies, d'incroyables entortillements de phrases. Par bonheur, le naturel est là qui sauve tout.

Pour les chansons patoises, quand elles ne sont pas tout simplement la traduction d'une chanson française universellement répandue, on peut presque toujours les attribuer à des lettrés, à un notaire de village, à un instituteur, à un magistrat, à quelque bon curé de campagne, ami du franc vin et de la gaudriole. Tel est, pour le dire, en passant, le cas de la chanson la plus répandue peut-être qui soit en Bresse, de cette *Liaudainna*, dont l'air est si charmant, véritable romance sentimentale dans le goût de Navarrot et de Despourrins. Certainement je suis très loin d'en faire fi, elle a beaucoup de grâce et d'ingénuité, mais enfin ce n'est rien moins qu'une chanson populaire.

Pour être tout à fait sincère, je dois reconnaître que plusieurs de nos poésies amoureuses en français, pourraient bien n'avoir pas non plus une origine absolument villageoise.

> Il y a six mois que c'était le printemps.
> Je conduisais sur l'herbette naissante
> Mon p'tit troupeau, ma famille bêlante.
> J'ai commencé mon devoir à quinze ans.
> J'ignorais tout, tant j'étais innocente, etc., etc.

On retrouve dans ces strophes faciles comme un écho des bergeries du XVIIIe siècle. Florian évidemment a passé par là. Mais transplantées à la campagne, ces belles dames de la ville s'y sont acclimatées à merveille ; elles ont laissé à la porte de la ferme bouffettes et rubans de satin, et ont pris quelque chose de la simplesse de leurs sœurs rustiques. On pense, en les écoutant, à ces fontaines enchantées qui transforment tout. Vous y avez jeté un caillou vulgaire. C'est une cristallisation merveilleuse qui vous est rendue. De loin, on jurerait des diamants. Mais n'approchez pas trop. Vous seriez désillusionné.

Il faut convenir aussi que les chansons de date récente (on en trouvera plus loin quelques spécimens) sont loin de valoir leurs aînées. Le paysan n'avait jadis d'autres sources d'inspiration que la tradition orale et quelques-unes de ces naïves histoires qui composent le fonds de roulement de la bibliothèque du colportage, Geneviève de Brabant, Pierre de Provence et la belle Maguelonne, les quatre fils Aymon, etc., Aujourd'hui, il lit des journaux et digère mal ses lectures ; il va à la ville voisine, à la brasserie, au *beuglant* et en rapporte pêle-mêle des couplets chauvins, des inepties sentimentales ou ordurières. Cependant il n'a pas dit un adieu définitif aux vieilles croyances, aux légendes d'autrefois. Toutes ces choses se pressent dans sa tête et n'y font pas trop bon ménage. Faut-il s'étonner que son inspiration, si franche quand elle était pure de tout contact étranger, se soit corrompue ?

Volontiers il se guinde et veut lutter avec les auteurs de profession ; les mots nouveaux et prétentieux qu'il a retenus sans les comprendre, il les emploie tout de travers et à l'aveuglette, il sort de la tradition populaire hors de laquelle il n'y a pas de salut pour lui, et c'est alors qu'il compose des vers comme les suivants :

> Ma Rosalie, elle m'est infidèle,
> Et cependant je l'aimerai toujours.

> Ces cris, ces pleurs que j'ai versés pour elle
> N'ont pas encore éteint le feu de nos amours.
>
> Mes amitiés sont à ma Rosalie,
> Comme les siennes doivent en être à moi.
> J'engagerais cent fois ma vie
> Pour un de ces beaux jours, si je pouvais l'avoi.
>
> Oh! que mes cris, mes pleurs, que rien ne la touche.
> Rien n'est sensible à ma douleur.
> Un doux baiser que j'ai pris sur sa bouche,
> J'ai senti le bonheur gravé dedans mon cœur.
>
> Vous autres garçons qui allez voir les filles,
> N'en faites pas tous comme moi.
> N'y allez point auprès de ma Rosalie,
> Elle vous délaissera, malheureux comme moi.

Voilà ce qu'on gagne à vouloir forcer son talent.

Imaginez un laboureur en redingote. N'est-il pas cent fois plus gauche que dans ses habits de travail? Et nos jolies paysannes, elles aussi, ont grand tort d'abandonner le costume national. Le petit bonnet des filles leur allait si bien! Sous le grand chapeau Bressan à dentelles et à glands d'or elles avaient un air si drôle! Aujourd'hui qu'elles s'habillent en dames, elles sont presque ridicules.

Qu'on ne l'oublie pas pourtant : si vulgaires et de si triste mine que soient quelques-unes de nos chansons, elles ont encore leur bon côté. A défaut d'autre mérite, elles valent comme documents. Et que veut-on de plus en un temps où la recherche du document tourne à la manie? En justice, on admet le témoignage des humbles comme celui des riches. Écoutez donc ces pauvres chansons villageoises, si gauchement attifées, qui se tiennent si mal et bégayent à peine quelques mots de français. Après tout elles viennent de la pleine campagne, elles ont respiré l'odeur des bois et des champs, un esprit de sincérité est en elles qui les porte et les transfigure. Peut-être ont-elles à vous dire quelque chose qui vous surprendra.

⁂

Mais il est temps d'entrer dans le détail du livre et d'en indiquer, avec quelques développements, les principales divisions.

On a cru devoir mettre en tête du volume les prières et les chants religieux. A tout seigneur tout honneur. Telle est au reste, si je ne me trompe, la voie indiquée par les maîtres du genre, à commencer par M. Gaston Paris.

Aux prières d'abord. Si elles sont peu nombreuses dans ce livre, c'est qu'en général elles se disent en patois, et l'auteur en a rassemblé sous cette dernière forme un assez grand nombre qui paraîtront plus tard. On y verra figurer les *Ovre à Dieu*, la *Raison de Dieu*, enfin tout ce cycle étrange et cabalistique qui se trouve au grand complet chez MM. Ribault de Laugardière, Victor Smith, Carnoy, etc.

L'Église, est-il besoin de le dire? n'a rien à démêler avec ces prières. Bien loin de les encourager, elle les a combattues de tout son pouvoir, et le curieux auteur du Traité des superstitions, Jean-Baptiste Thiers, docteur en théologie et curé de Vibraye, va jusqu'à voir dans la *petite patenôtre blanche* qu'on peut lire ici (c'est un mélange de la prière de l'ange Gabriel et de la prière avant de s'endormir) une des huit manières de faire un pacte tacite avec le démon.

Cette opinion paraîtra bien dure aux bonnes gens qui, de temps à autre, marmottent encore, par habitude et sans y voir malice, les naïves oraisons du temps passé. On ne songe plus guère de nos jours à évoquer Satan et le sens caché des conjurations est bien près d'être perdu. Il y a là cependant, semble-t-il, un souvenir très reconnaissable, non seulement des hérésies disparues, mais encore des religions antérieures au christianisme, qui, blessées à mort en apparence, n'ont pas laissé parfois d'influer sur lui.

Après leur défaite, ces religions baroques ont trouvé un asile chez le peuple, et là, dans le grand mystère des champs et des bois, elles se sont refait une virginité.

A Bouligneux, en Dombes, quand on veut se guérir de la fièvre, on fait un soleil à six rayons, on le porte sur une éminence et on s'agenouille devant lui comme pour l'adorer. Puis on le jette à la rivière la plus proche, et vite on s'éloigne sans se retourner[1].

Comment ne pas voir ici un reste du culte de Belenus, de ce petit soleil d'argent dont parlent si souvent les chansons populaires? Et dans la prière de la *Raison de Dieu*, une de celles qu'on connaît encore chez nous, la petite planche « pas plus grosse qu'un cheveu » sur laquelle les âmes doivent passer après la mort, n'évoque-t-elle pas l'idée de ce pont de l'épreuve, Es-Sirat, si cher à la mythologie musulmane? Quelle singulière coïncidence? Avons-nous donc tout à coup remonté le cours des âges, sommes-nous en Bresse ou en plein Orient?

A parler franc, la dévotion de nos paysans, si sincère qu'on la suppose, sent toujours un peu le fagot. Comme tous les êtres primitifs et dénués de culture, ces bonnes gens ont peine à croire à la puissance des œuvres. Il leur semble bien plus simple d'admettre l'action de bons ou de mauvais esprits que de mystérieuses formules suffisent à vous rendre favorables. En certains endroits le curé passe pour avoir le pouvoir d'apaiser ou de déchaîner l'orage. Il fait un peu l'effet d'un sorcier, et l'Évangile d'un livre de magie.

Quant aux sorciers de profession, bien qu'infiniment dégénérés, ils continuent leur petit commerce. Eux aussi ont des oraisons infaillibles contre tous les maux, oraisons bien

---

[1] V. D. Monnier et Vingtrinier, *Croyances et Traditions populaires*. Le nom de Bouligneux vient de Belenus; c'était le nom du soleil dans notre pays.

humbles, bien naïves, et qui pourtant, dans leur niaiserie, ne sont pas du tout dépourvues d'intérêt. On a souvent cité la prière de sainte Appolline contre le mal de dents. En voici deux ou trois autres moins connues, et prises à la source même.

Êtes-vous mordu par une vipère, récitez ce qui suit :

> Saint Simon s'en va-z-à la chasse,
> A chassé trois jours et trois nuits,
> N'a trouvé qu'une mauvaise couleuvre
> Qui l'a mordu lui et ses chiens.
>   Simon fit un cri,
>   Dieu l'entendit.
>   — Simon,
>   Qu'as-tu donc ?
> — Seigneur, v'là trois jours et trois nuits que je chasse.
> J'nai trouvé qu'une mauvaise couleuvre
> Qui m'a mordu moi et mes chiens.
>   — Simon, prend de la graisse de porc,
>   Et tu t'en graisseras neuf fois,
>   Et tu prendras neuf feuilles de ronce
>   Avec lesquelles tu t'essuiras.

C'est tout. Dites à chaque fois un Pater et un Ave en l'honneur de saint Simon, et vous êtes guéri.

Pour couper la fièvre, il suffit de dire :

> Quand Jésus porta sa croix, il survint un juif, nommé Marc-Antoine qui lui dit : « Jésus, tu trembles ». Jésus lui dit : « Je ne tremble ni ne frissonne ». Et celui qui dans son cœur ces paroles prononcera jamais fièvre ni frisson n'aura.

Les coupures se guérissent encore plus vite. Voici une formule qui, assure-t-on, n'a jamais manqué son effet, pourvu qu'entre chaque mot on fasse un signe de croix :

> Placet consumatum resurrexit Christus.

Et pour obtenir la grâce de supporter avec patience toutes les misères qui nous viennent de la part des hommes, on se procure une image représentant le voyage des trois rois à l'étable de Bethléem et on récite ces paroles :

Belle étoile, qui a délivré les trois rois mages de la persécution d'Hérode, délivre-nous de tout tourment.

Je m'arrête, de crainte de fatiguer le lecteur. Car le formulaire de nos sorciers de village est d'une richesse toute exceptionnelle. C'est vraiment la bouteille inépuisable. On voit d'ailleurs, par ces exemples, qu'il est fort anodin et ne saurait faire de mal qu'à la bourse du client.

J'en dirai autant des honneurs rendus à certains saints que l'Église ne connaît guère et qui doivent généralement à leur nom même la confiance dont on les honore. Par exemple, saint Denis (des nids), près Bourg, est très invoqué pour la conservation de la volaille. On obtient, par son intercession, que les poules pondent de bonne heure. Saint Garadot, à Montrevel, préserve de la rage.

Saint Paul, à Saint-Didier, près Trévoux, guérit les enfants des convulsions (à cause de sa conversion, qu'on a transformée là-bas en convulsion), etc., etc.

N'oublions pas saint Guignefort, très en renom à Neuville-les-Dames, et qui ne fut autre, si on en croit la légende, qu'un grand lévrier, méchamment mis à mort par son maître, dont il venait de sauver l'enfant[1], — non plus que saint Bounet, patron des bœufs et des vaches. Quand viendra la fête de ce dernier, il faudra aller à la première messe, mais en revenant, n'oubliez pas de danser, sans quoi vous n'auriez que des veaux morts-nés.

---

[1] V. le curieux travail de M. Vayssière dans les annales de la Société d'émulation de l'Ain (1879).

A tous ces pèlerinages on chante de pieuses complaintes, comme celles dont le lecteur trouvera quelques spécimens après les prières. La légende de *la Charité* est connue presque partout. On est tenté d'y voir une tentative d'intimidation spirituelle, dirigée par l'honorable corporation des mendiants contre les bourses récalcitrantes.

Restent les Noëls. Ce serait leur place naturelle, mais on n'en a point admis dans ce recueil. Tous ceux que nous avons entendu chanter sont l'œuvre de semi-lettrés, et par conséquent, à peine populaires. Ils sortent généralement d'ailleurs d'une de ces innombrables bibles de Noëls nouveaux dont le colportage a jadis inondé nos campagnes, et comme ces bibles ne sont pas très rares, on y renvoie le lecteur curieux de ne rien laisser échapper de la littérature de notre contrée. Pour les Noëls bressans, déjà publiés par M. Philibert Le Duc, outre qu'ils ne viennent aucunement du peuple, ils sont en patois et n'ont rien à voir ici.

* *

A la suite des chants religieux on a placé ceux qui se rattachent à quelque événement historique. Ils sont peu nombreux, également, et, chose étrange, il en est partout de même en France, au moins dans les pays de pure langue française.

Faut-il y voir une preuve de l'indifférence de notre peuple en matière politique? Le fait est qu'il semble à peine avoir gardé le souvenir des gloires et des catastrophes de son histoire. M. Bladé, dans son recueil si complet pourtant des chants de la Gascogne, n'a pu donner qu'un chant historique. Encore manque-t-il d'authenticité. Et quant aux nombreuses pièces qui composent les deux volumes de Leroux de Lincy, on peut, comme les Noëls, les attribuer presque toujours à de semi-lettrés, fort ignorants sans doute et de très mince génie, qui se sont essayés plus ou moins adroitement à l'imitation des auteurs du temps. Cet art, si c'en est un, n'a rien de commun avec l'art populaire.

Parmi les chansons recueillies en Bresse, une seule, bien qu'on la retrouve, paraît-il, en Auvergne et dans le pays de Vaud, semble faire allusion à la longue domination des Savoyards dans notre pays et aux nombreuses luttes qu'ils eurent à soutenir sur notre territoire. C'est la ronde satirique du *Petit Roi de Sardaigne*. M. Philibert Le Duc, qui en a donné une variante en patois bressan [1], tirée d'un manuscrit de 1715, y voit une allusion au duc Charles-Emmanuel, dit le Grand, on ne sait trop pourquoi, qui, après la mort de Henri III, éleva des prétentions au trône de France comme fils de Marguerite, sœur de Henri II, et en prit occasion de ravager grandement quelques-unes de nos provinces.

La complainte du *Maudit Anglais* est à coup sûr d'une origine beaucoup plus reculée; il est d'ailleurs bien peu probable qu'elle ait pris naissance chez nous. On en trouvera des variantes, plus héroïques et qui semblent moins altérées, dans la *Normandie pittoresque et merveilleuse* de Mlle Amélie Bosquet, et dans l'étude de M. de Beaurepaire sur la poésie populaire dans l'Avranchin [2]. D'après M. Rathery, qui l'a citée avec éloges dans un de ses articles du *Moniteur*, il s'agirait du mariage de Catherine de France avec Henri V d'Angleterre. Mais, en ce cas, notre version serait plus conforme à la vérité que celles où la femme de l'Anglais se tue pour échapper au

---

[1] Philibert Le Duc, *Chansons et Lettres patoises Bressannes, Bugeysiennes et Dombistes*.

[2] Dans ces *variantes*, la femme de l'Anglais préfère la mort au deshonneur. Chez nous, elle se résigne un peu bien vite. M. Smith (*Romania*, 1874) donne des versions empruntées au Forez et au Velay, qui se rapprochent beaucoup de la nôtre.

déshonneur. Car, si on en croit l'histoire, ladite Catherine non seulement ne se tua pas, mais fit très bon ménage avec son mari. Même, après la mort de ce dernier, elle épousa un autre Anglais.

Quant à la *Marquise*, est-ce bien une chanson historique ? J. Bujeaud, qui en donne une très jolie variante, veut qu'il soit question de je ne sais quelle maîtresse de Louis XV dont la mort, plus ou moins mystérieuse, aurait été attribuée au poison. Voilà qui paraît un peu hasardé, mais ce qu'on ne saurait trop admirer, c'est la vigueur et la concision de ce petit poème qui rappelle avec infiniment de naïveté les ballades allemandes. Quatre strophes seulement et tout un drame des plus noirs; c'est le comble du résumé. Notez que cette forme de la ballade, inconnue dans la poésie française, les romantiques pendant longtemps l'ont cherchée en vain, mais ils la cherchaient où elle n'était pas. Il y avait beau jour que le peuple l'avait trouvée.

Outre ces chansons, fort connues en Bresse et en Bugey, on pourrait, je crois, en recueillir un certain nombre sur le maréchal de Biron, ses succès à la cour, ses démêlés avec le roi, sa mort sur l'échafaud. Ce personnage, dont le rôle fut si considérable et la destinée si tragique, a dû laisser d'assez vifs souvenirs dans notre pays dont il fut chargé de faire la conquête pour le compte de Henri IV. Sa rare bravoure, ses malheurs, son arrogance même semblent avoir vivement frappé l'imagination populaire. Aussi est-il un des très rares hommes illustres de l'ancienne France dont le paysan ait retenu le nom. Qui de nous n'a fredonné au sortir de l'école :

> Quand Biron voulut danser,
> Ses souliers fit apporter,
> Sa chemise
> De Venise, etc.

Ainsi vont les choses. De ce foudre de guerre qui fit trembler nos aïeux, il reste tout juste une petite chanson pour amuser les enfants !

*
* *

A côté de l'histoire la légende. Et de fait, dans un recueil de poésies populaires, on a quelque peine à les distinguer, car tout événement historique traité par le peuple, prend immédiatement un air légendaire, quasi fantastique.

Le fantastique n'est-il pas la vie même du paysan ? Oui, ce serf de la glèbe, ce calculateur éhonté, ce fesse-mathieu, ce grippe-sous est au fond tout imprégné de merveilleux. Cet homme de la nature et du naturel est le contraire d'un réaliste. L'idéal est son vrai domaine : il s'y meut à l'aise.

Et ce ne sont pas seulement les mélancoliques landes bretonnes, les brandes du Berry, les roches calcinées de la Provence qui fourmillent de poésies cachées et d'enchantements. Tout calme, heureux et souriant qu'il nous apparaisse, notre cher pays a, comme les autres, sa part de mystère. Dans ses combes verdoyantes, sous l'or des grands blés, dans le bleu des fontaines, grouille tout un petit peuple ignoré du profane. Modeste d'ailleurs et point malfaisant, espiègle à ses heures, presque timide, il sait se tenir à sa place et ne mène pas grand bruit.

Les gens qui passent par la forêt de Jailloux ne se doutent certainement pas qu'elle est hantée des fées. Pauvres petites créatures païennes, oubliées là depuis la chute des anciens dieux, elles ne font aucun mal. Ce sont de vieilles, très vieilles fées, qu'on appelle *les Sauvageons*. A peine ont-elles encore la force de danser au clair de lune, sur l'herbe vert pâle, dans le rond magique.

L'une d'elles avait un petit qui allait toujours courant sur les sapins que les bûcherons coupaient dans la forêt. Un jour, les bûcherons se demandèrent comment ils pourraient le prendre. « Il nous faut, dit l'un d'eux, faire des souliers rouges et les clouer sur le bois. Le gamin mettra ses pieds dedans et nous le prendrons. »

C'est ce qu'on fit, et l'enfant fut pris.

Mais il était triste et se refusait obstinément à parler.

Pour lui dégourdir la langue, on mit des coquilles d'œufs devant le feu.

L'enfant dit alors aux bûcherons :

> J'ai bien des jours et bien des ans,
> Jamais je n'ai vu tant de pt'its tupains blancs.

On ne put rien en tirer de plus.

L'histoire n'est peut-être pas très émouvante, mais elle est populaire en Bugey, et je vous la donne, du moins, telle qu'on me l'a contée, sans y rien changer.

En beaucoup de contrées de la France, on croit à la *chasse volante*. C'est un effrayant cortège de chasseurs qui, à certaines époques de l'année, les uns disent la nuit de Noël, les autres la veille des Rois, passe, comme une trombe, dans l'air glacé, avec des jurons enragés, des aboiements de chiens fous, des galops de chevaux éperdus. A peine l'a-t-on entendu qu'il est déjà loin. Mais il est difficile de l'entendre sans en garder la chair de poule. Qui mène cette chasse ? C'est, dit-on, le grand veneur ou le roi Hugon, ou le roi Artus, ou la chasseresse blanche, ou tout simplement le grand Briquet. Chez nous on pense que ce n'est rien moins qu'Hérode qui, en expiation du massacre des innocents, est condamné à se livrer, pour l'éternité, à ce diabolique divertissement. Dieu vous garde de jamais le rencontrer, car il hurle comme un damné qu'il est, le païen, et, par surcroît, ses chiens vous sauteraient au cou.

Nous avons aussi nos animaux fantastiques, au premier rang desquels il faut mettre la *cocadrille* et la *vouivre*.

D'après une tradition fort ancienne, le coq pond quelquefois un œuf plus petit qu'un œuf de pigeon. Il n'y a pas de jaune, mais à la place un germe noirâtre qui produit un animal ressemblant au crocodile : c'est la cocadrille.

Si, par malheur, on ne trouve pas cet œuf, la cocadrille éclot et va se cacher sous les escaliers, et tous les maîtres de la maison meurent successivement, jusqu'à la destruction de la bête malfaisante.

La vouivre est plus extraordinaire encore. C'est un serpent ailé qui porte un superbe diamant au milieu du front ou un anneau d'or au cou.

On ne peut (c'est du moins la croyance du Revermont) s'en emparer qu'au moment des foins. On prépare alors neuf cuchons de foin qu'on met l'un sur l'autre et on guette le moment où la vouivre s'éloignera pour boire.

Comme elle est obligée pour cela de poser à terre son diamant, si on peut s'en emparer et arriver sous les neuf cuchons avant d'être atteint par l'animal, on est sûr d'avoir fortune faite. Quant à la vouivre, elle dévore huit des cuchons et crève aussitôt.

Je ne parle pas des plantes merveilleuses comme la rose de minuit qui chaque année éclot à la Burbanche, la nuit de Noël, dans la maison de M. Clerc, et qui annonce ce que sera la future récolte.

J'ai hâte d'arriver aux superstitions les plus populaires de notre pays, à celles qui ont trait à la *synagogue* et au *servant*.

La synagogue était une réunion de personnes qui avaient fait un pacte avec le diable. Elle se tenait dans un lieu écarté, un peu sauvage, tous les vendredis, et on y mangeait toutes sortes de chairs, même vous diront les vieux, non sans trembler, de la chair humaine.

Il y avait une synagogue pour trois ou quatre villages. On s'y rendait sous la forme d'un chien, d'un chat, le plus souvent d'un loup. Ce que faisaient là les initiés, Dieu le sait; mais ils en rapportaient des philtres pour ensorceler les gens. Ils jetaient des sorts sur les bêtes à cornes, entraient dans les maisons par une chatière et sautaient sur la poitrine de ceux qui leur déplaisaient, pour les étouffer. Voici à ce sujet une histoire *véritable*, arrivée à Benoît Maclé, des Catagnolles (canton d'Hauteville), grand-père du père nourricier de la femme Perraud, dit Camte, de Rossillon, de qui je tiens l'aventure :

Benoît Maclé revenait un jour de Belley. Quand il fut dans un endroit appelé dans le pays *la Mort-Blanchet*, il vit au loin un grand feu. Or, il y avait alors dans son village un nommé Farcollet, qui depuis longtemps était malade.

Peut-être bien, dit-il, que Farcollet est mort et que c'est sa paillasse que l'on brûle. Car à cette époque, lorsque quelqu'un mourait, on avait l'habitude de brûler la paille du lit dans lequel il était mort.

Quand il arriva devant le feu, voyant une nombreuse assemblée, il leva son chapeau et dit : « Dieu vous aide à tous ! »

Le feu aussitôt s'éleva très haut, puis tout à coup s'éteignit, et des gens qui étaient autour il ne resta rien.

Benoît était alors près d'un endroit appelé la *Vie de Combe-à-Jaux*. Sa frayeur fut telle que ses cheveux en enlevaient son chapeau.

Il arriva chez lui, à moitié mort, et appela sa femme : «Ignan, lève-toi, je suis perdu, j'ai vu la synagogue, et pourtant j'avais toujours dit qu'il n'y en avait pas. » Et à l'instant même, il tomba raide mort.

Le servant ou sergent (en patois sarvan ou sarzan) est infiniment moins désagréable à rencontrer. C'est un esprit malin, dans le genre des Gobelins, des Lubins, des Fifollets qu'on connaît ailleurs. Il fait sa résidence favorite des celliers inhabités ou des vieux châteaux. Parfois il est invisible, d'autres fois on peut le voir sous la forme d'un homme, d'une femme, d'un chien, d'un chat, d'un lièvre, etc. Le feu qu'on lui jette ne lui fait aucun mal. On assure qu'il est invulnérable.

C'est d'ailleurs un assez bon diable, plutôt espiègle que malfaisant et, pourvu qu'on lui mette, sur l'évier, la première écuellée de soupe, il n'en demande pas davantage. Au besoin, il se rend utile, aide les vignerons et les laboureurs.

Parfois, il s'attache à un maître riche, et alors c'est un espion de premier ordre auquel il ne fait pas bon se frotter, ainsi qu'en fait foi cette autre histoire, non moins *véritable*, arrivée à Trépont, près Hauteville.

Il y avait à Trépont un homme qui s'appelait Brocas et qui était casseur de cailloux. Il y avait aussi en ce temps un homme qui était très riche et qui habitait le même hameau. Il s'appelait M. Gallet.

M. Gallet avait une forêt où Brocas allait couper ses manches de massettes.

Toutes les fois qu'en les coupant, il ne disait rien, M. Gallet ne le savait pas. Mais s'il avait le malheur de dire : « Si M. Gallet le savait, il me ferait prendre par son garde », aussitôt M. Gallet en était averti.

Un jour M. Gallet, le rencontrant, lui dit : — Brocas, combien m'as-tu volé de manches de massettes aujourd'hui ?

— Monsieur, je ne vous en ai point pris.

— Si fait, puisque même, en les coupant, tu as dit :

« Si M. Gallet le savait, il me ferait prendre par son garde. »

— Qui donc vous l'a dit?

— Le diable peut-être.

Ce n'était pas le diable, mais bien un servant que M. Gallet avait à son service.

A quelques jours de là, M. Gallet tomba malade. Il avait un lit à quatre colonnes, comme on en avait à cette époque. On appela le curé pour le confesser, mais il ne put approcher du lit, car il y avait un gros serpent, enroulé autour d'une des colonnes, qui, chaque fois que le prêtre s'avançait, lançait son dard contre lui.

Le malade mourut et pourrit sur son lit et on ne sut jamais si le diable l'avait enlevé; mais on fut obligé de mettre dans son cercueil du bois de son lit, ne trouvant rien autre.

Ce naïf récit auquel je n'ai pas changé un mot semblerait indiquer que le servant est moins innocent qu'on ne le représente généralement et que ses services se payent fort cher. On pourrait, il est vrai, invoquer d'autres témoignages en sa faveur; mais il faut se borner.

Voilà, en tout cas, direz-vous, un merveilleux, bien propre à inspirer un poète rustique... et crédule. Qui le croirait cependant? On n'en trouvera pas trace dans nos chants légendaires.

Il semble que le paysan mette une sorte de pudeur à garder de tout contact hostile ses croyances superstitieuses. A grand peine peut-on les lui arracher. Il n'aurait garde d'en faire des chansons. Les malins esprits tiennent au mystère. C'est leur vraie force. Qui sait quelle vengeance ils réserveraient à l'imprudent, capable de trahir leur incognito?

Mais pour si peu la légende ne chôme pas, témoins les curieuses et touchantes complaintes qu'on lira plus loin. Le sujet qu'elles traitent ne varie guère. C'est l'éternelle et dolente histoire d'amour, la vieille histoire; toujours la même, aux champs comme à la ville, avec ses douces peines, ses innombrables péripéties, ses rigueurs vite apaisées, ses ineffables récompenses.

> Qui d'amour a douleur et peine,
> Bien doit avoir joie prochaine,

dit un de nos vieux poètes. Ainsi a dû penser la fille « enfermée, parce qu'elle aimait trop ». Son père la va voir dans la tour :

> Eh bien, ma fille, comment ça va?
> — Oh! mon père ça ne va pas!
> J'ai les côtés rongés des vers
> Et les pieds pourris dans les fers.
>
> Oh! mon père, si vous aviez
> Cinq ou six sous à me donner,
> Je les donnerais au geôlier,
> Pour qu'il me desserre les pieds.

Mais le cruel reste insensible et voilà le cortège de la belle, qu'on emporte en terre. Par bonheur l'amant l'a rencontré ; une fois de plus l'amour a fait un miracle.

> Son cher aimant prend son couteau,
> Le drap de mort coupe en morceaux.
> Quand la belle a vu son aimant,
> Lui saute au cou en l'embrassant.

Tout à côté, voyez Pernette qui soupire :

> Si vous pendolez Pierre,
> Pendolez-moi aussi.

Et la Porcheronne, rêvant à son bel époux parti pour la guerre ; et l'heureuse amie du soldat :

> A la première ville,
> Son aimant l'habille
> En beau satin blanc.

> A la seconde ville,
> Son aimant l'habille,
> En or et argent.
>
> A la troisième ville,
> Son aimant l'habille
> D'un épousement, etc.

A la suite de ces chansons, dont quelques-unes tout au moins semblent fort anciennes, on en a placé d'autres, plus récentes, qui traitent de sujets presque identiques. C'est toujours l'amour qui fait les frais de ces anecdotes et, comme l'amour lui-même, elles sont divertissantes et variées. On est ici dans un monde à part, tout à la fois réel et imaginaire, un monde poétique et évaporé, un peu fou, qui fait penser à la comédie Italienne.

Les filles se déguisent en matelots ou en dragons pour suivre au loin leurs amants, et ceux-ci ne sont pas en reste. L'un s'habille en jardinier pour séduire sa belle, l'autre, comme le le clerc de Saint-Germain et feu le comte Orry, prend la robe de nonnette et entre au couvent. La geôlière fait évader son galant de l'*emprison*, le frère, en manière d'épreuve, tente sa sœur, le soldat, revenant de guerre, trouve sa femme en train de prendre un nouvel époux et la joue aux cartes. On se croirait en carnaval!

Par moments pourtant dans ces belles folies passe comme un vent de cour d'assises. C'est l'inexorable réalité qui réclame ses droits et n'entend pas qu'on l'oublie. Quel est ce cortège funèbre qui marche à l'échafaud,

> Bourreau devant, belle au milieu,
> La justice derrière?

C'est une fille qui a étranglé son enfant.

Et en voici une autre qui soudoie « un chevalier » pour assassiner son père :

> De la part de ta fille,
> Tu mourras sur-le-champ.

Nul doute que des procès criminels, plus ou moins retentissants n'aient inspiré ces funèbres complaintes. Bien qu'étrangement transformés par l'imagination du paysan, on les reconnaît encore.

Mais, en général, nos chants anecdotiques sont plutôt gais et facétieux.

Un thème inépuisable, par exemple, c'est la sottise du lourdaud qui, pouvant tout obtenir de sa belle, naïvement la laisse aller.

> Lorsqu'ils furent arrivés,
> Là-bas, dans la prairie,
> Se mit à découvrir les beaux seins de sa mie,
> A découvrir sa chemisette,
> Son cotillon,
> Son blanc jupon,
> Brodé au fond,
> Se mit à découvrir ses jolis blancs tétons.

Voilà, croyez-vous, une fille assez mal en point. Non, ne craignez rien. Notre amoureux novice va s'en tenir à de fallacieuses promesses.

> Se mit à recouvrir les beaux seins de sa belle,
> A recouvrir sa chemisette,
> Son cotillon,
> Son blanc jupon, etc., etc.

Ne mérite-t-il pas qu'arrivée au *château* de son père, la belle lui échappe avec un éclat de rire ?

> Mon cœur volage m'appartient,
> De moi, lourdaud, tu n'auras rien.

En vain, s'écrierait-il, dans sa confusion :

> La belle, si je te tenais,
> Là-bas, dans la prairie,
> Je t'y ferais changer
> De couleur et de mine.

On lui répondrait, et ce serait justice :

> Quand tu tenais la caille,
> Il fallait la plumer !

*
* *

C'est que la passion, à la campagne, n'est rien moins que platonique. On en jugera par les nombreuses chansons d'amour qui font suite à nos chants anecdotiques. Chez nos jeunes filles l'éveil des sens est précoce :

> Maman, vous n'avez pas raison,
> De m'y défendre l'herbe fougère.
> . . . .
> J'ai carculé mon âge,
> J'ai quatorze à quinze ans.
> Ne suis-je pas dans l'age
> D'y avoir un aimant?

Et le galant répond sans plus de vergogne :

> Embrassez-moi, la belle,
> La belle, embrassez-moi ;
> Permettez-moi la chasse,
> Partout dans vos endroits.

Heureusement tout n'est pas de ce ton. A côté de cette veine franchement grossière, il en est une autre infiniment délicate et pure. Que de jolis couplets, bien dignes d'une anthologie rustique on pourrait extraire de ces fraîches *ébaudes*, où de simples âmes échangent leurs aveux! Que de mignardises et de câlineries! quel tendre et ravissant enfantillage!

> Tandis que la belle sommeille,
> Je vas faire un tour au jardin ;
> Je cueille un bouquet de roses,
> Pour mettre sur ses blancs seins.
> La rafraîcheur de la rose,
> La réveilla soudain,
> C'était bien mon dessein.

Elle passe, si légère, dans la grande fête du printemps, l'heure bleue et charmante du premier amour! La prairie verdoie, le ruisseau babille, le rossignol chante, et, tout près du sien, le galant sent battre « le petit cœur de sa maîtresse ».

> Le paradis est bien pour moi
> Et le cœur de ma blonde!

On est bon, quand on est heureux ; on voudrait que tout le monde eût sa part de bonheur.

> Oh! si l'amour prenait racines,
> J'en planterais dans mon jardin,
> J'en donnerais aux camarades,
> Qui n'en ont point.

Hélas! Il est des soupirants, moins favorisés. Ceux-là font, passez-moi l'expression, le pied de grue à la porte de leurs mignonnes.

> Le chien de votre père
> En parle le latin.
> Il dit dans son langage :
> Galant, tu perds tes peines,
> Galant, tu perds ton temps.

Et quelles exigences ont ces demoiselles !

> Apporte-moi la lune,
> Le soleil à la main.

Voilà un caprice qu'il n'est pas donné à tout le monde de satisfaire. On comprend que l'amoureux rebuté cherche, au cabaret du coin, de faciles consolations.

> Si vous m'aimiez, la belle,
> Je ne boirais pas tant.

L'amour satisfait lui-même finit par lasser. Un jour vient où l'enchantement se dissipe, et tristement l'on se sépare.

> Adieu, je m'en vais voyager
> Sur cet aimable tour de France.

Ou bien il faut boucler ses guêtres, prendre le sac au dos, et, le fusil sur l'épaule, s'en aller au loin.

> Sais-tu, la belle, j'ai pris parti
> Dans la cavalerie française.
> C'est pour défendre la patrie,
> Et t'y montrer que j'ai la main guerrière.

Il ne reste à la délaissée qu'à soupirer à part soi :

> Je voudrais que la rose
> Fût encore au rosier,
>
> Et que le rosier même
> Fût encore à planter,
>
> Et que mon ami Pierre
> Fût encore à m'aimer !

*
* *

Si elle avait été plus riche, peut-être l'eût-on épousée.

> Ah ! dis-moi donc, l'aimant que j'aime,
> Quand nous marierons-nous les deux ?
> — Si tu avais six mille francs,
> Vous parlerions de mariage.

Le galant, cette fois, est sincère ; sincère aussi quand il courtise une femme d'âge, mais amplement pourvue des biens de ce monde. Et si, par extraordinaire, sa mère, moins âpre au gain, vient lui dire :

> Il vaudrait mieux pour toi
> Épouser la fillette,

Un mot répond à tout :

> La veuve a de l'argent.

D'autres sont heureusement plus accommodants, et on se met en ménage, à la diable, sans trop s'inquiéter de l'avenir. Arrivent les enfants ; ils seront quand même le biens venus.

> De quoi les nourrirez-vous ?
> — Avec de la farine,
> Comme les autres,
> Avec du lait de mes tétons,
> Comme les autres font.

> De quoi les habillerez-vous ?
> — Avec des guenilles,
> Comme les autres,
> Guenilles et guenillons,
> Comme les autres font.

La mère, il est vrai, préférerait voir sa fille mariée au richard qui la reluque. Il est vieux, il est laid, il est tortu, il est bossu. Qu'importe ?

> Prends-le, prends-le toujours, ma fille,
> Il faut l'aimer,

Le caresser,
Et lui faire tes amitiés;
Et après tout cela, ma fille,
Jamais lui dire tes pensées.
Car moi j'ai fait longtemps la vie,
Ton cher papa n'en savait rien.
Nous en ferons un grand festin,
Nous danserons la cabriole,
Tout autour de notre jardin.

Le vieux vieillard d'homme ne saurait d'ailleurs beaucoup tarder à mourir, et alors, quel coup de fortune !

Tu seras héritière
De ce riche marchand.

Dame ! Tout n'est pas rose dans de pareilles unions. Au repas de noces, l'époux cacochyme et malingreux, commence par dire à sa jeune femme :

Ma petite Rosette,
Ménageons bien nos dents.

Et la nuit venue, sans plus de cérémonie il se tourne sur l'épaule et s'endort.

Que veux-tu que j'y fasse ?
La fièvre m'a surpris,
Un très grand mal de tête,
En danger d'en mourir [1].

Ces quelques exemples prouvent assez que nos « chants relatifs au mariage » ne brillent pas par un sentimentalisme exagéré. Pas un seul n'a cherché à rendre les joies calmes du foyer, le

---

[1] Ici le poète populaire est dans la vraie veine gauloise; on se rappelle malgré soi un malin conte de La Fontaine.

plaisir de vivre côte à côte et de vieillir ensemble ; on croirait, à les entendre, que la vie commune soit fatalement un enfer. Ou c'est le mari *riboteur* qui maltraite sa femme et lui fait pleurer toutes les larmes de son corps, ou c'est la femme coquette, vicieuse, sans ombre de cœur, qui *jordonne* à la maison et tranche de la princesse.

> Mon mari, je vais à la messe ;
> Tu balieras ma chambrette,
> Tu feras aussi mon lit,
> Mon pt'it cœur vit à son aise,
> Tu feras aussi mon lit,
> Mon pt'it cœur vit sans souci.

Et quand, las d'attendre son déjeuner jusqu'à midi passé, *Petit Dian*, rentre à la maison, il sait bien ce qu'on lui réserve.

> Trouve sa femme couchée,
> Un aimant entre ses bras.

S'il réclame timidement, on lui jette par grande faveur un os à ronger, et on l'envoie à la grange corner avec les bœufs.

Rien de surprenant dès lors à ce que la mort d'un de ces étranges conjoints soit pour l'autre une vraie délivrance.

Le veuf ira danser sur la tombe de sa femme

> De peur qu'elle n'en ressorte.

La veuve sera cent fois plus pratique, Après tout le linceul pourrait servir encore. Pourquoi bêtement le laisser perdre ?

> Je pris mes ciseaux finettes,
> Point à point le décousis.
> Quand j'arrivai à la bouche,
> (D'autres disent crûment : la gueule.)
> J'avais peur qu'il me mordit.
> Quand on le porta en terre,
> Je sautai comme un cabri.

Et toujours l'ironique refrain :

> Ah ! je l'aimais tant, tant, tant,
> Ah ! je l'aimais tant, mon mari !

Comme conclusion à une idylle d'amour, il serait difficile d'imaginer mieux.

*
* *

On comprend après cela que nos chansons de noces ne doivent rien avoir de très folâtre. Si la mariée est jeune et jolie, elle ne saurait se défendre d'un mouvement de vanité, en se voyant si bien parée.

> J'ai ma couronne sur ma tête,
> Ressemble la fille d'un roi.

Mais lorsque, le soir venu, elle se retrouve avec ses compagnes libres encore, le cœur commence à lui manquer.

> Quand je vois ces filles à table,
> Les larmes me coulent des yeux.

Et mélancoliquement, elle s'écrie :

> Adieu, la fleur de nos amours !

Les vieilles coutumes, si pleines de saveur et d'étrangeté, se perdent d'ailleurs chez nous comme partout, et bientôt les noces de campagne ne se distingueront en rien de celles de la ville. Il reste cependant en Bresse et en Bugey quelques traditions curieuses qu'il est bon de recueillir, avant que toute trace en ait disparu.

En Bresse, il est d'usage que lorsqu'un jeune homme recherche une fille en mariage, il fasse tout d'abord demander l'entrée de la maison par une parente ou par une amie.

Cette entrée accordée, il ira faire sa cour (en patois *cortigé*, courtiser).

La veille du mariage, tous les jeunes gens invités à la noce vont souper et passer la nuit chez le futur. Ils en sortent processionnellement, le garçon d'honneur en tête, pour se rendre chez la fiancée. Ils portent deux besaces. La première contient la robe et la jarretière de la mariée. Dans la seconde, il y a d'un côté une bonne tarte et un *pognon*, ou brioche (c'est le bon déjeuner); de l'autre un méchant pâté qui renferme soit une souris, soit une grenouille, soit le plus souvent un oiseau (c'est le mauvais déjeuner).

En cet équipage, ils frappent à la porte de la future.

« Que cherchez-vous ? leur demande-t-on. — Une *pillette* (petite poule), nous savons qu'elle est ici. — Soit, entrez. » Ils entrent; et tout aussitôt la maîtresse de la maison s'informe du propriétaire des deux besaces et demande qu'on veuille bien les lui donner.

— « Non pas, répondent les garçons, elles sont à nous. » Ils font le simulacre de se les arracher l'un à l'autre, et de guerre lasse consentent à ce qu'elles soient enfermées provisoirement dans un cabinet dont la clef est remise au garçon d'honneur. Puis ils s'approchent de la cuisinière et lui réclament à boire et à manger.

— «Trouvez d'abord la pillette, leur dit-elle», et alors commence une recherche qui dure parfois plusieurs heures. Généralement la fiancée est cachée au grenier sous le foin ou dans le coffre à blé, quelquefois dans un arbre du jardin. Lorsqu'elle est trouvée, le garçon d'honneur va chercher la besace qui contient les vivres et offre à déjeuner, puis on apporte l'autre besace et l'épousée est conduite à sa chambre, pour y faire sa toilette. Je n'ai pas besoin de dire que chacune des invitées tient à donner son avis sur la meilleure manière d'ajuster le fichu, la coiffe, le collier, les chaînes (appelées *beautés*) qui retiennent la bavette du tablier, etc. Les jeunes filles surtout ne manquent pas de piquer leur épingle, car cela leur promet un mari dans l'année.

La toilette achevée, et c'est une grosse affaire, les époux s'en vont à l'église, *lou menétri* en tête, et suivis des invités qui braillent à qui mieux mieux des *ébaudes* [1], puis, après la cérémonie, on se rend à la maison du mari.

Dès qu'apparaît le cortège, les vieilles femmes jettent des croisées du grenier des grains de maïs grillé mêlés à des haricots, (en patois *grenatons*), en criant à tue-tête : « Entre, entre, ma fille, tu n'auras pas faim ». Si on manquait à cet usage, ce serait une grave impolitesse à l'égard de la mariée.

Celle-ci est reçue, à la porte, par sa belle-mère, qui tient à la main un pain entier, une carafe d'eau et une bouteille de vin. La bonne femme présente d'abord le pain aux époux qui y mordent à belles dents, puis elle offre de l'eau au mari, du vin à la mariée. Alors seulement elle embrasse sa belle-fille, lui fait un cadeau et la fait entrer. Notez qu'un balai a été placé en travers de la porte et que si la nouvelle épouse entrait sans le ramasser, elle serait d'ores et déjà réputée mauvaise ménagère [2].

Pendant le souper, toujours extraordinairement plantureux, et qui souvent se prolonge fort avant dans la nuit, les époux sont l'objet d'une surveillance spéciale de la part des jeunes gens qui cherchent à les empêcher d'aller se coucher. Parviennent-ils à s'esquiver, toute la noce se met à leur recherche, et

---

[1] Le mot *ébaude* signifie aussi : chanson joyeuse, chant de réjouissance.

[2] En Bugey, les cérémonies du mariage ne diffèrent pas beaucoup de celles que je viens de décrire. Le deuxième dimanche après la noce (*Recenailles*), les jeunes gens du village de la mariée se disputent une quenouille, garnie de *rites*, disant qu'ils ne veulent pas qu'on emporte les rites de leur endroit.

quand on les a trouvés, on leur porte solennellement la *soupe au vin*. C'est le triomphe de la grosse gaieté.

Parfois même on simule un baptême comique. Des clochettes ont été pendues aux oreilles des mariés, et quand le baptême fait son entrée, toute cette sonnerie se met en branle. On baptise l'enfant, qui est généralement fait de vieilles serviettes, et on le présente à la mariée; celle-ci le repousse avec horreur et on fait pour l'orphelin une quête dont le produit est versé entre les mains du maire de la commune.

Le lendemain, on ramène l'épousée chez ses parents où elle devra rester jusqu'au samedi soir qui suit le jour de la noce, et pendant ce temps, son mari devra s'abstenir d'aller la voir, sous peine d'être la risée de tout le voisinage.

Telles sont, ou plutôt telles étaient, car, je le répète, elles disparaissent de jour en jour, les cérémonies du mariage dans nos campagnes. Les chants spéciaux qui s'y rapportent sont peu nombreux, et aujourd'hui quelques vieillards sont seuls à se les rappeler encore. Disons bien vite qu'ils n'ont jamais eu chez nous la même importance qu'en Bretagne, en Berry, en Poitou, où, semble-t-il, la tradition s'est mieux conservée.

En dehors des chants de noces, on ne trouve à signaler que quelques rares chants de quête (jour des Rois, premier mai) et la chanson du jour des Brandons.

Le premier mai surtout était fêté en Bresse de la façon la plus poétique et la plus gracieuse. Ce jour-là les jeunes gens de chaque village s'en allaient de porte en porte demander des œufs, précédés d'une jolie fille, toute enrubannée et fleurie, qu'on appelait la reine de mai, et chantant :

> Voici le joli mois de mai,
> Que les rosiers boutonnent, etc.

Le jour des Rois, on quêtait la part à Dieu. Le dimanche des Brandons (premier dimanche de carême), on se rassemblait après vêpres et on parcourait les rues en criant : « *Pourta, pomi, atan dé foliet qué dé frui.* » (Rapporte, pommier, autant de fruits que de feuilles.) Ou encore : « *Pourta, noyi, atan dé foliet qué dé gnui.* » (Rapporte, noyer, autant de noix que de feuilles.) Et, le soir venu, on allumait de grands feux de paille dans les vergers. La nuit de la Saint-Jean, on faisait d'immenses brasiers autour desquels les vieilles femmes tournaient quatorze fois, le chapelet en main, pour être bien assurées de n'avoir jamais mal aux reins en moissonnant[1].

A la suite des chants qui rappellent ces bonnes vieilles coutumes, on en a placé quelques autres d'une nature toute spéciale qui ne sont pas sans analogie avec les chants de corps de métier, répandus en d'autres pays. La chanson du laboureur doit remonter au temps où nos paysans ne connaissaient pas encore les joies de la propriété et ressemblaient plus ou moins au portrait, peu flatté, qu'a tracé La Bruyère. Elle est lamentable.

> Le pauvre laboureur,
> Il a bien du malheur.
> Le jour de sa naissance
> Est déjà malheureux.
> Qu'il pleuv', qu'il tonn', qu'il gèle,
> On voit toujours sans cesse
> Le laboureur aux champs, etc.

La chanson de la vigne est infiniment plus gaie. Ce qui prouve qu'aux poètes populaires comme aux autres, il est parfois utile de boire de bon vin.

---

[1] D'après une vieille tradition du Revermont, saint Jean avait une ferme et de nombreux domestiques. Ces derniers, voyant qu'il était d'une telle patience que rien ne pouvait le mettre en colère, imaginèrent un jour d'allumer devant sa porte un immense feu au mois de juin. Mais, loin de se fâcher, il leur dit : « Vous faites bien, mes enfants, le feu est bon en tout temps ». C'est, dit-on, l'origine des feux de la Saint-Jean. D'autres y voient un souvenir des fêtes païennes du solstice d'été.

De fait, la plus jolie, la plus entraînante de nos rondes est certainement une ronde de vignerons, la Saint-Vincent, vrai chef-d'œuvre de grâce et de naturel.

S'il fallait s'en rapporter à la statistique générale de la France, dressée en 1808 par ordre de l'empereur Napoléon, statistique qui renferme de curieuses observations de mœurs, on n'aurait pas une très haute idée du talent chorégraphique de nos compatriotes. « Les fêtes de village qu'on appelle *vogues*, dit ce document administratif, à l'article département de l'Ain, consistent à boire et à danser. Les villageois se rassemblent dans la cour d'une ferme, sous un hangar ou dans un pré et, au son aigu d'une vielle ou d'une cornemuse, on les voit lever l'un après l'autre leurs pieds pesants, sans presque changer de place. Ils ont toujours les bras pendants et les yeux baissés. Dans les villes même la danse nationale est en général lourde et sans action. »

Quoi qu'il en soit, bien ou mal, on danse beaucoup dans nos fêtes villageoises, mais c'est presque toujours le quadrille ou la polka. Au besoin on se hausse jusqu'à la valse, quitte à tourner à contre-temps. Le *branle carré*, le *rigodon* et la *contre-danse* ont pourtant conservé leurs partisans qui ne désespèrent pas de les remettre un jour en honneur.

Mais, franchement, rien ne vaut encore la ronde. C'est la vraie danse chantée, celle qui est de tous les âges, de tous les pays et de tous les temps, celle que chacun pratique d'instinct, sans l'avoir apprise.

Et que de motifs délicieusement variés, que d'entrain, de vivacité, d'heureux abandon ! Finement railleuse ou doucement mélancolique, elle tourne, tourne, et on se laisse aller au bonheur de vivre. Elle ne se déhanche pas comme la *cachucha* espagnole, elle ne trépigne pas comme la *gigue* anglaise, elle ne rêve pas comme la *valse* allemande, elle va prestement son petit bonhomme de chemin, gaie, claire et souriante, française avant tout.

Quant aux histoires qu'elle nous conte, ce sont encore, on l'imagine bien, des histoires d'amour, mais d'un amour idéal plutôt rêvé que vécu, à peine entrevu dans l'or pâle de l'aurore ou le bleu du soir. Voici les trois demoiselles qui se coiffent à la chandelle, et le rossignol porteur de messages, et le fils du roi qui écoute, ravi, chanter sa bergère, et la jolie blonde auprès de qui il fait si bon dormir !

Si parfois la chanson s'alanguit un peu, vite le refrain l'éveille en sursaut. On dirait un jeune garçon qui gaiement frappe du pied la terre. Rien de mieux rythmé, de plus enlevant :

> Allons donc, belle Marion,
> Sautons, la bergère.
>
> . . . .
> Oh la la la la dera
> Sautons la la guerette,
> Sautons la la guera.
>
> . . . .
> Sur le verre, tin tin,
> Sur le joli verre,
> Sur le joli pied du verre.
>
> . . . .
> La violette se double, double,
> La violette se doublera.
>
> . . . .
> Ma tatan, vire, vire, vire,
> Ma tatan, vire, vire, beau, etc, etc.

Ce sont là vraiment des fleurs du pays natal, de ces fleurs sauvages et parfumées comme le thym et la menthe. Ne craignez pas d'en faire un bouquet au passage. Leur beauté vivace vous rajeunira.

*
* *

Je n'oserais peut-être en dire autant des chansons satiriques et bacchiques par lesquelles se termine ce livre. Non qu'elles soient dépourvues d'accent ; mais il est trop évident qu'elles manquent de délicatesse. Il faut un degré de culture très avancé pour être polisson avec grâce. Le paysan, Dieu merci, n'en est pas là. Il ne sait ni raffiner l'ordure, ni ciseler l'obscénité. Lui qui, dans les notes tendres, atteint parfois à l'exquis, n'a jamais qu'un comique des plus bas. Il dit les choses crûment, comme elles lui viennent à l'esprit, avec le mot propre ou malpropre, si on préfère. Pas ombre de nuances. Son esprit est, comme lui, lourd, pataud, épais. C'est de l'esprit en sabots.

Frondeur, il l'est à coup sûr, mais à la vieille mode et selon la tradition. Je ne connais pas un seul chant révolutionnaire sorti véritablement du peuple. En revanche, à l'imitation des Trouvères et des Troubadours, on daube volontiers sur les couvents, le clergé, la noblesse, etc. Les moines de Saint-Sulpice, d'Ambronay, de Saint-Rambert ont pu édifier leurs contemporains. Je suis obligé de reconnaître qu'ils n'ont laissé que des souvenirs assez gaillards, et que, pour avoir traîné un peu partout, les lardons au gros sel dont on salue leur mémoire ne laissent pas d'être parfois assez réjouissants. Il y a aussi une histoire de chèvre, fort irrévérencieuse pour la magistrature, qui fait de temps immémorial les délices de nos veillées. Cette chèvre « pleine d'entendement », était évidemment proche parente de la *Biquette* de notre enfance, de cette diablesse de *Biquette* qui ne voulait, pour rien au monde, sortir des choux.

Il semble que le campagnard, si humble et si obséquieux de nature, éprouve, par moments, le besoin de se débrider un peu, de délier sa langue et de donner libre cours à ses appétits, à ses instincts, voire à ses rancunes. Ces grosses gaietés, dont il n'est rien moins que l'inventeur, lui procurent une sorte de soulagement. C'est sa revanche à lui, pas méchante après tout, et bien anodine.

Au reste, il a d'autres sources de comique. D'abord, les mésaventures des maris trompés :

> Coucou, cocu, cornard, le coucou.

Cet expressif refrain me dispense d'en dire plus long.

Puis, bien entendu, la gaudriole courante :

> A la maison du Pavillon,
> Il y a de jolies filles,
> Qui savent bien balancer
> A la mode nouvelle.

Surtout l'ivrognerie des femmes. Cette matière est inépuisable. Le beau sexe de notre région est-il vraiment animé d'une telle passion pour la dive bouteille? On serait tenté de le croire, tant les histoires de femmes grises abondent chez nous. Voilà une jolie fille qui a les cheveux courts.

> Elle a vendu son chignon
> C'est pour boire chopine.

Et, de grâce, écoutez-moi ces deux commères :

> Nos hommes sont à la vigne,
> Qui travaillent bien,
> Buvant la piquette,
> Et nous le bon vin.
> Si les mouches les piquent,
> Nous ne sentons rien, etc.

Enfin, chose curieuse à constater, plusieurs de nos contes populaires ne sont autres que de très anciens fabliaux, naïvement arrangés ou transposés. Un sabotier malin sait que sa femme le trompe avec un moine. Il fait un voyage et rentre à l'improviste. Le moine se cache dans un coffre. Que fait notre homme? Il emporte au marché le coffre avec son contenu, demandant cinq cents livres

> Pour exempter la *mai*
> D'avoir le cul brûlé.

Et le pauvre galant est bien obligé de financer.

Une autre histoire facétieuse, bien connue des amateurs, est celle de cet ivrogne que sa femme coud dans un linceul pendant son sommeil et à qui on persuade ensuite qu'il est mort. Entendez-le protester de son existence :

> Si j'étais mort hier au soir,
> Je m'en souviendrais bien encore.
> Si j'étais mort cette nuit,
> Je m'en souviendrais bien aussi.

Nous voilà, pour le coup, en pleine littérature gauloise. S'il était besoin de prouver l'ancienneté de la chanson populaire, l'exemple en vaudrait un autre.

*
* *

Ainsi finit, sous une impression de franche gaîté, ce livre qui débute par des prières cabalistiques.

Et maintenant à bientôt, j'espère, le recueil des chansons patoises de la Bresse et du Bugey.

Lecteurs, c'est vous qui déciderez.

Sans doute, c'est parfois un assez rude voyage que celui qu'on entreprend à la recherche de la poésie populaire. Pas de route frayée, à peine un sentier qu'emplissent çà et là de folles poussées de verdure ou d'effrayantes *charrières* où l'on s'embourbe. Les ronces vous accrochent au passage, les fondrières ne manquent pas.

Oui, mais, à l'arrivée, quelle joie d'apercevoir, tout là-bas, bleuissante au milieu des saules, la petite source, si claire et si fraîche, la mare des fées, la fontaine d'amour où jadis la fille du roi d'Espagne allait laver son blanc jupon, où boit le rossignol sauvage, où les bœufs gravement viennent se mirer !

Quiconque a pénétré une fois dans le bois magique n'en oubliera pas de sitôt les enchantements. Ceux qu'a ensorcelés le chant de l'oiseau bleu n'en sauraient guérir.

Gabriel VICAIRE.

PRIÈRES
ET
LÉGENDES RELIGIEUSES

PRIÈRES

ET LÉGENDES RELIGIEUSES

PRIÈRE

L'ange Gabriel
Est descendu du ciel
Et dit à José
— Je crois que vous dormez?
— Je ne dors pas, je regarde mon fils Jésus
Étendu sur l'arbre de la Croix.

Ceux qui diront cette prière trois fois le soir, trois fois le matin, ne verront jamais les flammes de l'enfer.

Dictée par Marie Jayr, femme Vugnon, à Ceyzériat (Ain).

AUTRE PRIÈRE

Petit pater,
Dieu le fait,
Dieu le dit;
S'il l'a dit, nous le dirons,
Pour les âmes nous prierons.
Pour les vifs,
Pour ceux de Jésus-Christ.

Quand la pierre partira,
Notre Seigneur descendra
Il appellera les petits.
Les meilleurs, il les mettra en gloire
Les autres en purgatoire,
A Dieu près[1], amen.

Dictée par Joséphine Rossand, à Rignat (Ain).

PRIÈRE

J'entre dans mon petit lit blanc,
J'y trouve Jésus dedans,
Qui me dit : Mon enfant,
Pense à moi, dors bien
Et ne dis plus rien.

Dictée par Marie Jacquet, femme Jayr, à Ceyzériat (Ain).

AUTRE PRIÈRE

Dans ce lit je me couche
Trois anges j'y trouve,
La bonne Vierge au milieu
Qui me dit de me coucher.
La lumière de l'enfer,
Compagnons de la mort,
Anges du Ciel,
Prenez mon âme
A la sortie de mon corps.

Dictée par Josephte Braconnier, femme Festas, à Montjuly (Ain).

[1] Près de Dieu.

PRIÈRE

Mon Dieu je vais me coucher,
De votre main je me suis signé ;
Si je m'endors,
Je vous recommande mon corps ;
Si je trépasse,
Je vous recommande mon âme.
Défendez-moi du feu mauvais,
L'ange bénit aux quatre coins de mon lit
En mit croix par dessus moi.

Dictée par Marie Jayr, femme Vugnon, à Ceyzériat (Ain).

AUTRE PRIÈRE

(Pour se préserver de la foudre.)

Sainte Barbe et Sainte Claire
Apaisez la colère du Seigneur.
Si le tonnerre tombe
Sainte Barbe le retiendra.

Celui qui la dira trois fois, jamais le tonnerre ne l'attemdra.

Dictée par Claude Rivet, à Ceyzériat (Ain).

LA FILLE MUETTE

1

C'est une fille muette
Qui va-t-en champ,
La sainte bena Vierze } bis
Què l'y vô apri.

(*La sainte bonne Vierge*
Qui lui va après.)

2

— Oh donc bonjour bergère,
Belle Isabeau,
Voudrais-tu m'y donner } bis
Un de tes agneaux ?

3

— Je vais le dire à mon père
Ma mère aussi,
S'il veut que je vous donne
Un de mes agneaux,
S'il veut que je vous donne
Le plus beau.

4

— Oh donc bonjour mon père
Ma mère aussi,
L'y-a-t'une grande dame
Dans mon troupeau,
Qu'en a fait la demande
D'un de mes agneaux.

5

Son père aussi sa mère,
Bien étonnés
D'entendre une fille muette } bis
Si bien parler,

6

— Oh, va-t-en lui dire,
Belle Isabeau,
Qu'ils sont à son service
Tous tes agneaux,
Qu'ils sont à son service
Jusqu'aux plus beaux.

7

— Que t'on-t-ils dit ton père,
Belle Isabeau ?
— Ils sont à votre service
Tous mes agneaux,
Ils sont à votre service
Jusqu'aux plus beaux.

8

— Oh ! je vous remercie,
Belle Isabeau.
Je m'en vais au paradis (*bis*)
Tu seras la servante
De Jésus-Christ.

9

U bou de traî seman-ne
Le vinçi à meri,
Et descindi traî-z-anzo
Du paradis,
Et descindi traî-z-anzo
Pé la queri.

(*Au bout de trois semaines*
Elle vint à mourir.
Il descendit trois anges
Du paradis.
Il descendit trois anges
Pour la chercher.)

Dictée par Jeanne Vugnon, femme Cherel, à Ceyzériat (Ain).

LA CHARITÉ

Le bon Dieu s'habille en pauvre,
    Par le monde il s'en va,
Il s'en va tout droit à la porte,
    A la porte d'un château.

— Monsieur qui êtes sur la porte,
    Faites-moi la charité ?
— Que veux-tu que je te donne,
    Je n'ai rien à te donner.

— Donnez-moi seulement les miettes
    Qui sont dans votre mantye [1],
— Mes miettes, mes miettes,
Sont pour mes petits chiens blancs.
Mes petits chiens me prennent des lièvres
    Et toi, tu ne m'en prends point.

— Madame qui êtes à la fenêtre,
    Faites-moi la charité ?
— Montez, montez, mon bon pauvre,
Montez, montez vous chauffer.

Au moment où il monte,
    On était après souper.
La Dame prend son assiette,
    Au pauvre la va donner.

[1] Nappe.

La Dame dit à la servante,
— Mène le pauvre coucher.
— Ceux qui nourrissent les pauvres
Doivent les mener coucher.
La Dame prend la chandelle,
Mène le pauvre coucher.

Tout en entrant dans la chambre
Elle fut toute illuminée :
— Oh! dites-moi donc bon pauvre,
D'où vient cette clareté ?
— Ce sont vos bonnes œuvres, Madame,
Qui sont partout épanchées.

Quant à votre mari, Madame,
Il *mourira* cette nuit,
Quant à votre mari, Madame,
Son âme ira en enfer.

Quant à votre servante, Madame,
Trois démons viennent la chercher.
— Oh! dites-moi donc, bon pauvre,
Est-ce que je serai damnée ?

— Oh! soyez sans crainte, Madame,
En Paradis vous irez,
Voilà ce que c'est, Madame,
De faire la charité.

Dictée par Claudine Morel, femme Festas, à Ceyzériat (Ain).

CHANTS HISTORIQUES

CHANTS HISTORIQUES

MAUDIT ANGLAIS

1

Jeunette fille à marier,
Le roi d'Anglais l'a demandée.
— Oh! mon père, empêche lui donc de m'emmener;
J'aimerais mieux soldat Français
Que cet Anglais.

2

Entre onze heures et la minuit
Les carrosses sont arrivés,
Toutes les dames de Paris s'y sont rassemblées
Pour voir partir la fille d'un roi
Qui va à l'Anglais.

3

Quand fut pour passer la mer,
L'Anglais lui veut cacher les yeux.
— Cache les tiens, laisse les miens, maudit Anglais,
Puisque la mer, il m'y faut passer
Je la veux voir.

4

Tout en entrant dans l'Anglais,
Tambours, violons de tous côtés.
— Oh ! je ne sais ce que tu me demandais, Anglais ;
Ce n'est point le son du violon
Du roi Français.

5

Quand fut pour aller souper,
L'Anglais lui coupe à manger.
— Coupe pour toi, laisse pour moi, maudit Anglais,
J'ai des servantes dans mon pays
Pour m'y servi.

6

Quand fut au lit couchée,
L'Anglais l'a voulu déchausser.
— Déchausse toi, mais laisse-moi, maudit Anglais,
J'ai-t-une servante dans mon pays
Pour m'y servi.

7

Entre onze heures et la minuit,
L'Anglais l'empêche de dormi.
— Réveille-toi et tourne-toi, maudit Anglais.
Puisqu'Anglais on m'y a donné,
Il faut aimer.

Dicté par Jeanne Vugnon, femme Cherel, à Ceyzériat (Ain).

LE PETIT ROI DE SARDAIGNE

1

Le petit roi de Sardaigne
Est un fort bon garouillon [1] ;
Il rassembla une armée
De quatre vingts paysans.

Refrain

Ventredienne,
Gare, gare, gare,
Ran tan plan
Gare de devant.

2

Il rassembla une armée
De quatre vingts paysans,
Leur donna pour capitaine,
Christophe de Carignan.

Ventredienne, etc.

---

[1] Guerroyeur. *On*, se prononce *an*, en patois bressan.

3

Leur donna pour capitaine
Christophe de Carignan,
Et pour toute artillerie
Quatre canons de fer blanc.

    Ventredienne, etc.

4

Et pour toute artillerie
Quatre canons de fer blanc.
Quand ils furent sur la montagne,
Oh! oh! que le monde est grand.

    Ventredienne, etc.

5

Quand ils furent sur la montagne,
Grand Dieu que le monde est grand!
Faisons vite une décharge,
Et puis retournons-nous en.

    Ventredienne, etc.

6

Faisons vite une décharge,
Et puis retournons-nous en.
Ils tirèrent sur la France
Tous leurs canons de fer blanc.

    Ventredienne, etc.

7

Ils tirèrent sur la France
Tous leurs canons de fer blanc.
Ils s'en vinrent dans une chambre
Tapissée de matafans [1].

Ventredienne, etc.

8

Ils s'en vinrent dans une chambre
Tapissée de matafans,
Ils en mangèrent chacun trente,
Et de graffes [2] tout autant.

Ventredienne, etc.

9

Ils en mangèrent chacun trente
Et de graffes tout autant.
Ils dirent au roi de Sardaigne,
Donnez-nous la clef des champs.

Ventredienne, etc.

10

Ils dirent au roi de Sardaigne,
Donnez nous la clef des champs,

---

[1] Matefaim, en patois bressan.
[2] Gauffres, en patois bressan.

Nous avons mangé des graffes
Qui nous ont fait mal aux dents.

Ventredienne, etc.

Dicté par Jeanne Vugnon, femme Cherel, à Ceyzériat (Ain).

LE SIÈGE DE TURIN

1

La ville de Turin n'est-elle pas bien jolie
L'en est jolie, parfaite en tout temps,
   Le roi la veut absolument.

2

Le roi a-t-envoyé par un de ses gendarmes.
— Sire le roi m'a-t-envoyé ici
   Si vous voulez vous rendre à lui.

3

Va-t-en dire à ton roi, va-t-en dire à ton prince,
— Va-t-en lui dire que nous nous foutons de lui
   Autant du jour que de la nuit.

4

— Si tu te fous de nous, faut que nos canons ronflent.
Le premier coup de canon qu'a tiré
   La ville de Turin a tremblé.

5

La dame du château, mit son cœur en fenêtres,
— Sire le roi abaissez vos canons,
  Nous vous ferons composition.

6

— Quelle composition avez-vous à nous faire?
— Composition de cinq cent mille écus,
  Que vos canons ne ronflent plus.

7

— Oh! cinq cent mille écus, cela n'est pas grand chose
  Nous en avons de l'argent du Piémont
   Pour faire ronfler nos canons.

Dicté par Jeanne Vugnon, femme Cherel, à Ceyzériat (Ain).

LA MARQUISE

1

Le roi en entrant dans la cour,
 Il salua ces dames;
La première qu'il a saluée
C'est madame la marquise.
Mais le roi la prit par la main
 La mène dans sa chambre,
Marquise ne fait que pleurer
Sans pouvoir se défendre.

2

Marquise ne pleure point tant, } bis
 Tu seras ma princesse.
La reine fut faire un bouquet
 Un bouquet d'arsenises[1];
Rien qu'à l'odeur de ce bouquet
 A tué la marquise.

---

[1] Arsenic.

3

Le roi fit faire un tombeau } *bis*
Au milieu de l'église;
Dessus sa tombe, un bel écrit } *bis*
Adieu chère marquise.

Dicté par Jeanne Vugnon, femme Cherel, à Ceyzariat (Ain.)

CHANTS LÉGENDAIRES

ET

ANECDOTIQUES

CHANTS LÉGENDAIRES

ET ANECDOTIQUES

LA PERNETTE

1

La Pernetta se livé
Tra la la la la, la la la la, la la la la la
La Pernetta se livé
Trai-z-heur' avant lo zour
Trai-z-heur' avant lo zou...our
Trai-z-heure-avant lo zour.

La Pernette se lève.
Tra la la la la, la la la la, la la la
La Pernette se lève,   *[la la.*
Trois heures avant le jour
Trois heures avant le jour...our
Trois heures avant le jour.

2

L'en prend sa colognetta
Tra la la la la, la la la la, la la la la la
L'en prend sa colognetta
Avec son petit tour
Avec son petit tour...our
Avec son petit tour.

Elle prend sa quenouille
Tra la la la la, la la la la, la la la
Elle prend sa quenouille, [la la.
Avec son petit tour
Avec son petit tour... our
Avec son petit tour.

3

— Mariez-moi ma mère
Tra la, etc.....
Mariez-moi, ma mère
Ma mère mariez-moi.
Ma mère mariez-moi, ah.
Ma mère mariez-moi.

4

Avec mon ami Pierre
Tra la, etc.....
Avec mon ami Pierre
Qui est dans l'emprison,
Qui est dans l'emprison...on
Qui est dans l'emprison.

5

— Oh pour ton ami Pierre
Tra la, etc.....
Oh pour ton ami Pierre
Nous le pendrouillerons,
Nous le pendrouillerons...on
Nous le pendrouillerons.

6

— Si vous pendrouillez Pierre
Tra la, etc...,.
Si vous pendrouillez Pierre
Pendrouillez-moi-s-aussi,
Pendrouillez-moi-s-aussi...i
Pendrouillez-moi-s-aussi.

7

Pendez-le sur la porte
Tra la, etc.....
Pendez-le sur la porte
Et moi un peu plus haut,
Et moi un peu plus haut...haut
Et moi un peu plus haut.

8

Tout le monde qui passe
Tra la, etc.....
Tout le monde qui passe
Prieront Dieu pour nous,
Prieront Dieu pour nous...ous
Prieront Dieu pour nous.

Dicté par Claudine Morel, femme Festas, de Ceyzériat (Ain).

DANS LE CHATEAU DU ROI

1

Dans le château du roi (*bis*)
Il y a-t-une couturière
Oh ! tous les points qu'elle faisait
Son cher aimant la regardait.
Tout en la regardant
Lui donne un doux baiser.

2

La belle si j'te tenais (*bis*)
Là bas dans la prairie
Je t'y ferais changer (*bis*)
De couleur et de mine
Dans la prairie je veux-t-aller
Avec toi beau cavalier
Avec mon honneur
Je me reviendrai.

3

Lorsqu'ils furent arrivés (*bis*)
Là bas dans la prairie
Se mit à découvrir (*bis*)
Les blancs seins de sa mie,
Se mit à découvrir sa chemisette,
Son blanc jupon,
Son cotillon brodé au fond,
Se mit à découvrir
Ses jolis blancs tetons.

4

Quand la belle se vit (*bis*)
Tout ainsi découverte,
Elle se mit à crier (*bis*)
Beau cavalier, arrête,
Mon père a quatr' beaux chevaux
Le roi n'en a pas de plus beaux,
Laisse-moi rentourner
Je te les donnerai.

5

Quand le galant a vu (*bis*)
De si belles promesses.
Se mit à recouvrir (*bis*)
Les blancs seins de la belle,
Se mit à recouvrir sa chemisette,
Son blanc jupon,
Son cotillon brodé au fond,
Se mit à recouvrir
Ses jolis blancs tetons.

6

Quand ils furent arrivés (*bis*)
Au château de son père,

Le bien de mon père ne m'est rien
Mon cœur volage m'appartient,
Va-t-en gros lourdaud
De moi tu n'auras rien.

7

La belle si j' te tenais (*bis*)
Là bas dans la prairie,
Je t'y ferais changer (*bis*)
De couleur et de mine,
Tu n'as pas fait comme le barbet
Tenant la caille entre ses pieds,
Non pas de la plumer
Tu l'as laissée envoler.

Dicté par Jéanne Vugnon, femme Cherel, de Ceyzériat (Ain).

LE LONG DE LA RIVIÈRE

1

M'y promenant le long de la rivière,
J'ai rencontré-t-une aimable beauté.
Je lui ai dit que vous êtes gentille,
Voudrais-tu bien accomplir mon dessin ;
Promenons-nous ensemble,
Dans la forêt, cachons-nous dans un coin.

2

Mon beau Monsieur, je crains la médisance,
Dans la forêt si quelqu'un nous voyait ;
Vous savez bien qu'à la promenade,
Quoique j'en suis fille de qualité,
Promenons-nous ensemble,
Voyons l'argent que tu vas m'y donner.

3

Le beau galant mit la main dans sa bourse,
En badinant quatre écus de six francs;
Tenez belle d'argent sans reproche,
A vos beaux yeux, à vos engagements.
Dépêchons-nous, car l'amour m'y transporte
A y passer cet heureux moment.

4

Le beau galant, croyant tenir sa blonde,
Derrière un gazon ça s'y trouve un garçon,
Il s'est habillé en demoiselle
Pour attraper ce jeune fanfaron,
Mais il lui donna-t-une alerte
Il le frappa à grands coups de bâton.

5

Venez donc voir, courir à grande force,
Mon cher cousin sa culotte à la main.
Reviens, reviens pour une belle dame,
Pour un chasseur tu n'es pas un malin,
Tu as pris le cerf pour la biche,
Dessus ton sein, va reposer ta main.

Dicté par Joseph Brédy, dit Lafleur, à Ceyzériat (Ain).

LE CLERC DE SAINT-GERMAIN

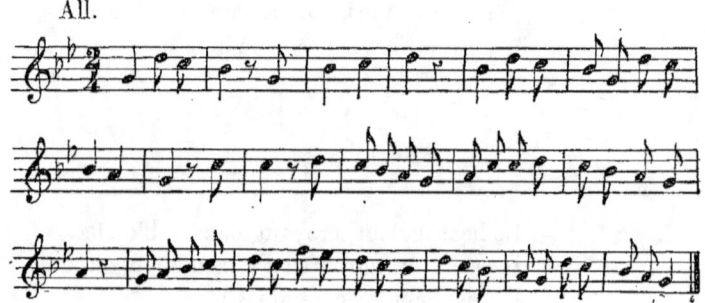

1

Oh c'est le clerc de Saint-Germain,
Qui s'est habillé en Nanette,
Il prend son chapeau sous son bras,
A la porte du logis s'en va,
Oh donc bonjour, dame l'hôtesse,
Pourriez vous bien loger Nanette?

2

Oh oui! oh oui! Nanette entrez,
Vous souperez avec les autres.
Quand la Nanette fut entrée
Ne veut ni boire, ni manger
Fermant les yeux, baissant la tête
Elle a grand peur qu'on la connaisse.

3

Soupez, soupez, Nanette soupez
Vous coucherez avec ma fille,
Nous coucherons de deux à deux,
Oui l'hôtesse ça fera mieux,
Voilà le temps de la froidure
Nous doublerons la couverture.

4

Entr'onz' heures et la minuit
Que la Nanette s'y réveille;
Quelle Nanette, êtes vous
On ne peut dormir avec vous,
Vous n'êtes pas bonne demoiselle
Vous ne parlez que d'amourettes.

5

Je suis le clerc de Saint-Germain
Qui vous a tant aimé, la belle;
Ne vous ai-je pas toujours dit
Que je vous aurais à mon loisi.
A présent que je vous tiens la belle,
Permettez-moi que je vous aime.

Dicté par Jeanne Vugnon, femme Cherel, à Ceyzériat (Ain).

PETIT ERMITE

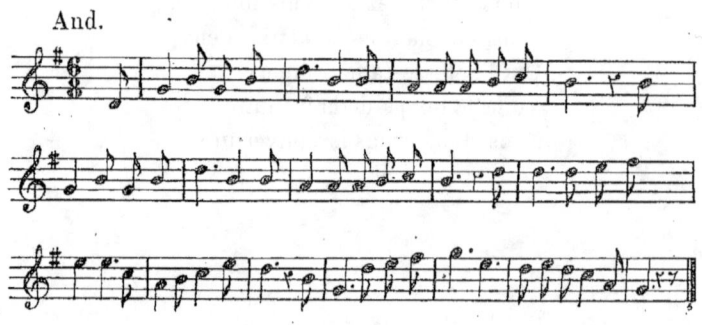

1

C'est un petit ermite
Qui va roulant la nuit,
Avec sa petite clochette
Ne mène pas grand bruit,
Réveillez-vous mes dames
Car il est bientôt jour
Pour donner à nos âmes
Le paradis d'amour.

2

Qui vient frapper à ma porte,
C'est la minuit sonnée,
Je crois que c'est un ermite
Qui vient me réveiller,
Que le bon Dieu te conduise
A la vie à la mort
De frapper à la porte
D'une fille qui dort.

3

Je ne suis pas un ermite
Je ne suis qu'un amoureux
Qui jour et nuit soupire
Pour plaire à vos beaux yeux.
Je n'ai pas de besace,
Je ne vous demande rien
Que votre bonne grâce
Et vos beaux entretiens.

4

Dedans mon ermitage
Je vis très bien content,
Des racines sauvages
A mon contentement,
Le long de ces rivages
De ces coulants ruisseaux
Au son de la musette
Chantant des airs nouveaux.

Dicté par François Cherel, à Ceyzériat (Ain).

LA CONFESSION

1

L'y a-t-une dame dans Paris
Qui voudrait bien qu'on la confesse,
Son cher aimant lui va après
C'est pour en connaître ses peines,
Promptement il s'est en allé
Prendre l'habit d'un jeune abbé.

2

Allons ma fille, confessez-vous,
Je suis ici pour vous entendre,
Je suis un confesseur bien doux,
Je ne viens point pour vous surprendre ;
Déclarez-moi tous vos péchés,
Dites-moi les, sans les cacher.

3

Mon père j'm'accuse d'avoir menti,
D'avoir dit des paroles grossières,
D'avoir manqué de prier Dieu,
De m'être moqué de mes frères,
D'avoir manqué soir et matin,
D'adorer mon sauveur divin.

4

N'avez-vous pas quelques aimants,
Comme c'est la coutume aux filles?
Oh oui mon père, un chevalier,
C'est celui-là que mon cœur aime,
Il ne m'a pas dit sa pensée
Mais je n'ose à lui demander.

5

Allons ma fille, rentournez-vous
Et tâchez de mieux faire,
Vous savez qu'nous avons un Dieu,
Vous savez qu'nous avons une âme
Que nous avons tous un esprit,
Il faut tâcher de nous en servi.

Dicté par Joseph Brédy, dit Lafleur, à Ceyzériat (Ain).

MA PAUVRE ELISE

1

J'ai fait une maîtresse
Trois jours n'y a pas longtemps.
Elle n'en fut pas mi-faite
Qu'on nous vient averti
Qu'il fallait prendre les armes
Servir le roi Louis.

2

N'a que la pauvre Elise
Qui se mit à pleurer
Ne pleure pas tant belle
Ne vous chagrinez pas tant,
La maudite campagne
Ne va durer qu'un an.

3

La maudite campagne
A bien duré sept ans.
Au bout de la septième
Le galant s'est rentourné
A la porte à la belle
Va demander à loger.

4

Bonjour dame l'hôtesse ⎫ bis
Voudrez vous bien loger ⎬
Un brave militaire
Qui revient en congé.

5

Mon brave militaire,
Je n'y peux vous loger (*bis*)
Je suis embarrassée,
Tous les gens de la noce
Chez moi ils sont logés.

6

Pourriez-vous bien l'hôtesse) *bis*
Pourriez-vous en payant
Le coin de votre table
Me serait suffisant.

7

Il n'en fut pas à table
A boire et à manger,
Qu'on apporte des cartes,
Des cartes à jouer.
Nous jouerons ensemble
Qui aura l'épousée.

8

N'a pas besoin de cartes } *bis*
De cartes à jouer,
Avec le militaire
Je veux m'aller coucher.

Dicté par Jeanne Vugnon, femme Cherel, à Ceyzériat (Ain).

OU EST LE TEMPS

1

C'est un joli Flamand
Caressant sa voisine (*bis*),
Toujours en lui disant,
Marguerite ma mie
Que mon cœur aime tant.

2

Comment faut-il vous aimer ?
Moi j'entends toujours dire (*bis*),
Tous les moments du jour,
Dedans Paris, qu'en Flandre
Vous avez vos amours.

3

Qui vous ont dit cela ?
Sont vos amants la belle,
Laissez parler, laissez dire
Causera qui voudra
Malgré la jalousie
J'aime qui m'aimera.

4

Quand le galant eut joui
Du plaisir de la belle,
Marguerite ma mie en te remerciant
Dans mon pays, en Flandre
J'y ai femme et enfants.

5

Adieu, galant trompeur
Grand enguseur de filles,
Tu as mon cœur en gage
Maintenant tu t'en vas,
En passant la rivière
Galant tu périras.

6

Je ne périrai pas
Pour toi la jeune fille,
Je suis un homme sage
Je ne périrai pas,
En passant la rivière,
Dieu m'y protégera.

7

Mauré yeu tout lo temps
Que z'iraî chu ma pourta (*bis*)
Avoué mon devanti blanc,
Mé moquant dè lè z'autré
M'y vetia dans lo rang.

Mère, où est le temps
Où j'étais sur ma porte (bis),
Avec mon tablier blanc,
Me moquant des autres
Me voilà dans le rang.

Dicté par Jeanne Vugnon, femme Cherel, à Ceyzériat (Ain).

LA BELLE MEUNIÈRE

1

Belle meunière en passant par ici
Suis je encore bien éloigné de Paris?
Quand je t'ai vue dans ces beaux lieux,
De tes beaux yeux je devins amoureux;
Si tu voulais accomplir mon dessin
Tu quitterais volontiers ton moulin.

2

Sitôt que j'vous ai-t-aperçu Monsieur
J'ai bien compris que vous étiez chasseur;
Si vous chassez après mon cœur,
Chassez ailleurs, vous trouverez le bonheur;
Chassez vos lièvres et vos lapins
Pour quant à moi je reste dans mon moulin.

3

Belle veux-tu venir avec moi,
Nous chasserons tous les deux dans ce bois,
Nous y verrons tous ces chasseurs
Et tous nos chiens qui seront en humeur,
Nous y prendrons quelques gouttes de vin ;
Sera la belle pour bannir nos chagrins.

4

Mon beau Monsieur, je n'y bois que de l'eau,
L'esprit du vin m'y trouble le cerveau,
Lorsque j'en bois ça m'étourdit
Ça me fait faire quelques traits de folie,
L'esprit du vin fait perdre la raison,
L'occasion fait souvent le larron.

Dicté par Joseph Brédy, dit Lafleur, à Céyzériat (Ain).

LA MEUNIÈRE

LA MEUNIÈRE

1

L'autre jour en m'y promenant
J'aperçois la meunière
Qui cultivait dans son jardin
La rose printannière.
Je lui ai dit, belle en passant
Voudrais-tu bien m'écouter un instant.

2

Mon beau Monsieur, retirez-vous d'ici,
Ne venez pas m'y surprendre,
Car les amants en sont si trompeurs
Ne cherchent rien qu'à prendre.
Mon beau Monsieur, retirez-vous d'ici,
N'en venez point troubler mon esprit.

3

Belle si tu veux venir avec moi
Dans ce grand bois à l'ombre,
Je t'y ferai voir l'oiseau dans les airs
Aussi le bout du monde.
Je t'y ferai voir l'oiseau dans les airs
En même temps, la feuille à l'envers.

4

La belle fut curieuse de tout voir,
Elle s'en va-z-à l'ombre
Croyant d'y voir l'oiseau dans les airs
Aussi le bout du monde,
Croyant de voir l'oiseau dans les airs
En même temps, la feuille à l'envers.

5

Quand la belle eut vu cette oiseau
Avec son beau plumage :
Donnez-moi le, Monsieur, je vous prie
Que je le mette en cage,
Donnez-moi le, Monsieur, je vous prie
Que je le mette en cage aujourd'hui.

6

Au bout de neuf mois tout au plus
L'oiseau fit son ramage ;
La cage s'est ouvri

Et l'oiseau s'enfuit
Grand Dieu, qu'il est dommage ;
La belle s'écrie à haute voix
Voilà l'oiseau que j'ai pris dans le bois.

Dicté par Claudine Morel, femme Festas, à Ceyzériat (Ain).

PROMENADE SUR LA RIVIÈRE

1

M'y promenant le long de la rivière,
J'ai rencontré la jolie batelière
Dans son bateau ;
Je lui ai dit, la belle,
Si tu es passagère,
Viens-moi passer (*bis*).

2

Pour te passer
Ce m'en répondit-elle,
J'en suis fille pucelle,
Je crains fort le danger.
Quoique les eaux sont fortes
Monsieur cela m'importe
Tâchez d'entrer (*bis*).

3

Avant d'entrer, il faut que je t'embrasse.
Et puis après, je prendrai une place
A ton côté :
Permettez-moi de grâce
La belle que je vous fasse
Ce que l'on fit quand l'on vous fit.

4

Quand l'on me fit, l'on fit la beauté même
Et puis après, celui que mon cœur aime.
J'en suis charmée ;
Celui que mon cœur aime
Vient soulager mes peines
Vient soulager (*bis*).

5

Si j'étais roi, ma petite mignonne,
Je t'y ferais présent de ma couronne
Si j'étais roi ;
Ta fortune, ma brune,
Serait bientôt commune
Si j'étais roi (*bis*).

Dicté par Joseph Brédy, dit Lafleur, à Ceyzériat (Ain).

LA BATELIÈRE

1

Ce sont les garçons de chez nous
La nuit le jour ils font l'amour;
Oh! ils s'en vont le long de la rivière
C'est pour jouer avec la batelière.

2

Batelière, dans ton bateau,
Voudrais-tu bien m'y passer l'eau?
Mon beau Monsieur, entrez dans ma navière
Nous passerons ensemble la rivière.

3

Ils n'en furent pas dans le bateau
Que le galant voulut badiner;
Mon beau Monsieur, pas tant de badinage
Vous êtes ici avec une fille sage.

4

Quand la belle se fut contentée
Le galant voulut recommencer ;
Mon beau Monsieur, un peu de patience
Que nous soyons dans un lieu d'assurance.

5

C'est vrai la belle, vous avez raison,
Il y a la bas de belles maisons,
Des belles maisons, aussi des belles chambres,
Des beaux lits blancs, nous coucherons ensemble.

6

Ils n'en furent pas dehors de l'eau
Que la belle retire son bateau,
L'a retire, trois quatre pas en arrière
Tout en chantant la jolie batelière.

7

Revenez, la belle, revenez,
J'ai cent écus à vous donner ;
Pour cent écus, cela n'est pas grand' chose
Mais pour cinq cents, mes amours sont les vôtres.

Dicté par Jeanne Vugnon, femme Cherel, à Ceyzériat (Ain).

LES FILLES DE MONTREVEL

1

Ce sont les filles de Morvé *
Qui s'en vont s'y promener,
Elles s'en vont s'y promener
Tout le long du bois feuillage,
Avec trois jolis dragons
Le long d'un hermitage.

2

Y a son père aussi sa mère
Qui la vont partout cherchant,
L'ont tant cherchée, qu'ils l'ont trouvée
Tout le long de ces feuillages
Avec trois jolis dragons
Le long d'un hermitage.

* Montrevel.

3

Ils lui ont dit petite sotte
Veux-tu te renvenir ;
Oh ! non papa, oh ! non maman
Je suis fille décidéïe,
Avec trois jolis dragons
J'en veux finir ma vie.

4

Si vous savez, ma bonne mère,
Comme j'en suis bien là.
L'un coupe mon pain,
L'autre tire mon vin,
L'autre qui me verse à boire,
Tout en prenant le verre en main
Mie, voulez-vous boire.

5

Quand c'est la dimanche matin
Si vous voyez comme j'en suis bien,
L'un fait mon lit, l'autre m'habille,
L'autre chauffe ma chemise,
Et puis frise mes blonds cheveux
A la mode jolie.

Dicté par Joseph Brédit, dit Lafleur, à Ceyzériat (Ain).

LES TROIS DROLES

1

L'en sont ici trois drôles
Tous trois du même accord,
Oh! ils s'en vont au cabaret
Faire bonne chère,
L'ont laissé l'écot à payer
A leurs maîtresses.

2

L'hôtesse s'y prend garde,
Voyant ces amants partir,
Tout d'suite elle est montée là
Pour dire à ces filles,   [haut
Vos amants en sont partis,
Soyez en sûres.

3

Se regardant l'une l'autre
Nous n'avons point d'argent.
La plus jeune a répondu
D'une voix haute,
J'engagerai mon anneau d'or
Pour la débauche.

4

La fille en fut fine
Chez la mère du garçon s'en va,
Oh donc bonjour mère, bonjour
Ma belle-mère,
Votre garçon en a plongé
Dans la rivière.

5

Il vous prie de grâce
De lui envoyer son manteau,
Il est là-bas sur le bord de l'eau
Qui tremble sans cesse,
L'aurait bien besoin de couvrir
Dans sa faiblesse.

6

La mère en fut tendre,
Elle lui envoie son manteau.
Tenez fille ce beau manteau,
Ma belle-fille,
Vous le couvrirez comme il faut
Çà m'y chagrine.

7

La fille se rentourne
Chez la dame du logis
Oh donc bonjour dame, bonjour
Dame l'hôtesse ;
Ce beau manteau y suffira bien
Pour la débauche.

8

Qu'on apporte sur table
Cinq à six bouteilles de vin,
Buvons, mangeons, divertis-
Honnêtes filles, [sons nous
A la santé de ces libertins.
Qui nous méprisent.

Dicté par Pierre Vugnon, à Ceyzériat (Ain).

LE BOIS COUPÉ

1

C'est un beau chasseur
Chassant dans ses forées,
Il n'a rien trouvé
Qu'un seul gibier,
Il n'a rien trouvé qu'une jeune demoiselle
Qui coupait du bois
Qui ne lui appartient pas.

2

Tu coupes du bois
Ma petite Rosette,
Tu coupes du bois
Qui ne t'appartient pas.
Tu le paieras ma petite Rosette,
Tu vas le payer
Ce petit bois coupé.

3

Mon beau Monsieur
Qu'voulez-vous que j'vous donne
Je n'ai rien sur moi
Pas un seul denier ;
Votre petit cœur ma petite Rosette
Sera pour payer
Ce petit bois coupé.

4

Lorsque la demoiselle eut tout accordé
Tout ce que le chasseur lui avait demandé ;
La poudre à canon se trouve trop humide ;
Jamais le fusil
N'y a voulu partir.

5

Mon beau monsieur, vous n'êtes qu'un foudron
Toutes vos avis me sont à l'abandon,
Sachez que bon chasseur
Doit assurer ses armes,
Avant que de tirer
Il doit se préparer.

6

Jeune demoiselle revenez demain,
Mon fusil sera chargé.
Le sabre à la main,

Nous nous combattrons tous les deux ensemble,
Sera pour réparer
Ce petit coup manqué.

7

Lorsque le chasseur en fut revenu
La jeune demoiselle ne s'y trouve plus,
Maudit soit le jour,
Maudit soit les armes
 Qui m'ont fait manquer
Un si joli gibier.

Dicté par Marie Jayr, femme Vugnon, à Ceyzériat (Ain).

POUR L'AMOUR D'UNE BRUNE

1

Sont trois jolis garçons
De la Basse Bretagne,
Pour l'amour d'une brune
Tous trois se sont gagés,
Dans la ville de Nantes,
Tous trois ils sont allés.

2

Oh! tout en arrivant
Dessur la place d'armes,
Vient un sergent de ville
Qui vient nous commander;
Mes très chers camarades
La gard'il faut monter.

3

L'on nous mène en faction
Près de la citadelle
Tout en criant qui vive,
Qui vive, halte là;
C'est la garde française
Ne la reconnais-tu pas.

4

Ne t'ai-je pas toujours dit
Mon très cher camarade,
Que le métier de soldat
Était impitoyable,
Était désagréable,
N'avait point d'agréments.
L'on fait bien triste mine
Quand on a pas d'argent.

Dicté par Joseph Brédy, dit Lafleur, à Ceyzériat (Ain).

ISABEAU ET SIMON

Andantino.

1

Bonsoir ma mère et ma sœur,
Ma sœur qui est si joliette ;
Elle est la haut sur la montagne,
Elle est la haut sur ces vallons
Qui en garde ses blancs moutons.

2

Pourquoi envoyez-vous en champ
Ma sœur qui en est si belle :
Oh ! je vous en fais la pariure
La pariure de mille francs,
Que je vous la débauche en passant.

3

Le beau galant s'en fut s'en va
Sur la plus haute montagne,
Oh ! donc, bonjour, belle bergère,
Combien gardez-vous des moutons,
Si vous voulez nous les compterons.

4

Belle si tu voulais m'aimer,
J'ai une tant belle boursette (*bis*);
Un anneau d'or que j'ai au doigt
Si tu voulais, ça serait pour toi.

5

Quand la belle entendit cela,
Plante sa colognette en terre (*bis*);
Gardera les moutons qui voudra,
Pour moi, dedans la guerre je m'en vas.

6

N'en furent pas au milieu du bois
Que la belle s'assit par terre;
Relève-toi donc malheureuse,
Malheureuse, relève-toi donc,
Car j'en suis ton frère Simon.

7

Si tu en es mon frère Simon,
Oh! n'en dis rien à personne (*bis*),
Ni à aucun de mes parents,
Car il y aurait bien du changement.

8

Je n'le dirai ni à un ni à deux,
J'en veux faire une chansonnette (*bis*)
D'Isabeau et de Simon,
La chanteront tous ceusse qui voudront.

Dicté par Auguste Festas, à Ceyzériat (Ain.)

LA FILLE DU MARINIER

Andantino.

1

J'ai fait une maîtresse,
La fille d'un marinier,
Oh! quand je la vas voir,
J'y traverse la rivière.
Oh! quel bonheur pour moi
Si je pouvais lui plaire.

2

J'ai-t-aperçu la belle
Dans un beau champ de blé,
Je me suis-t-approché,
Je m'oblige à lui dire :
Allons nous promener
Tout le long de ces îles.

3

Ils n'en furent pas sur mer
A cinq cents lieues sur l'eau ;
Qu'avez-vous la belle
Que la couleur vous change,
N'avez-vous pas grand peur
Que les aimants vous manquent.

4

Non, non, ce m'en dit-elle,
Ce n'est pas pour cela,
Je pleure ma très chère mère
Qui se désespère,
Je voudrais la revoir
Et me rapprocher d'elle.

5.

N'en pleurez point tant belle,
Nous vous rapprocherons.
Mettons la voile au vent,
Tournant du côté d'elle,
Nous nous approcherons
La belle de votre mère.

6

Bonjour ma très chère mère,
Me voici de retour (*bis*)
Je reviens de l'Allemagne
Avec ces bons enfants
Traversant les montagnes.

Dicté par Joseph Brédy, dit Lafleur, à Ceyzériat (Ain).

LA BERGÈRE AUX CHAMPS.

1

Quand la bergère s'en va aux champs (*bis*)
　　Filant sa colognette
　Tout en gardant ses blancs moutons
　　Qui sont dessur l'herbette.

2

Vient à sortir un gros loup du bois (*bis*)
　　L'en a sorti la gueule ouverte,
　　Saute au milieu du troupeau
　　　Il en prend la plus belle.

3

Le fils du roi vient à passer (*bis*)
　　L'en a tiré son épée,
　Dessus le loup il a frappé,
　　La brebis l'a laissée.

4

Tenez belle, voilà votre mouton,(*bis*)
Mettez-le avec les autres
Mettez l'au milieu du troupeau
Marchera comme un autre.

5

Mon beau Monsieur en vous remerciant(*bis*)
De vous et de vos peines,
Quand je tondrai mes blancs moutons
Je vous donnerai la laine.

6

Je ne suis pas marchand drapier, (*bis*)
Ni un cardeur de laine ;
Puisque nous sommes dans le bois,
Je veux payer mes peines.

7

Mon beau Monsieur attendez à demain
Que nous serons à la danse,
D'un baiser vous en prendrez deux
Pour votre récompense.

8

Moi je n'attends pas à demain,
J'en suis garçon de complaisance,
Puisque nous sommes dans le bois
Je veux ma récompense.

Dicté par Jeanne Vugnon, femme Cherel, à Ceyzériat (Ain).

DANS LA PRAIRIE

1

Là bas dans la prairie
J'étais ma foi, réjouie;
Le premier homme qui passe
C'était un vaillant chasseur.
Je suis-t-égaré, ma bergère,
Montre-moi donc le chemin.

2

Tirez à votre droite,
Votre chemin n'est pas loin.
Ce beau Monsieur la regarde
D'un air en s'y souriant;
Que tu es belle et charmante,
De quoi vis-tu belle enfant?

3

Vis-tu comme la reine,
De pain blanc, bécasses et perdrix ?
Je vis des pommes de terre,
De la soupe seulement ;
Chez nous les hommes et les femmes
N'en vivent pas autrement.

4

Pour ta boisson, ma bergère,
Bois-tu du chocolat ?
De l'eau de cette fontaine
Monsieur que vous voyez là,
La chose est plus souveraine
Que toutes ces choses là.

5

Pour ton blanc lit, ma bergère,
Sur quoi couches-tu donc ?
Je couche sur la paille,
Sur un mauvais matelas,
Jamais ni fièvres ni rhumes
M'ont attaqué l'estomac.

6

Pour t'habiller, ma bergère,
Comment t'habilles-tu donc ?
Ce n'est pas moi qui m'habille,
C'est mon aimable berger,
Qui vient faire ma toilette
Tous les matins me friser.

Dicté par Joseph Brédy, d't Lafleur, à Ceyzériat (Ain).

JEANNETON LA BERGÈRE

Andantino.

1

L'autre dit jour, le beau berger du bois
Me l'a permis [1] plus de cent mille fois
Qu'il me serait toujours fidèle
Oh, mais l'ingrat, il m'a trompé
Dessus ses blancs moutons je saurai me venger.

2

Oh dis-moi donc bergère Jeanneton
Que t'ont t'y fait, mes jolis blancs moutons
Que tu les frappes avec colère.
Oh dis moi donc, s'ils t'ont manqué
Caresse les moutons châtie le berger.

[1] Permis, pour *promis*.

3

Tes blancs moutons, je voudrais que le loup
Dedans ce bois te les dévore tous,
Par punition, ingratitude,
Oh! que mon cœur serait content,
D'y être délaissée de ce mauvais aimant.

4

Mes blancs moutons n'en veulent point marcher
Sans la conduite de leur berger.
Oh! de tant loin que je les appelle
Ils entendent fort bien ma voix
Ils sont venus à moi jusqu'au milieu du bois.

Dicté par Joseph Brédy, dit Lafleur, à Ceyzériat (Ain.)

MES BLANCS MOUTONS

Andantino.

1

Oh! quand j'étais petite fille,
Mes blancs moutons je les gardais (*bis*)
En coiffant une pouponne,
Mais mon berger, de peu à peu,
M'a bien appris un autre jeu.

2

Veux-tu venir, belle bergère,
Veux-tu venir, dedans ce bois?
Que personne ne nous verra,
Que la lune et les étoiles,
Que personne ne nous verra
Que la lune dans ce bois.

3

Un doux baiser je vous accorde,
Mais ne me chiffonnez pas.
Ah? ça, ça, n'voilà-t-il pas
Que vous prenez plus que l'on vous donne ;
Vous m'avez tout chiffonné,
Ma dentelle et mon blanc bonnet.

Dicté par Joseph Brédy, dit Lafleur, à Ceyzériat (Ain.)

BERGER ET BERGÈRE

Allégretto.

1

N'a rien de si charmant
Que la bergère aux champs.
Elle voit venir la pluie,
Désire le beau temps,
Et voilà la bergère
Dans son contentement.

2

Berger, mon doux berger,
Où irons-nous aux champs?
Là-haut sur la montagne,
Le soleil y fait chaud,
Cueillir la violette,
Le romarin [1] nouveau.

[1] Serpolet.

3

Berger, mon doux berger,
Què porté t'à geutô? [2]
Des pâtés d'alouettes,
De ces petits gâteaux,
Du vin de ma bouteille,
Que j'ai sous mon manteau.

4

Berger, mon doux berger,
Où irons-nous loger?
Au château de Plaisance,
Les messieurs sont absents,
Dans la plus haute chambre,
Dans le lit le plus blanc.

[2] Que portes-tu à dîner.

5

Berger, mon doux berger,
Si cela se savait!
J'aimerais mieux être à l'ombre,
A l'ombre d'un buisson,
Filant ma colognette,
Chantant une chanson.

6

Berger, mon doux berger,
Oh! qu'entends-je passer.
Je crois que c'est mon père?
Qui va au bois chasser,
Asseyons-nous sur l'herbette,
Et laissons-le passer.

Dicté par Jeanne Vugnon, femme Cherel, à Ceyzériat (Ain.)

JOLI CAPITAINE

1

Joli capitaine
Revenant de guerre,
Cherchant ses amours,
Les a tant cherchés ⎫
Qu'il les a trouvés ⎬ bis
Au pied d'une tour. ⎭

2

— Dis-moi donc la belle
Qui t'a renfermée,
Dedans cette tour ?
— C'est mon maudit père, ⎫
Qui m'a renfermée ⎬ bis
A cause de vous. ⎭

3

Mon cher capitaine,
Va dire à mon père
Quand je sortirai.
— Joli roi de France
Ta fille demande
Quand elle sortira.
— Mon brave capitaine
N'en prends pas la peine,
Tu ne l'auras pas.

4

— Je l'aurai par force,
Je l'aurai par guerre,
Ou par trahison.
Le père de rage
Prends sa fill', l'embrasse,
Et la jette à l'eau.
Son aimant fut sage,
Se jette à la nage,
La tira de l'eau.

5

A la première ville,
Son aimant l'habille
En beau satin blanc.
A la seconde ville,
Son aimant l'habille } bis
En or, et en argent.

6

A la troisième ville
Son aimant l'habille
D'un épousement.
Elle était si belle,
Qu'elle semblait la reine } bis
Dans le régiment.

Dicté par Jeanne Vugnon, femme Cherel, à Ceyzériat (Ain.)

PRISONNIÈRE DANS UNE TOUR

1

C'est une fille de quinze ans,
On dit qu'elle en est amoureuse,
Son père lui fit faire une tour,
Pour empêcher qu'on lui fasse l'amour.

2

Belle si j'savais votre tour,
J'irais vous voir souvent, la belle,
J'irais vous voir tous les jours,
Toutes les fois que je pense en vous.

3

Galant si tu venais m'y voir,
J'y mettrais flambeau pour enseigne,
Tandis que le flambeau durera,
Nos amitiés n'en finiront pas.

4

Quand fut le samedi au soir,
La belle mit la tête en fenêtre,
Regarde en haut, regarde en bas,
Son cher aimant qui ne revenait pas.

5

Si j'avais mes ciseaux d'argent,
J'en percerais toutes mes veines,
Oh ! j'en perdrais tout mon sang,
En attendant le sort de mon aimant.

6

Oh ! je m'en irai dans un couvent
Dans un couvent de religieuses,
J'en prierai pour tous mes parents,
Encore bien mieux, pour mon fidèle aimant.

Dicté par Marie Piane, à Villereversure (Ain.)

LA FILLE D'UN PRINCE

1

C'est la fille d'un prince
De bon matin s'est levée (*bis*)
Sur le bord de l'île,
De bon matin s'est levée,
Sur le bord de l'eau,
Charmant matelot.

2

Elle mit son cœur en fenêtre,
Pour voir à s'habiller (*bis*)
Sur le bord de l'île,
Pour voir à s'habiller,
Sur le bord de l'eau,
Charmant matelot.

3

Elle voit venir une barque
Trente galants dedans (*bis*)
Sur le bord de l'île,
Trente galants dedans,
Sur le bord de l'eau,
Charmant matelot.

4

Le plus jeune des trente,
Disait une chanson (*bis*)
Sur le bord de l'île,
Disait une chanson,
Sur le bord de l'eau,
Charmant matelot.

5

La chanson que vous dites
Je voudrais la savoir (*bis*)
Sur le bord de l'île,
Je voudrais la savoir,
Sur le bord de l'eau,
Charmant matelot.

6

Entrez dedans la barque
Belle nous vous l'apprendrons
Sur le bord de l'île,   [*bis*
Belle nous vous l'apprendrons,
Sur le bord de l'eau,
Charmant matelot.

7

N'en fut pas dans la barque
Qu'elle se mit à pleurer (*bis*)
Sur le bord de l'île,
Qu'elle se mit à pleurer,
Sur le bord de l'eau,
Charmant matelot.

8

Qu'avez-vous donc la belle,
Quand si fort vous pleurez (*bis*)
Sur le bord de l'île,
Quand si fort vous pleurez,
Sur le bord de l'eau,
Charmant matelot.

9

J'en pleure mon cœur volage
Galant que vous avez (*bis*)
Sur le bord de l'île,
Galant que vous avez,
Sur le bord de l'eau,
Charmant matelot.

Dicté par Joseph Brédy, dit Lafleur, à Ceysériat (Ain.)

AU JARDIN DES OLIVES

1

Au jardin des Olives,
L'y a trois jolies filles,
L'y en a une
Plus belle que le jour.
C'y sont trois capitaines,
Tous trois, l'y font l'amour.

2

Le plus jeune des trois,
En fut le plus honnête,
La prend, la monte,
Sur son grand chevau gris,
En Flandre, il l'emmène,
Dans un tant beau logis.

3

En entrant au logis
L'hôtesse la regarde.
Soupez la belle,
Soupez de bon appétit,
Avec trois capitaines
Vous passerez la nuit.

4

Quand la belle entend cela
La belle en tombe morte;
Sonnez, trompettes,
Tambours et violons,
Si la belle en est morte,
Oui, nous l'enterrerons.

5

On la port' en terre
Au jardin de son père,
Dessus sa tombe
On mit trois fleurs de lys,
Son petit cœur en terre
Son âme en paradis.

6

Au bout de les trois jours,
Son père s'y promène,
Ouvrez ma tombe,
Mon père s'il vous plaît,
J'ai fait trois jours la morte
Pour mon honneur garder.

7

Si tu as fait cela,
Ma fille tu en es sage ;
Va-t-en bien vîte,
Bien vîte à la maison.
Tu ne sortiras pas
Sans ma permission.

8

En entrant au logis
Regarde-t-une image,
Voilà la Vierge,
Qui m'y a tant gardée
Trois jours trois nuits en terre
Sans boire ni manger.

Dicté par Marie Piane, à Villereversure (Ain).

ALLONS MIE NOUS PROMENER

1

Allons mie nous promener,
Tout le long de la mer courante ;
Allons mie, allons y donc.
Plaisirs d'amour nous y prendrons.

2

N'en furent pas mi-promenés,
Que la belle demande à boire.
Tu n'auras pas de mon bon vin blanc
Avant que j'aie un verre de ton sang.

3

Galant, aurais-tu bien le cœur
De m'y faire mourir enceinte ?
Déchausse-moi, déshabille-moi,
Galant pour la dernière fois.

4

Le galant fut bien effronté,
Tout promptement la déshabille.
La belle lui tire un coup de pied
Dans la rivière l'a jeté.

5

Le galant fut fort adroit
Il se rapique [1] à une branche,
La belle tire son couteau,
Coupe la branche qui pend sur l'eau.

6

Dites qui vous ramènera,
Dans le château de votre père.
Ce n'est pas toi, maudit larron,
Qui voulait faire mourir la Jeanneton.

Dicté par Judith Berger, à Journans (Ain.)

[1] S'accroche.

LA PRINCESSE

1

La haut, la haut dedans la tour,
L'y a-t-une princesse à mes amours,
Qui voulait bien s'y marier,
Son père l'a bien empêchée.

2

Son père s'en fut chez le geôlier,
Mettez ma fille dans les cachots,
Dans les plus profonds de la tour,
Qu'on n'y voit ni soleil ni jour.

3

La belle a bien resté sept ans,
Sans que personne l'ai visitée,
Au bout de la septième année,
Son père s'en fut la visiter.

4

Bonjour ma fille, comment ça va,
Bonjour mon père, ça ne va pas,
J'ai un côté rongé des vers,
Et les pieds pourris dans les fers.

5

Oh mon père! si vous aviez,
Cinq à six sous à m'y donner,
Je les donnerais au geôlier,
Pour qu'il me desserre les pieds.

6

Pour de l'argent nous en avons,
Des mille ainsi que des millions.
Si vos amours viennent à changer,
Pour de l'argent, vous en aurez.

7

Auparavant que d'changer mes amours
J'aimerais mieux pourrir dans la tour.
Dedans la tour tu pourriras,
Pour de l'argent tu n'en auras pas.

8

Son cher aimant passe par là,
Deux mots d'écrit lui jette en bas.
Il y avait sur ce mot d'écrit,
Faites la morte ensevelie.

9

Ils sont venus pour l'enterrer,
Quarante prêtres autant d'abbés,
Son cher aimant les voit passer,
Arrêtez, prêtres, arrêtez.

10

Arrêtez, prêtres, arrêtez,
C'est ma mie que vous emportez,
C'est ma mie que vous emportez;
Morte ou en vie, je veux l'embrasser.

11

Son cher aimant prend son couteau,
Le drap de mort coup'en morceaux.
Quand la bell'a vu son aimant,
Lui saut'au cou en l'embrassant.

Dicté par Jeanne Vugnon, femme Cherel, à Ceyzériat (Ain).

JOLI TAMBOUR

1

Trois jolis tambours } *bis*
Revenant de la guerre.
Ran, ran, ran ra ta plan.
Revenant de la guerre.

2

Le plus jeune des trois } *bis*
En port'une rose.
Ran, ran, ran ra ta plan.
En port'une rose.

3

La fille du roi, } *bis*
Met son cœur en fenêtre.
Ran, ran, ran, ra ta plan.
Met son cœur en fenêtre.

4

Joli tambour, } *bis*
Donnez-moi votre rose.
Ran, ran, ran, ra ta plan.
Donnez-moi votre rose.

5

Ma rose, vous l'aurez pas, } *bis*
Que le jour de mon mariage.
Ran, ran, ran, ra ta plan.
Que le jour de mon mariage.

6

Joli tambour, } *bis*
Faut en parler z-à mon père.
Ran, ran, ran, ra ta plan.
Faut en parler z-à mon père.

7

Sire le roi. } *bis*
Donnez-moi votre fille,
Ran, ran, ran, ra ta plan.
Donnez-moi votre fille.

8

Joli tambour, } *bis*
Tu n'auras pas ma fille.
Ran, ran, ran ra ta plan.
Tu n'auras pas ma fille.

9

Joli tambour, } bis
Tu n'es pas assez riche.
Ran, ran, ran ra ta plan.
Tu n'es pas assez riche.

10

Joli tambour } bis
Va-t-en ou je te fais pendre.
Ran, ran, ran ra ta plan.
Va-t-en ou je te fais pendre.

11

Sire le roi, } bis
J'ai de quoi me défendre.
Ran, ran, ran ra ta plan.
J'ai de quoi me défendre.

12

J'ai trois vaisseaux } bis
Dessur la mer jolie.
Ran, ran, ran ra ta plan.
Dessur la mer jolie.

13

Un chargé d'or, } bis
L'autre d'argenterie.
Ran, ran, ran ra ta plan.
L'autre d'argenterie.

14

L'autre en est } bis
Pour promener ma mie.
Ran, ran, ran ra ta plan.
Pour promener ma mie.

15

Joli tambour, } bis
Je te donne ma fille.
Ran, ran, ran ra ta plan.
Je te donne ma fille.

16

Sire le roi, } bis
Je vous en remercie.
Ran, ran, ran ra ta plan.
Je vous en remercie.

17

Dans mon pays } bis
L'y en a de plus jolies.
Ran, ran, ran ra ta plan.
L'en sont beaucoup plus riches.

Dicté par Antoine-Marie Vugnon, à Ceyzériat (Ain).

LE FILS D'UN PRINCE

1

C'est le fils d'un prince,
Qui s'est marié.
Le lendemain des noces
Fallut partir à l'armée.

2

A qui donnerai-je
Ma femme à garder ?
Sa mère lui répond :
« Je te la garderai. »

3

Il n'en fut pas sorti,
Que sa mère lui dit :
« Venez, ma belle fille,
Garder les brebis. »

4

Il a bien resté sept ans
Sans se renvenir.
Au bout de ces sept ans,
Il s'est renvenu.

5

Traversant les montagnes,
Et les vallons aussi,
Il n'a trouvé qu'une bergère,
Qui gardait ses brebis.

6

Ma petite bergère,
Donne-moi de ton pain.
Oh non ! non, mon beau Monsieur
Vous n'en mangerez point.

7

Il est fait avec du lissieu,
Et de la lie de vin.
Les chiens de la ferme,
Ils n'en veulent point.

8

Ma petite bergère,
Que vous avez les pieds blancs.
Hélas ! mon beau Monsieur,
Ne vous en moquez point tant.

9

Il y a sept ans passés,
Sans chaussons, sans souliers,
Depuis que mon cher époux,
Est parti à l'armée.

10

Ma petite bergère,
Veux-tu t'en venir.
Oh! non, mon beau monsieur,
Ce n'est pas encore nuit.

11

Car, si je m'en allais,
Bien battue j'en serais.
Viens, ma petite bergère,
Je te revengerai.

12

Bonjour, dame l'hôtesse,
Pourriez-vous m'y loger?
Une de vos servantes,
Pour me reposer.

13

Une de mes servantes,
Vous ne l'aurez point.
Il y a la petite bergère ;
La voudriez-vous bien ?

14

Ma petite bergère,
Va te laver les pieds.
Avec ce beau monsieur,
Tu t'en iras coucher.

15

Je ne suis pas si bête
De me laver les pieds.
Mon lit en est tout prêt
Avec mes béliers.

16

Viens, ma petite bergère,
Viens te déshabiller.
J'ai bien tout entendu
Ce que ma mère vous a fait.

Dicté par Jeanne Vugnon, femme Cherel, à Ceyzériat (Ain).

LES DEUX MARIS

1

Publions l'aventure
De ce vaillant guerrier,
Qu'en l'absence de son père,
Voulut s'y marier.
Trois jours après ses noces
Vint un commandement.
Il faut porter les armes
Dans son beau régiment.

2

Cette maudite guerre
A bien duré dix ans,
Sans donner des nouvelles,
Ni à femme, ni à parents.
La guerre étant finie,
Il est enfin rentré ;
Et s'en fut chez sa mère,
Demander à loger.

3

Oh ! madame l'hôtesse,
Pourriez-vous me loger?
Je rentre du service,
Je suis bien fatigué.
Mon brave militaire,
Je ne puis vous loger ;
Je marie ma fille,
Je suis embarrassée.

4

Oh ! madame l'hôtesse,
Ne me refusez pas,
Au coin de cette table,
Je prendrai mon repas.
Il garde le silence,
Tout le long du repas ;
On parle de la guerre,
Du siège et des combats.

5

Qu'on apporte des cartes,
Des cartes aussi des dés,
Nous jouerons à la belle,
Qui aura sa couchée.
La belle le regarde,
En faisant un haut cri.
Je croyais être veuve,
Me voilà deux maris.

6

Il faudra rendre les arrhes
Au dernier marié.
Qu'il en cherche une autre,
Il peut bien la trouver.
A moi, prenez exemple,
Garçons à marier,
Ne prenez pas des veuves,
Vous y serez trompés.

Dicté par Jean-Marie Suchet, dit Trois-Vieilles à Rossillon (Ain).

DEDANS PARIS

1

Dedans Paris il y a t-un grand bois,
Où la bergère chante, lan la,
Chantait si clairement,
Que le fils du roi l'a entendue,
De sa plus haute chambre, lan la.

2

Page, page, viens m'y parler,
Page, va-t-en brider mes mules;
Tu leur mettras la chaîne, lan la,
Et les boucles d'oreilles, lan la (*bis*).

3

Tu monteras sur mes mules,
Et moi sur ma mulette, lan la.
Tu passeras dans ce grand bois,
Moi, j'en suivrai la plaine, lan la (*bis*).

4

L'ont bien roulé trois jours et trois nuits,
Sans trouver la bergère, lan la.
Au bout des trois jours et trois nuits,
L'ont trouvé la bergère, lan la (*bis*).

5

Bergère, tu ne chantes plus.
Je n'ai plus le cœur joyeux, lan la.
Il y a trois jours que mon père est mort ;
J'ai trois frères à la guerre, lan la (*bis*).

6

Et ma mère en est malade, lan la.
Bergère, si tu veux m'aimer,
Je te rendrai tes frères, lan la,
Je soulagerai ta mère, lan la (*bis*).

Dicté par Rose Grand, à Serrières-sur-Ain.

REVENANT DE PARIS

1

En revenant de Paris,
De Paris, la grande ville,
A mon chemin fis rencontre,
D'une tant jolie beauté.
Je lui ai parlé d'amourette,
La belle m'a-t-écouté.

2

Je lui ai dit tout en riant,
Si elle en veut jouer aux cartes (*bis*),
Aux cartes au jeu d'aimer.
La belle en fut fréquette,
L'en a bien voulu jouer.

3

L'ont joué et rejoué,
L'en a perdu sa boursette (*bis*),
Son or et son argent,
Et ses belles chausses rouges
Galonnées de fil d'argent.

Dicté par Jeanne Vugnon, femme Cherel, à Ceyzériat (Ain).

LA FILLE D'UN MEUNIER

1

Voilà ma journée faite;
La la, tra la la lère,
Tra la la la,
Je vas me promener.

2

Dans mon chemin rencontre,
La la, tra la la lère,
Tra la la la,
La fille d'un meunier.

3

Je l'ai prise par sa main blanche;
La la, tra la la lère,
Tra la la la,
Au bois je l'ai menée.

4

Elle ne fut pas au bois,
La la, tra la la lère,
Tra la la la,
Qu'elle se mit à pleurer.

5

Que pleurez-vous, la belle?
La la, tra la la lère,
Tra la la la,
Qu'avez-vous à pleurer?

6

Je pleure que j'en suis jeune,
La la, tra la la lère,
Tra la la la,
Que je suis en danger.

7

Ne pleurez pas, la belle,
La la, tra la la lère,
Tra la la la,
Je vous en sortirai.

8

Elle ne fut pas sortie du bois,
La la, tra la la lère,
Tra la la la,
Qu'elle se mit à chanter.

9

Que chantez-vous, la belle ?
La la, tra la la lère.
Tra la la la,
Qu'avez-vous à chanter ?

10

Je chante le gros nigaud,
La la, tra la la lère.
Tra la la la,
N'a pas su m'embrasser.

11

Retournons-y, la belle,
La la, tra la la lère,
Tra la la la,
Je vous embrasserai.

12

Quand on tenait la caille,
La la, tra la la lère.
Tra la la la,
Il fallait la plumer.

13

Quand on tenait la fille,
La la, tra la la lère.
Tra la la la,
Il fallait l'embrasser.

Dicté par Antoinette Basset, femme Perraud, à Rossillon (Ain).

EN REVENANT DE SAINT-FRANÇOIS

1

En revenant de Saint-François,
De Sainte-Catherine,
A mon chemin j'ai rencontré
Une tant jolie fille.

2

Comment passerai-je le bois,
Moi que je suis seule?
Vous le passerez, vous et moi,
La belle, sans nous rien dire.

3

Il n'en fut pas au milieu du bois,
Le galant s'approche de la belle :
Belle, peut-on vous demander
A qui êtes-vous fille?

4

Je suis la fille d'un savetier, } bis
Remplie de maladie.

5

Quand ils furent dehors du bois,
La belle se mit à rire.
Qu'avez-vous, belle, quand vous riez,
La belle, qui vous fait rire?

6

Je ris de toi, je ris de moi,
Je ris de tes folies,
D'avoir passé le bois tous les deux,
Galant, sans m'y rien dire.

7

Belle, retournons-y au bois,
Je te donnerai cinq livres.
Non, je n'y retournerai pas,
Ni pour cinq, ni pour mille.

8

Mon père en est le roi,
Ma mère en est la reine,
Mon frère en est le dauphin;
Moi, je suis la dauphine.

Dicté par Joseph Corsain, à France, commune de Jasseron (Ain).

LES TROIS CAPITAINES

1

L'en sont trois capitaines,
Dans la guerre ils s'en vont (*bis*).
Dedans la ville de Toulon.
Grand Dieu, la jolie ville.

2

La reine qui est aux fenêtres,
Voyant ses amants partir :
Cher amant, si tu t'en vas,
Tu m'y laisses dedans l'embarras,
Tu m'y laisses solette.

3

Ah ! si tu es solette,
Reine, tu l'as voulu,
Tu as couché avé-moi
Sans qu'on parle de mariage ;
A présent, je m'en vas.

4

Si je vas dans la guerre,
Reine, je t'écrirai (*bis*).
Par un de mes valets que j'ai,
Je t'écrirai une lettre.

5

La lettre a fait réponse
A la reine : Mariez-vous (*bis*),
J'ai bien d'autres mies que vous,
J'ai bien d'autres maîtresses.

6

Tu as d'autres maîtresses,
Moi, j'ai bien d'autres aimants (*bis*),
Qui m'aimeront aussi tendrement,
Encore plus que toi-même.

Dicté par Jeanne Vugnon, femme Cherel, de Ceyzériat (Ain).

LE DÉSERTEUR

1

Je me suis t-engagé
Dans le régiment de France,
Là où j'étais logé
L'on m'y a conseillé,
Qu'il fallait déserter
Sans avoir mon congé.

2

Tout en m'en allant
Trouve mon capitaine.
Mon capitaine me dit :
Soldat, que fais-tu z-ici ?
Allons sur ces vallons
Joindre nos bataillons.

3

Le premier coup tiré,
Je tue mon capitaine,
Mon capitaine est mort,
Et moi je vis t-encore.
Avant qu'il soit trois jours
Ça sera t-à mon tour.

4

M'ont pris, m'ont emmené
Dessur la place d'armes,
Ils m'ont bandé les yeux
Avec un ruban bleu,
Pour me faire mourir
Sans me faire souffrir.

5

Cela m'y fâche bien
De ma très chère mère,
D'avoir passé jours et nuits
Pour m'y nourrir petit.
Elle n'aura pas l'honneur
De voir mourir mon cœur.

6

Soldat de mon pays,
Ne le dites point z-à ma mère.
Mais dites-lui plutôt
Que je suis t-à Bordeaux,
Ou bien au port de Calais,
Combattre les Anglais.

Dicté par Jean-Marie Suchet, dit Trois-Vieilles, à Rossillon (Ain).

DANS LA VILLE DE GENÈVE

1

Dedans la ville de Genève,
Là, où j'y ai passé mon temps,
Là, où j'y ai fait trois maîtresses,
Toutes les trois, faites à mon gré.
De quel côté que je m'y tourne,
Je sens mon cœur embarrassé.

2

Mon père se mit à grand colère,
Ma maîtresse m'a quitté ;
Et moi, dessur la promptitude, } *bis*
Je me suis t-allé engager.

3

M'y promenant dessur la place,
Mon capitaine j'ai rencontré.
Tout en parlant à mon capitaine,
Mon sergent vient à passer
Qui tenait son écritoire
Et du papier pour m'engager.

4

Tout en allant boire bouteille,
Ma maîtresse j'ai rencontrée.
Je lui ai dit, jeune la belle,
Qu'avez-vous quand vous pleurez ?
L'on va disant par la ville
Que vous vous êtes engagé.

5

Qui vous ont dit cela, la belle,
L'on vous a dit la vérité.
J'ai t-encore trois campagn'à faire ;
La France il m'y faut quitter.
Il m'y faut aller en Angleterre
Pour combattre les Anglais.

6

Quand tu seras en Angleterre,
Tu m'écriras ton arrivée (*bis*).
Et les promesses que tu m'as faites ?
Quand viendras-tu de l'Angleterre,
Cher aimant, pour m'épouser ?

7

Pour t'épouser, jeune la belle,
Pour t'épouser, je ne peux pas.
Tu en as fait la difficile,
Maintenant c'est à mon tour,
Mais, adieu donc, chère maîtresse,
Mais, adieu donc, c'est pour toujours.

Dicté par Marie Piane, à Villereversure (Ain).

J'ENTENDS TAMBOURS

1

Cher camarade, prends ton verre,
Et moi le mien, rends moi raison.
Prends garde à toi, si tu t'enivres,
L'on t'y mettra dans la prison.

2

Ça n'sera pas à Saint-Etienne,
Ni dans la tour de Montbrison ;
Mais ça sera dans une cave,
Où il y a du vin de trois saisons.

3

Aux quatre coins, l'y a des saucisses,
Aux quatre murs, l'y a du jambon ;
Mais à la porte de la cave
Il y a un bon gigot de mouton.

4

Le vendredi la carpe fraîche,
Le samedi le blanc poisson ;
Mais le dimanche voir les filles :
Voilà la vie de nos garçons.

5

J'entends tambours, j'entends musique,
J'entends le son du violon,
J'entends la voix de ma maîtresse
Qui est là-haut sur ces vallons.

Dicté par Marie Piane, à Villereversure (Ain).

JOLI SOLDAT

1

Joli soldat, si tu t'en vas,
Ne va pas loger chez ta mère.
Elle a égorgé beaucoup de gens ;
Peut-être elle t'en fera autant.

2

Ce beau soldat se prit s'en va
Au château de sa mère.
Oh ! donc, bonjour, dame Sion ;
Pourriez-vous loger un marchand ?

3

Oh ! oui, nous vous logerons ;
Nous avons de belles chambres,
    De beaux lits blancs
Pour vous coucher dedans.

4

Quand vient le soir à souper,
Sa chère tante qui le regarde :
Oh ! grand marchand, êtes-vous d'ici ?
Je vous prends pour mon neveu.

5

Oh! oui, tante, je le suis ;
Faut pas le dire à ma mère,
A ma mère n'en dites rien,
Auparavant de demain matin.

6

Entre une heure et la minuit
Sa chère tante frappe à la porte.
Ouvrez, ouvrez, ma sœur, ouvrez,
Au grand marchand je veux aller.

7.

Ce grand marchand il est couché
  Dedans sa chambre.
Il est couché dans son blanc lit ;
Je crois qu'il est fort endormi.

8.

Hélas! ma sœur, qu'avez-vous fait?
Son lit est rempli de justice.
Tu as égorgé ton enfant,
Pour un peu d'or, un peu d'argent.

Dicté par Jeanne Vugnon, femme Cherel, à Ceyzériat (Ain).

QUEL TRISTE SORT QUE D'ÊTRE SOLDAT

1

Quel triste sort que d'être soldat !
Hélas ! grand Dieu ! je le vois bien pour moi.
J'ai déserté, l'on m'y a-t-arrêté.
Trois grenadiers de la maréchaussée
Dans l'emprison m'y ont emmené. (*bis*)

2

En arrivant dans l'endroit où j'allais,
Trois beaux bataillons m'attendaient,
Drapeaux volants, la musique en avant,
Tambours battant, mon cœur s'en va mourant.
Il faut mourir, voici le moment. (*bis*)

3

Auparavant de me faire mourir,
Laissez-moi écrire au pays.
J'en écrirai à tous mes parents,
Car si je meurs, c'est mon consentement ;
Je vais mourir, voici le moment. (*bis*)

4

Beaux grenadiers, de moi n'ayez point peur.
Tirez-moi la balle z'au cœur.
Du premier coup qu'ils ont tiré,
De tous cotés, les cervelles ont sauté.
Il faut mourir, voici le moment. (*bis*)

Dicté par Joseph Brédy, dit Lafleur, à Ceyzériat (Ain).

LA BELLE GEOLIÈRE

1

A Bourg, dans l'emprison,
Il y a t-une jolière
Blanche comme le jour,
Un prisonnier lui fait l'amour.

2

Etant assis dessus un banc,
Causant, divisant ensemble,
Tourna la tête derrière lui,
L'aperçoit le bourreau veni.

3

C'est aujourd'hui qu'il faut mourir,
Françoise, belle Françoise.
Et l'anneau que j'ai à mon doigt,
Tire-le, Françoise, l'en sera pour toi.

4

Quand la belle entend cela,
Le s'en va dans sa chambre.
Dedans la ruelle de son lit,
Les clefs de l'emprison a pris.

5

Sortez, sortez de l'emprison,
Pierre, mon ami Pierre ;
Sortez, sortez de l'emprison,
Les portes sont à l'anbandon.

6

Non, je n'en sortirai pas,
Françoise, belle Françoise.
Une personne qu'a les fers aux pieds
N'a pas toute sa liberté.

7

Quand la belle entend cela,
Le s'en va chez son juge.
De deux genoux elle s'est jetée,
Demandant pardon pour le prisonnier.

8

Le juge la prend par le bras :
Levez-vous, belle Françoise.
Il est jugé, il en mourra ;
Un autre aimant il vous faudra.

Dicté par Jeanne Vugnon, femme Cherel, à Ceyzériat (Ain).

LA PETITE JEANNETON

1

Quand j'étais chez mon père,
Petite Jeanneton,
Il m'a t-envoyée en champ,
En champ aux agnelons[1].

REFRAIN.

Réveillez-vous, réveillez-vous, mes belles amourettes,
Dormirez-vous toujours ?

2

Je les ai tant gardés,
Qu'ils sont devenus moutons.
Il y vint à passer un comte,
Un comte et un baron.
    Réveillez-vous, etc.

3

Le comte dit à son page :
A qui sont ces moutons ?

Agneaux.

Ils en sont à la bergère
Qu'est derrière ce buisson.
Réveillez-vous, etc.

4

Dégaîne ton épée,
Frappe sur le buisson.
La bergère se lève
Droite comme un jonc.
Réveillez-vous, etc.

5

La bergère se lève
Droite comme un jonc.
Si vous étiez plus grande,
Nous vous emmènerions.
Réveillez-vous, etc.

6

Quoique j'en suis petite,
Monsieur, m'y laisserez-vous ?
Le comte dit à son page :
Montez-la derrière vous.
Réveillez-vous, etc.

7

Monsieur, si je la monte,
Elle n'en sera point pour vous.
Elle en sera pour mon frère
Qu'est plus brave que vous.
Réveillez-vous, etc.

Dicté par Jeanne Vugnon, femme Cherel, à Ceyzériat (Ain).

J'AIMERAIS LA DON-DAINE

1

Mon père m'envoit à l'herbe,
  Lon la,
Mon père m'envoit à l'herbe,
A l'herbe au cresson.
J'aimerais la don-daine,
A l'herbe au cresson,
J'aimerais la don don.

2

Tout par là vient qui passent,
  Lon la,
Tout par là vient qui passent
Trois jolis beaux garçons.
J'aimerais la don-daine,
Trois jolis beaux garçons,
J'aimerais la don don.

3

Que cueillez-vous la belle,
  Lon la,
Que cueillez-vous la belle?
Cueillez-vous des poissons?
J'aimerais la don-daine,
Cueillez-vous des poissons?
J'aimerais la don don.

4

Oh non! Ce m'en dit-elle!
  Lon la,
Oh non! Ce m'en dit-elle!
Ce n'est que des cressons.
J'aimerais la don-daine,
Ce n'est que des cressons,
J'aimerais la don don.

5

Que nous donnerez-vous, la belle,
  Lon la,
Que nous donnerez-vous, la belle?
Nous vous en cueillerons.
J'aimerais la don-daine,
Nous vous en cueillerons,
J'aimerais la don don.

6

Je vous donnerai ma bague,
  Lon la,
Je vous donnerai ma bague,
Ma bague de loton[1].
J'aimerais la don-daine,
Ma bague de loton,
J'aimerais la don don.

7

Ce n'est point votre bague,
  Lon la,
Ce n'est point votre bague
Que nous vous demandons.
J'aimerais la don-daine,
Que nous vous demandons,
J'aimerais la don don.

8

C'est votre petit cœur volage,
  Lon la,
C'est votre petit cœur volage,
Savoir si nous l'aurons.
J'aimerais la don-daine,
Savoir si nous l'aurons,
J'aimerais la don don.

9

Mon petit cœur volage,
  Lon la,
Mon petit cœur volage.
N'est point à l'abandon.
J'aimerais la don-daine,
N'est point à l'abandon,
J'aimerais la don don.

10

Mon père me le garde,
  Lon la,
Mon père me le garde
Pour un gentil garçon.
J'aimerais la don-daine,
Pour un gentil garçon,
J'aimerais la don don.

11

Il porte veste courte,
  Lon la,
Il porte veste courte
Et joli chapeau rond.
J'aimerais la don-daine,
Et joli chapeau rond,
J'aimerais la don don.

12

Il porte chemises fines,
  Lon la,
Il porte chemises fines
Et de grands pantalons.
J'aimerais la don-daine,
Et de grands pantalons,
J'aimerais la don don.

Dicté par Marguerite Allard, à Leyment (Ain).

[1] Laiton.

LA BARBIÈRE

1

Dans Paris, il y a une fille, } bis
Que tant belle, se dit-on.

2

Ils sont bien trois gentilshommes, } bis
Qui tous trois lui font la cour.

3

Ah ! se répondit le plus jeune, } bis
Moi, je parlerai pour tous.

4

Oh ! donc bonjour, belle barbière, } bis
La barbe me ferez-vous ?

5

Oh! oui, oh! oui, mon gentilhomme, } bis
Mes rasoirs sont prêts pour vous.

6

Le premier coup qu'elle a rasé,   } bis
Trois fois le cœur lui a changé.

7

Monsieur, si mon rasoir vous blesse,   } bis
Pourquoi ne le dites-vous pas ?

8

Ce ne sont pas vos rasoirs, belle,   } bis
C'est votre cœur qui m'a charmé.

9

Mon cœur, mes amourettes   } bis
Sont bien éloignés de vous.

10

Elles sont sur la mer qui voguent   } bis
Autant la nuit que le jour.

11

Le marinier qui les gouverne   } bis
Est habillé de vert velours.

12

Son chapeau sur une oreille   } bis
Et une plume tout l'en tour.

Dicté par Jean-Marie Suchet, dit Trois-Vieilles, à Rossillon (Ain).

LA BARBIÈRE

(VARIANTE)

1

Dedans Paris, l'y a-t-une barbière } bis
Qui est plus belle que le jour.
Se sont trois jolis capitaines,
Tous les trois lui font l'amour.

2

Ils se disaient, les uns les autres : } bis
Comment lui parlerons-nous ?
Nous lui jouerons des ébaudes,
Demain, à la pointe du jour.

3

La belle mit la tête en fenêtre : } bis
Beau Monsieur, que souhaitez-vous ?
L'on dit que vous êtes barbière,
La barbe nous ferez-vous ?

4

Entrez, entrez, mes gentilshommes, } bis
Mes rasoirs sont prêts pour vous.
Le premier coup de rasoir qu'elle donne,
Change trois fois de couleur.

5

Qu'avez-vous, mon gentilhomme;
Mes rasoirs vous blessent-ils?
Ce ne sont point vos rasoirs, la belle,
Qui me font changer de couleur ;
Sont vos amours, vos amourettes,
Que nous ne pouvons pas jouir.

6

C'est le fils du roi d'Angleterre ⎫
Qui jouit de mes amours.   ⎬ *bis*
Moi, je jouis aussi des siennes
Autant la nuit que le jour.

Dicté par Marie Piane, à Villereversure (Ain).

VA, VA, VA, JOLIE BERGÈRE

1

M'y promenant au bord de l'eau,
J'ai aperçu un beau bateau,
J'ai aperçu-t-une navière,
Va, va, va, jolie bergère,
J'ai aperçu-t-une navière,
    Jolie bergère !

2

Batelière, dans ton bateau
Voudrais-tu bien m'y passer l'eau,
M'y passer l'eau et la rivière,
Va, va, va, jolie bergère,
M'y passer l'eau et la rivière,
    Jolie bergère ?

3

Entrez, entrez dans mon bateau ;
Ensemble nous passerons l'eau.
Nous y passerons la rivière,
Va, va, va, jolie bergère,
Nous y passerons la rivière,
    Jolie bergère !

4

Ils n'en furent pas à mi sur l'eau
Qu'elle repousse son bateau,
Elle repousse sa navière,
Va, va, va, jolie bergère,
Elle repousse sa navière,
　　Jolie bergère !

5

Tenez, belle, voici la clef
De tout l'or et l'argent que j'ai.
Et portez la-z-à votre mère,
Va, va, va, jolie bergère,
Et portez la-z-à votre mère,
　　Jolie bergère !

6

Ma mère n'a pas besoin d'or.
Gardez, galant, tous vos trésors.
J'aimerais mieux ton cœur volage,
Va, va, va, amant volage,
J'aimerais mieux ton cœur volage,
　　Amant volage !

7

Ton cœur volage, tu ne l'as plus,
Mie Nanon, tu l'as perdu.
Tu l'as perdu sur la fougère,
Va, va, va, jolie bergère,
Tu l'as perdu sur la fougère,
　　Jolie bergère !

8

Tout en passant dans ce grand bois,
J'y ferai planter une croix,
J'y ferai faire un ermitage,
Va, va, va, amant volage,
J'y ferai faire un ermitage,
    Amant volage.

Dicté par Jean Bichat, à Villereversure (Ain).

ANGÉLIQUE

1

L'autre jour sur l'herbette,
En prenant mon repos,
J'aperçois-t-Angélique
Dans son joli bateau.
Je lui ai dit : Angélique,
Veux-tu m'y passer l'eau ?
Je te donnerai tout, tout,
Tout ce que j'ai de plus beau.

2

Oh oui ! entrez dans ma navière
Je vous la passerai.
Dans ma jolie navière,
N'y a aucun danger.
Dans ma jolie navière,
Dans mon joli bateau,
Entrez-y donc, Monsieur,
Je, je, je vous passerai l'eau.

3

Ils n'en furent point mi la } bis
Il a voulu badiner.[navière]
Il emporte par adresse,
La, la, la main } bis
Sur ses blancs seins.

4

Que voulez-vous donc faire ?
Dites-moi, gros lourdaud,
J'en suis fille honnête,
Honnête sans défaut.
Je vous casse la tête
Si vous recommencez.
Au bout de mon rivage
Je, je, je vous ferai plonger.

5

N'en soyez point si rebelle,
Ma charmante beauté.
De votre cœur volage

Je veux m'en contenter.
Pour prendre un cœur volage
Faut être bien caché,
Pour prendre un cœur volage
Là, là, là, sous ces orangers.

6

La belle fût plus fine,
Ramasse son butin,
L'a mis les pieds à terre,
L'en marche comme un lapin.
L'a mis les pieds en terre,
L'en vendit son bateau.

L'a dit à son bon drôle :
Cro, cro, croque z-y le marmot.

7

Ma charmante Angélique,
Ne m'abandonnez pas.
J'en vais perdre la vie
Si vous m'y laissez là.
Quittez en votre culotte,
Si vous savez nager,
J'emporte mes pistoles ;
C'est, c'est, c'est pour m'y ma-
[rier.

Dicté par Joseph Corsain, à France, commune de Jasseron (Ain).

LA FILLE DE LORRAINE

1

Il est une fille en Lorraine
Que sa beauté lui fait de peine,
La mère la va toujours peignant
Avec un beau peigne d'argent.
Elle ne fut pas moitié peignée
Que trois soldats l'ont enlevée.

2

La mère leur va après pleurant.
Oh ! Messieurs, rendez-moi ma fille.
Ce n'est pas pour vous
Que je l'ai élevée.
Ce n'est pas pour nous que nous l'emmenons,
C'est pour monsieur le colonel.

3

De tant loin qu'il la vit venir,   } *bis*
De rire ne put se tenir.
Voilà la fille de plaisance ;
Faites la monter dans ma chambre.

4

Tout en montant les escaliers, } *bis*
La belle se mit à pleurer.
Faut-il que dans cette maudite chambre,
Faut-il que mon Seigneur j'offense !

5

Avant que d'offenser Dieu, } *bis*
Laissez-moi un peu prier Dieu.
Elle a prié de bonne grâce ;
Voilà la belle qui trépasse.

Dicté par Marguerite Allard, à Legment (Ain).

JEANNETON

1

Jeanneton s'en va en champ,
Filant sa colognette,
En y gardant ses jolis blancs moutons,
Le long de la rivière.

2

Grand cavalier vint à passer.
Il l'a prise, il l'embrasse
En lui disant : La belle Jeanneton,
Je voudrais ton cœur en gage.

3

Grand cavalier, qui m'a rien donné,
N'aura pas mon cœur volage.
Joli garçon qui m'épousera
Aura bien mon cœur en gage.

4

Grand cavalier tourne en arrière,
Cent écus blancs il lui donne
En lui disant : La belle Jeanneton,
N'en dites rien à personne.

5

La Jeanneton s'en va à la maison
Tout en disant : Voilà, ma mère,
Cent écus blancs que j'ai gagnés
En filant ma colognette.

6

Ma fille, vous avez grand tort.
Vous avez la mine blanche,
Et je connais bien dans vos yeux
Que la couleur vous change.

7

Ma mère, vous avez raison,
Car toute fille qui est dans l'âge,
Joli garçon qui m'épousera
Aura bien mon cœur en gage.

8

Mère, tondez mes blancs moutons.
Moi j'en filerai la laine,
Sera pour faire un joli cotillon
A la mode de la reine.

Dicté par Antoinette Basset, femme Perraud, à Rossillon (Ain).

JEANNE, MA MIE JEANNE

1

Nous sommes ici trois bons drôles,
Tous trois que nous partons. *(bis)*
Jeanne, ma mie Jeanne,
Nous partons samedi,
Nous reviendrons dimanche.

2

La dimanche se passe,
Lundi, mardi z-aussi.
La belle prit son paquet
Et son petit ménage.
La belle s'en est allée
De village en village,

3

De village en village
Un enfant sur les bras, *(bis)*
Qui est beau comme un ange,
Priant ; Vierge Marie,
Quel chemin faut-il prendre ?

4

Celui de la Rochelle,
Celui de mon pays.
La belle s'en est allée
Tout droit au corps de garde.
L'aperçoit son aimant,
Sous la demi-brigade.

5

Te voilà-t-il, bon drôle,
Moi que je t'ai tant cherché.
J'ai bien fait cinq cents lieues,
Encore bien plus de mille,
Un enfant sur les bras,
Comment ai-je pu vivre ?

6

Le galant a le cœur tendre,
L'en prend son mouchoir blanc
Pour essuyer les larmes
De la mère et de l'enfant.
Belle, rentourne-toi dans ton petit ménage.
Je n'ai pas besoin d'enfant, et encore moins de femme.

Dicté par Jeanne Vugnon, femme Cherel, à Ceyzériat (Ain).

FLORENTINE

1

C'est un jeune dragon, c'est un jeune dragon
Regrettant sa maîtresse, mais il a bien raison,
C'est la plus jolie fille qu'y a dans le canton.

2

Le beau dragon s'en va trouver son capitaine :
Bonjour, mon capitaine, donnez-moi mon congé,
Y faut que je voie Florentine, j'en meurs de regrets.

3

Son capitaine lui dit : Voilà ton portefeuille
Pour tous les pays, un fort joli passe-port.
Va-t-en voir Florentine, tu reviendras d'abord.

4

Le beau dragon s'en va au château de son père :
Bonjour, père et mère, et vous, tous mes parents,
Sans oublier Florentine que mon cœur aime tant.

5

Son père lui dit : La Florentine est morte,
Morte depuis huit jours, n'existe plus ici ;
Son petit cœur en terre, son âme au paradis.

6

Le beau dragon s'en va pleurer dessus sa tombe :
Réveille-toi, Florentine, pour la dernière fois.
Mon cœur s'en désespère ; je veux mourir pour toi.

7

Mais, dès le lendemain, y retourne à la guerre.
Bonjour, mon capitaine, m'y voilà de retour.
La Florentine est morte ; je veux servi toujou.

8

Le beau dragon s'en va, s'en va-t-au corps de garde.
Sonne, sonne clochette, sonne bien tristement :
La Florentine est morte, celle que j'aimais tant.

Dicté par Mme M.....

ROSSIGNOLET SAUVAGE

1

Rossignolet sauvage,
Qui chante dans ces lieux,
Apprends-moi des nouvelles
De mon cher amoureux.

2

Ton amoureux, la belle,
Il a passé la mer;
J'en suis son capitaine,
Je dois bien le savoir.

3

Prends ton habit de troupe,
Comme un vaillant guerrier.
Tu marcheras sans doute
Quarante-six jours entiers.

4

Tout en arrivant en Prusse,
Elle a reconnu son aimant
Qui faisait l'exercice
Tout au milieu du rang.

5

Oh! donc bonjour, la belle,
Que viens-tu faire ici?
Je t'apporte des nouvelles
Des garçons du pays.

6

Les garçons de ton âge
L'en sont tous mariés.
N'a que toi, barbare,
Que tu m'as délaissée.

Dicté par Jeanne Vugnon, femme Cherel, à Ceyzériat (Ain).

GALANT TROMPEUR

1

A Lexobo, il y avait un capitaine.
La nuit, le jour,
Brûlant d'amour,
Brûlant d'amour pour une tant jolie fille.
Galant trompeur,
Tu as gagné mon honneur.

2

La belle s'en va, prit mille francs à son père,
S'en va-t-à Paris
Acheter de beaux habits.
Elle s'habille en brave militaire,
Monte à cheval
Comme un grand général.

3

Elle s'en va trouver son amant en campagne, ⎫
Lui dit : Soldat, voulez-vous tirer l'épée ? ⎬ *bis*
Du premier coup que la belle lui donne, ⎭
De son épée lui perça le côté.

4

T'en souviens-tu qu'au château de mon père,
Tu m'as délaissée,
Sans crainte et sans pitié.
Mais à présent que j't'y tiens dans la gêne,
L'épée au flanc,
Tu répandras tout ton sang.

5

Quand, à Paris, on sut ces belles nouvelles,
Du même soir
Le roi l'a voulu voir,
L'a voulu voir cette aimable guerrière,
L'a voulu voir,
Cette fille au désespoir.

Dicté par Marie Jayr, femme Vugnon, à Ceyzériat (Ain).

LE PORT DE LORIENT

1.

Chantons pour passer le temps,
Le plus complaisant
De l'amour d'une brune,
Du port de Lorient.
La belle s'en va rejoindre son aimant.
Ses beaux yeux, aussi ses bonnes grâces,
Lui ont bientôt fait trouver une place.
Tout ce qu'elle désirait,
C'est d'être placée
Auprès de son bien-aimé.

2

Au premier embarquement,
L'on mit la voile au vent ;
L'on fit sonner les cloches du port de Lorient.
La belle s'en va rejoindre son aimant.
Si vous l'aviez vue voguer sur ces ondes
Sans que personne la seconde,
En suivant son dessein,
Faisant son devoir comme un premier marin.

3

Le capitaine charmé
De voir la beauté
De ce beau jeune homme,
Lui dit : Charmant matelot,
Tu seras placé dedans mon vaisseau.
Vos beaux yeux et vos bonnes grâces
Vos blonds cheveux, votre doux langage
M'y font souvent rappeler
Que vous ressemblez
Ma très chère bien-aimée.

4

Monsieur, quand vous me parlez,
Vous me surprenez,
Vous me faites rire.
Je n'ai ni parents ni aimant,
Je suis éloignée du port de Lorient.
Oui, je suis un vrai garçon unique,
Un vrai marin de la Picardie,
Un vrai soldat anglais
Ayant déserté du port de Calais.

5

Ils ont bien resté sept ans
Dans ce bâtiment
Sans se reconnaître.
L'ont bien resté sept ans

Sans y avoir aucun débarquement.
Puisqu'enfin l'amour nous rassemble,
Il nous faudra allier ensemble,
Il nous faudra marier
Avec l'argent qu'nous avons gagné.

Dicté par Mariette Morel, femme Bollet, à Gravelles (Ain).

CHANSON D'UNE FILLE ET D'UN GARÇON

1

Qui veut savoir chanson,
Chansonnette nouvelle,
Oh ! l'en est faite d'une fille, d'un garçon
Qui s'y sont fait l'amour sept ans.

2

Au bout de les sept ans,
La belle s'en déguise,
Le s'en déguise, le s'habille en dragon ;
C'est pour aller en garnison.

3

En garnison s'en va,
Au fond de l'Allemagne,
En Allemagne disant une chanson.
Son cher aimant entend le son

4

Qu'a-t-y dans vos maisons,
Dites, dame l'hôtesse,
Dame l'hôtesse, qu'a-t-y dans vos maisons
Qui a chanté ce joli son ?

5

C'est pour ma foi, Monsieur,
C'est un soldat de guerre.
Allez lui dire qui vienne à souper,
Que son écot en est payé.

6

En entrant à la maison,
Lui présente son verre.
A ta santé fill'mon gentil cœur d'amour.
Ne t'y aurai-je pas un jour ?

7

Quel est cet insolent
Qui parle de la sorte ?
Faites-le prendre et mettre dans l'emprison
Pour lui apprendre la raison.

8

Oh ! si j'ai mal parlé,
Belle, faites-moi prendre.
Faites-moi prendre et mettre en prison,
Nous vous rendrons la raison.

Dicté par Jeanne Vugnon, femme Cherel, de Ceyzériat (Ain).

LE PONT D'AMBOISE

1

Un dimanche matin,
La belle s'y promène.
Dans son chemin rencontre,
Rencontre un chevalier :
Si vous tuez mon père,
Cent écus vous aurez.

2

Pour tuer votre père,
Comment pourrais-je faire ?
Allez sur le pont d'Amboise,
Mon père y doit passer.
A travers le feuillage,
Vous l'assassinerez.

3

Le chevalier s'en va,
S'en va sur le pont d'Amboise :
Arrête, capitaine,
Arrête ici, marchand.
De la part de ta fille,
Tu mourras sur le champ.

4

J'ai encore cent écus
Pour me sauver la vie.
Tenez mon alliance,
La bague de mon doigt ;
Sera pour lui faire croire
Que je suis mort dans le bois.

5

Le chevalier s'en va,
S'en tourne vers la fille.
Comptez, comptez, la belle ;
Donnez-moi de l'argent.
Votre père en est mort,
En est mort sur le champ.

6

Si mon père est mort,
Donnez m'en l'assurance.
Tenez son alliance,
La bague de son doigt ;
C'est pour vous faire connaître
Qu'il est mort dans le bois.

7

Le lendemain matin,
Le grand marchand arrive.
Sa fille fort étonnée, croyant de l'embrasser.
Retire-toi ! malheureuse que tu es,
Tu voulais faire mourir ton père
Sans savoir le sujet.

8

Son père qui s'en va
Avertir la justice,
Devant la populace   } *bis*
Pour la faire brûler.

9

Sa mère qui s'en va
Chez monsieur la justice :
Monsieur de la justice,
Rendez-moi mon enfant,
Je vous apporterai bien vite
De l'or et de l'argent.

10

Pour de l'or et de l'argent
Tu n'auras pas ta fille.
Tu la verras demain
Brûler au point du jour :
A travers le grillage
Elle finira ses jours.

Dicté par Jean Bichat, à Villereversure (Ain).

LA FILLE D'UN MARCHAND

1

Qui veut savoir chanson,
Chansonnette nouvelle ?
Elle est faite d'une fille
Qui veut s'y marier.
N'y a que son pauvre père
Qui veut l'en empêcher.

2

Le dimanche matin
La belle s'y promène.
A son chemin rencontre
Trois bons drilles, l'a rencontrés
Si vous voulez tuer mon père,
Cent écus vous aurez.

3

Ces bons drilles s'en vont
Dessur le pont de Nantes :
Arrête, marchand, arrête,
Arrête, gros marchand.
Pour l'amour de ta fille,
Tu mourras sur le champ.

4

Avant que de mourir
J'en ai encore cinq cents livres (*bis*)
Pour ma vie sauver.
Allez dire à ma fille
Que vous m'avez tué.

5

Pour vous avoir tué
Nous faut donner des marques.
En voilà ma ceinture,
Ma belle montr'en or.
Mes belles jarretières,
Tout le long, l'en sont d'or.

6

Ces bons drilles s'en vont
A la port'à la belle.
Oh! donc bonjour, la belle ;
Compte-nous de l'argent.
Nous avons tué votre père
Enterré sur le champ.

7

Par un de ces beaux jours,
La belle s'y promène.
A son chemin rencontre
Son père l'a rencontré ;
Lui fait mille caresses ;
La tête lui a tranchée.

Dicté par Marie Piane, à Villereversure (Ain).

LE GARÇON MAL AVISÉ

1

Qui veut savoir complainte
Faite d'un garçon mal avisé *(bis)*
En promenant sa mie,
Il l'a menée dedans le bois
Pour lui ôter la vie.

2

Il n'en fut pas au bois bocage,
Lui dit : Belle, rentourne-toi *(bis)*
Marguerite, ma mie,
Il n'est plus d'amitié pour toi ;
Nos amours sont finies.

3

Il en a tiré son épée ;
Trois fois au cœur lui a planté *(bis)*
La belle tombe morte.
Il me faudra l'aller enterrer
Sous ces ormeaux à l'ombre.

4

A son chemin l'a fait rencontre
Trois gendarmes l'a rencontrés *(bis)*
Qu'as-tu fait de ta mie ?
Tu l'as menée dedans le bois
Pour lui ôter la vie.

5

Oh ! ils m'ont pris,
Oh ! ils m'emmènent
Dans la ville de Montbrison *(bis)*
Dans une tour obscure
Qu'on ni voit ni clair ni jour,
Ni soleil ni lune.

6

Si j'avais cru, ma douce mie,
Je ne serais pas où j'en suis *(bis)*
Je serais auprès d'elle.
En me racontant ses discours,
Moi, je lui dirais les miennes.

Dicté par Jeanne Vugnon, femme Cherel, à Ceyzériat (Ain.)

CHANTE, ROSSIGNOLET

1

Qui veut savoir chanson,
Chansonnette nouvelle.
Chante, rossignolet ;
L'est faite d'un garçon
Et d'une demoiselle.

2

L'ont fait l'amour sept ans,
Sept ans sans s'y rien dire.
Chante, rossignolet ;
L'ont fait l'amour sept ans,
Sept ans sans s'y rien dire.

3

Au bout de ces sept ans,
Le galant s'y marie.
Chante, rossignolet ;
Au bout de ces sept ans,
Le galant s'y marie.

4

La belle, y viendrez-vous,
Viendrez-vous à ma noce ?
Chante, rossignolet ;
La belle, y viendrez-vous,
Viendrez-vous à ma noce ?

5

La belle, si vous y venez,
Venez-y un peu propre.
Chante, rossignolet ;
La belle, si vous y venez,
Venez-y un peu propre.

6

La belle n'a point manqué,
S'est acheté trois robes.
Chante, rossignolet ;
La belle n'a point manqué,
S'est acheté trois robes.

7

Une d'un satin blanc,
L'autre d'un satin rose.
Chante, rossignolet;
Une d'un satin blanc,
L'autre d'un satin rose.

8

L'autre d'un violet,
Qu'est cent fois plus jolie.
Chante, rossignolet;
L'autre d'un violet,
Qu'est cent fois plus jolie.

9

La fille que vous prenez
Est-elle encore jolie?
Chante, rossignolet;
La fille que vous prenez
Est-elle encore jolie?

10

Pas si jolie que vous,
Mais l'en est bien plus riche.
Chante, rossignolet;
Pas si jolie que vous,
Mais l'en est bien plus riche.

11

On n'mange point la beauté,
On mange la richesse.
Chante, rossignolet;
On n'mange point la beauté,
On mange la richesse.

Dicté par Jeanne Vugnon, femme Cherel, à Ceyzériat (Ain).

OH! DOUCE MARIE

1

C'est une fille de quinze ans ;
Elle s'en fut au bois toute solette,
C'est pour y cueillir
La blanche violette.

2

Elle n'en eut pas cueilli trois fleurs
Que le mal d'enfant l'a surprise.
Elle se mit à crier :
Oh ! douce Marie.

3

Sa pauvre mère qui l'entendit :
Conserve bien ton fruit, ma fille,
Car peut être un jour
Il te sauvera la vie.

4

La pauvre fille a mal compris.
Elle l'enterre au coin d'une vigne,
Couvert d'un drap blanc
Et d'une toile fine.

5

Le fils du roi vient à passer :
Où est donc cette fille?
Quand on parle tant
D'elle dans la ville.

6

Beau Monsieur, vous la verrez demain
La belle en justice.
Les bourreaux devant, la belle au milieu,
La justice derrière.

7

Mère, j'ai encore une sœur,
Prenez garde à cette fille
Qu'elle ne fasse pas
Comme moi la folie.

8

Ma fille, tu as parlé trop tard ;
Ta sœur en est déjà enceinte
Des plus grands bourgeois
Qu'il y ait dans la paroisse.

9

Mère, coupez mes blonds cheveux ;
Vous les mettrez à la porte de l'église
Pour servir d'exemple
A toutes ces jeunes filles.

Dicté par Andréas, à Villereversure (Ain).

LA FILLE D'UN CABARETIER

1

C'est la fille d'un cabaretier,
Tout en s'y allant promener,
S'y promenant toute solette,
Comme une fille honnête.

2

A son chemin l'a rencontré
Trois libertins, l'ont arrêtée :
Arrête, arrête, jolie fille,
Dans ce grand bois, vous êtes prise,

3

Je ne porte rien sur mon corps
Que ma bague et ma chaîne en or.
Tenez, je vous la donne ;
Mais je vous défends ma personne.

4

Nous aurons bien ta bague en or,
Ta chaîne, aussi ton corps.
Je combattrai jusqu'au trépas ;
Mais mon corps, vous l'aurez pas

5

J'aime mieux cent coups de lance
Que si mon Dieu j'offense.
Le premier coup qui lui ont donné,
La belle a renversé.

6

Le plus jeune des trois a dit :
Nous pourrons nous en repentir.
Otons ce corps de ce passage ;
Enterrons-le dans ce bois bocage.

7

Quand ils furent bien promenés,
Ils parlèrent de déjeuner.
Ils frappent à la porte du père
Que la fille en était morte.

8

Ils n'en furent pas mi-déjeuné
Que l'hôtesse vint pour compter.
Tout en tirant l'argent de bourse,
La bague tombe à grande course.

9

L'hôtesse qui était tout près,
La bague en or l'a ramassée.
Cet anneau d'or est bien jolie
Que vous coûte-t-il, je vous en prie?

10

Nous ne l'avons point acheté,
Madame l'hôtesse, sans vous mentir.
Un jour, passant devant l'église,
Nous l'avons vue, nous l'avons prise.

11

Taisez-vous, mauvais larron,
Vous m'y parlez de trahison.
Cet anneau d'or est à ma fille.
Je veux la voir morte ou en vie.

12

Le plus jeune des trois s'est accusé :
Oui, Madame, nous l'avons tuée.
Allez là haut dans ce bois bocage,
Vous la trouverez sous le feuillage.

13

Ils les ont pris, les ont menés
Dans la forêt, les ont brûlés.
Leurs corps criaient : vengeance!
Tout est fini par leurs offenses.

Dicté par Jeanne Vugnon, femme Cherel, à Ceyzériat (Ain).

LES TROIS PIGEONS

1

Qui veut savoir chanson,
Chansonnette nouvelle,
Faite des trois pigeons
Qui ont la plume dorée ?

2

Ils ont pris leur volée.
La mer ll'ont tranchée
Sur la maison d'un roi
Ils se sont reposés.

3

Sur celle d'un baron
Ils ont fait leur demeure.
La dame du château
Mit la tête en fenêtre.

4

A qui sont ces pigeons
Qui ont la plume dorée ?
Ils sont à mon aimant
Qui est dedans la guerre.

5

Il faut plumer l'oiseau,
Nous l'enverrons la plume ;
Ils ont mangé l'oiseau,
L'ont envoyé les plumes.

Dicté par Gaillot, à Journans (Ain).

TOUT EN M'Y PROMENANT

1

Tout en m'y promenant,
Par un beau clair de lune,
Un Monsieur j'ai rencontré
Une tant belle brune ;
J'en ai pris le plaisir
De l'entendre chanter.

2

Au bout de quelque temps,
La pauvre fille enceinte
Sans savoir où aller coucher,
Son cher amant lui dit :
De tant belle grâce,
Mon père a un beau bois.
Une tant belle grange ;
Belle, voulez-vous y aller,
Belle, pour accoucher ?

3

La pauvre fille y va
Sans penser aucune malice.
Il la mène dans le bois,
L'a couverte de feuillage ;
Et puis l'a laissée là.
Adieu, la belle, je m'en vas.

4

Il a pris son manteau vert
Pour entrer dans la ville.
Le premier qui rencontra
Est le valet de gendarmerie ;
Lui dit son procès était jugé,
Ou pendu, ou brûlé.

5

Tout en montant sur l'échafaud
Il crie d'une voix haute :
Regardez, filles d'honneur,
Les garçons sans malice,
Tous les amants trompeurs,
Ils m'ont causé un grand malheur.

Dicté par Marie Piane, à Villereversure (Ain).

BELLE ROSALIE

1

Quand fut le soir après souper
Que la Rosalie va s'y promener,
S'y promener toute solette,
L'y a fait rencontre de son Pierre.

2

A son chemin l'a rencontré
Pierre Chapuis qui l'a caressée
En lui disant : Belle Rosalie,
Embrasse-moi, car je t'en prie.

3

La Rosalie lui a répondu :
Pierre Chapuis, avec plaisir.
M'y donneras-tu quelque chose?
C'est pour acheter une robe.

4

Pierre Chapuis n'y a point manqué.
Oh! beaux dix francs lui a donnés,
En lui disant : Belle Rosalie,
C'est pour acheter des pélerines.

5

Pierre Chapuis s'y est bien amusé,
Pierre Chapuis s'y est rentourné
En lui disant : Belle coquette,
Adieu, je m'en vas dans ma chambrette.

6

Pierre Chapuis, si tu t'en vas,
Un beau bouquet tu m'apporteras,
Un beau bouquet de patience
Qui finira mon espérance.

7

Pierre Chapuis y est bien retourné.
Au beau bouquet, n'y a point pensé.
Qu'en dira-t-elle, ma Rosalie,
Quand elle verra que je l'oublie.

8

Qu'elle en dise ce qu'elle voudra.
J'en suis garçon, je me fous[1] de ça;
J'en suis garçon, tout comme un autre.
Adieu, Rosalie ! j'en cherch'une autre.

9

Qui a composé la chanson ?
C'est François Merle, le bon garçon;
Il l'a composée le soir à la chandelle,
Tout en s'y moquant de la belle.

Dicté par Joseph Corsain, à France, commune de Jasseron (Ain).

[1] Pour : je me moque.

LE CAVALIER

1

L'autre dit jour je m'y promène,
Mais tout le long du grand chemin,
J'ai entendu chanter
Une tant belle bergère.
Je me suis-t-approché,
Croyant de la caresser.

2

Le cavalier mit pied à terre
En croyant de la caresser.
L'attache son chevau
A cette vieille barrière,
Croyant de la caresser
Cette aimable beauté.

3

Oh ! que la belle fut for-adroite !
Sur son chevau elle est montée,
L'a monté à chevau

Comme un cavalier habile,
Jouant de l'éperon
Tout comme un vaillant dragon.

4

Tout bas, tout bas, belle bergère,
De tout cela je n'en ris pas.
Rendez-moi mon chevau,
Mon manteau et ma valise,
Mon or et mon argent
Qui sont enfermés dedans.

5

Oh! dis adieu à ta valise,
A tout ton or et ton argent (*bis*)
Et à ta belle jument grise.
Je m'en vais l'emmener;
Jamais vous ne la reverrez.

6

Va-t-en garder les moutons à ma place,
Car tu m'as l'air fort bon berger.
Mon maître et mon fermier
Te nourrira au pain et au fromage;
De la soupe au pain bis,
Sera pour te rafraichir.

Dicté par Jeanne Vugnon, femme Cherel, à Ceyzériat (Ain).

QUE FAIS-TU LA SEULETTE

1

Que fais-tu là seulette
Dans ce triste vallon?
Mon aimable bergère,
Vous êtes à l'abandon.
Il vous faudrait, ma chère,
Pour vous accompagner,
Un brave militaire
Ici dans ce verger.

2

Je ne suis pas seulette
Dans ce triste vallon.
Monsieur, je vous proteste
Que j'ai mon doux berger.
Le matin, dès l'aurore,
Il conduit mon troupeau.
Sa musette s'accorde
A ce beau chalumeau.

3

Un berger du village
Serait-il votre aimant?
Aurait-il l'avantage
D'avoir vos agréments?
Moi, je suis militaire,
Brave et vaillant guerrier.
Accordez-moi, ma chère
Mignonne, un doux baiser.

4

Croyez-moi-s-au plus vite } *bis*
Il faut vous retirer.
Evitez la poursuite, } *bis*
Oh! oui, de mon berger. }

5

Reviens, mon cher et tendre,
Reviens auprès de moi.

Mon cœur est toujours tendre,
Il ne vit que pour toi.
Ah ! si tu es volage,
Je m'en prends à l'amour.
Reviens et sois plus sage
Par un juste retour.

Dicté par Jeanne Joncelat, à Saint-Gemain-de-Joux (Ain).

BELLE HÉLÈNE

1

Que fais-tu, belle enfant,
Seulette dans le plaine ?
Si tu veux, belle Hélène,
Je serai ton aimant.

2

Oh ! je ne suis qu'une simple bergère,
Et je me plais en gardant mon troupeau.
J'ai mon berger, il a mon cœur en gage,
Mon beau Monsieur, retirez-vous de moi.
Courez donc, vieux chat gris.
    Avec vos apanages
    Et tous vos équipages,
Vous ne prendrez pas de souris.

3

Aurais-je cru qu'une simple bergère
M'ait rebuté avec tant de fierté ;
Viens, belle enfant, partager mes richesses
    Dans mon château.
    Belle, rien n'est si beau.

Que fais-tu, belle enfant,
Seulette dans la plaine?
Si tu veux, belle Hélène,
Je serai ton aimant.

4

Quand vous seriez empereur de Chine,
Votre couronne ne me tenterait pas.
Allez, Monsieur ; roulez votre voiture.
Vous n'avez l'air que d'un vieux radoteur. (*bis*)
Courez donc, vieux chat gris.
  Avec vos apanages
  Et tous vos équipages,
Vous ne prendrez pas de souris.

Dicté par Marguerite Allard, à Leyment (Ain).

REVENANT DES PAYS-BAS

1

L'en sont trois garçons volages
Revenant du Pays-Bas.
A leur chemin l'ont rencontré
Une fillette.
L'en a charmé le cœur
T'en-amourette.

2

Dites-nous, la jeune fille,
En êtes-vous mariée ?
On s'y connaît à vos beaux yeux,
A vos finesses,
Que vous êtes mariée
Dedans Marseille.

3

Dites-nous, la jeune fille,
Votre père est-il vivant ?
Il y a longtemps que mon père [est mort,
Aussi ma mère.
Le plus près de mes parents,
Je n'ai qu'un frère.

4

Dites-nous, la jeune fille,
Votre frère est-il bien loin ?
Mon frère est dedans le bois
Qui court la biche.
J'entends peter le canon,
La biche est prise.

Dicté par Jeanne Vugnon, femme Cherel, à Ceyzériat (Ain).

JE N'AVAIS QU'UN AMANT

1

Je n'avais qu'un fidèle aimant,
Le voilà qui s'engage.
S'est engagé dans le régiment.
C'est pour porter les armes.

2

Il n'en fut pas au régiment
Qu'il écrit une lettre
Que la tête lui allait tourner,
S'il n'était auprès d'elle.

3

Quand la belle entendit cela,
En cadet elle s'habille.
Elle s'en va trouver le sergent,
Le commandant de ville.

4

Oh! donc, bonjour, mon sergent,
Mon commandant de ville,
Je viens ici pour m'engager;
Au pays je m'ennuie.

5

Quand le sergent a vu cela
Si rempli de courage;
Lui met la main sous le menton,
Ne trouve point de barbe.

6

Quelle barbe voulez-vous marquer
Un garçon de mon âge.
Je n'ai que dix-sept ans passés,
Je n'ai pas davantage.

7

Vous qui connaissez les endroits,
Où la ville est fort longue,
Faites-nous venir de ce bon vin
Qui réjouit le monde.

8

Ils n'en furent pas au cabaret,
Après boire bouteille,
Le galant change de couleur,
Il pense à sa maîtresse.

9

Qu'avez-vous donc, beau grenadier,
Que la couleur vous change?
On ne fait pas tant le couyon
Quand on est au service.

Dicté par Jeanne Vugnon, femme Cherel, à Ceyzériat (Ain).

MIE FANCHON

1

Fanchon, mie Fanchon,
Veux-tu t'en venir dans la guerre?
Tu entendras ce gros tambour,
Tu en feras tant beau séjour,
N'en seras-tu pas bien contente?

2

Dragon, mon beau dragon,
Comment m'y faudra-t-il donc faire?
Mon père n'ont rien que moi d'enfant;
Il me chérit si tendrement!
Oh! quel chagrin pour ma mère!

3

Fanchon, mie Fanchon,
Il faudra plier ton bagage,
Oh! il te le faudra plier.
Je te le ferai enlever
Par mon cheval de voyage.

4

Trois heures avant le jour
Le dragon est venu pour la prendre.
Son père qui ne dormait pas,
Qui le suivait de pas à pas :
Beau dragon, que viens-tu donc faire?

5

Papa, mon doux papa,
Je viens dire adieu à Fanchette.
Mon régiment part aujourd'hui ;
Auparavant que de partir,
Je viens dire adieu à Fanchette

6

Dragon, mon beau dragon,
Comment m'y faudra-t-il donc faire?
Faudra nous mettre dans ce coin,
Peut-être qu'il s'en ira bien ;
Nous passerons par la fenêtre.

7

Le père s'est en allé
Dedans la chambre de sa femme.
Femme, femme, dors-tu toujours,
N'entends-tu pas ce gros tambour
Qui vient pour emmener Fanchette?

8

La mère s'est levée ;
Oh ! tout comme un esprit volage
Dans sa chambre elle est allée
Dans son blanc lit pour la chercher ;
Fanchon se trouve déjà partie.

9

La mère s'en est allée ;
C'est pour voir la cavalerie.
Arrête, arrête, régiment,
Je veux parler à mon enfant
Que ce maudit dragon m'emmène.

10

Le dragon est allé
Pour presser la cavalerie.
Avance, avance, gros tambour ;
N'écoute pas ces longs discours
Puisque ma mie en est contente.

Dicté par Joseph Brédy, dit Lafleur, à Ceyzériat (Ain).

LA MANTILLE

1

L'autre jour en m'y promenant
Tout le long du bois Dordène,
A mon chemin j'ai fait rencontre
D'une beauté sans paré [1]
Je lui parle d'amourette ;
La belle m'a-t-écouté.

2

Quand la belle entendit cela :
Galant, quitte ta mantille (*bis*)
Pour la mettre dessous nous,
De grand peur que la rosée
M'attrape mes blancs genoux.

3

Quant le galant eut joui
Du plaisir de la belle :
Belle, rendez-moi ma mantille,
Il est temps de nous retourner.
Voilà maman qui nous appelle,
Il est temps de nous en aller.

4

La mantille n'est point-z-à toi.
Elle est à moi, je l'ai gagnée.
Faut aller de chez le juge,
Le juge la jugera
Qui aura gagné la mantille.
Qui l'aura gagnée l'aura.

5

Le juge l'a bien jugé
Tout au profit de la fille.
La mantille est à la fille
Pour lui faire un jupon.
Le restant de la mantille
En payera la façon.

6

Quand sa mère l'a vu venir,
Qu'as-tu fait de ta mantille ? (*bis*)
L'as-tu bue, l'as-tu mangée,
Ou bien donnée à ces filles
Pour ce joli jeu d'aimer ?

[1] Sans pareil.

7

Je ne l'ai bue ni mangée,
Ni point donnée à ces filles.
En passant le bois Dordène,
Trois voleurs j'ai rencontrés.
Ils m'en ont pris ma mantille,
Encore ils voulaient me tuer.

Dicté par Jeanne Vugnon, femme Cherel, à Ceyzériat (Ain).

L'ALLEMAND

1

C'est un joli Allemand
Qui s'en revient de la guerre.
Il est habillé proprement,
Galonné d'or et d'argent.
Il s'en va tout droit à l'auberge.

2

Bonjour, Madame de céans.
Pouvez-vous loger un homme juste?
Oh! oui, Monsieur, entrez dedans;
Nous avons d'appartements
Et aussi de belles chambres.

3

Quand a été le soir après souper,
L'Allemand appelle la servante :
Servante, de tout cela,
Débarrassez-moi ces plats.
Menez-moi dedans ma chambre.

4

Entre onze heures et la minuit
Que l'Allemand se réveille,
L'Allemand a été le plus fin.
Il se prend, s'en va au jardin
Pour enterrer sa culotte.

5

Entre onze heures et la minuit
Que l'Allemand se réveille,
Il se met à crier au voleur.
Pour moi j'ai eu du malheur,
J'en ai perdu ma culotte.

6

Monsieur, pas tant de bruit,
Nous vous donnerons un habit.
Je me soucie bien de ça,
Je vas vous mettre dans l'embarras,
Madame, je vas vous faire pendre.

Dicté par Jeanne Vugnon, femme Cherel, à Ceyzériat (Ain).

LE COMPAGNON CHARRON

1

C'est un compagnon charron,
Roulant de ville en ville.
Il a fait une maîtresse
Là-bas dans ce quartier.
Oh! depuis sa boutique,
Oh! il l'entend chanter.

2

Tous les soirs, il la va voir,
En lui disant : La belle,
En voudrais-tu, ma chère,
Un compagnon charron?
Mon métier pi le vôtre,
Belle, s'y conviendront.

3

Et moi, jeune galant,
Je le vas dire à mon père.
La fille dit à son père :
Père, mariez-moi
Avec un charron bien drôle,
Compagnon du devoir.

4

Tu veux te marier;
Tu es-t-encore bien jeune.
Il faut faire tes promesses
Jusqu'au bout de la saison,
Pour apprendre à connaître
Le métier de charron.

5

Le métier du charron,
C'est un métier bien drôle,
En faisant des voitures,
De beaux paires de roues,
En coulant l'herminette,
Les pieds sur le sentier [1].

Dicté par Jeanne Vugnon, femme Cherel, à Ceyzériat (Ain).

[1] Chantier.

LES TROIS GARÇONS

1

Sont trois jeunes garçons
Qui s'en vont dans la guerre, *(bis)*
Toujours en regrettant
Le cœur de leur maîtresse
Que leur cœur aime tant.

2

Le plus jeune des trois
Regrette mieux la sienne. *(bis)*
Ma foi, l'a bien raison ;
C'est la plus jolie fille
Qu'y ait dans nos cantons.

3

Oh! le garçon s'en va
Trouver son capitaine : (...)
Bonjour, mon capitaine,
Donnez-moi mon congé,
Pour aller voir Nanette
Que j'en ai tant aimée.

4

Tiens, voilà ton passeport ⎫ *bis*
Aussi ta carte blanche ⎭
Pour aller voir Nanette.
Rentourne-toi d'abord.

5

Le galant s'en va
Chez le père à sa mie.
Oh ! donc bonjour, mon père,
Et à tous mes parents,
Sans oublier Nanette
Que mon cœur aime tant.

6

Nanette n'est plus ici,
Nanette en est morte, *(bis)*
Morte et enterrée.
Son petit cœur est en terre ;
Il n'en faut plus parler.

7

Oh! le galant s'en va
Sur la tombe à sa mie.
Oh! parle-moi donc, mie,
Pour la dernière fois.
Mon petit cœur soupire,
Désire de vous voir.

8

Oh! le galant s'en va
Trouver son capitaine :
Bonjour, mon capitaine,
Me voici de retour.
Puisque Nanette est morte,
J'en servirai toujours.

Dicté par Marie Piane, à Villereversure (Ain).

LES TROIS GARÇONS ALLEMANDS

1

L'autre dit jour en m'y prome-
A l'ombre de la lune,   [nant
A mon chemin rencontre
Trois garçons-t-Allemands
Qui parlent d'amourette
A la rigueur du temps.

2

Où allez-vous? d'où venez-vous?
Onze heures sont sonnées.
Je vas chez ma maîtresse
Qui m'a fait demander;
Là-haut dedans sa chambre,
Je m'en vais lui parler.

3

La belle qui n'était pas loin,
Qui entend toutes ces paroles.
Ouvrez-moi un peu la porte,
Belle, si vous m'aimez.
Car j'en suis-t-en chemise,
En danger d'en mourir.

4

Oh! gèle tant que tu voudras,
Pour moi je n'm'en soucie guère.
Galant, tu t'es vanté
Que j'étais-t-une fille
Faite à ta liberté.

5

Suis-je pas-t-un garçon malheureux
D'avoir perdu ma maîtresse ?
J'ai perdu ma maîtresse
D'y avoir trop parlé.
Jamais garçon ni fille
N'y sauront ma pensée.

Dicté par Eléonore Berger, à Journans (Ain).

LA FILLE D'UN BOULANGER

1

C'est la fille d'un boulanger,
En passant sa farine
L'a tant passé la nuit, le jour,
Que son cotillon devient court.

2

L'en devient court sur le devant,
Sur le derrière l'en devient grand.
L'a envoyé à son aimant
Qui se renvienne promptement.

3

Elle a écrit le samedi ;
La dimanche il arrive.
Tout en entrant dans la maison :
Marguerite, qu'avez-vous donc ?

4

N'avez-vous pas encore déjeuné,
Marguerite, ma mie ?
Pour déjeuner je ne saurais,
J'ai bien d'autres choses à penser.

5

Es-tu venu pour m'épouser,
Pierre, mon ami Pierre?
Pour t'épouser, je ne peux pas.
Je suis au service du roi.

6

Ne vous chagrinez donc point tant,
Marguerite, ma mie.
Dans mon grenier, il y a du froment
Pour nourrir la mère et l'enfant.

7

Il a mis le pied-z-à l'étrier,
Et la main à la bride,
L'a pris son chapeau sous son bras :
Adieu, la belle, je m'en vas.

Dicté par Jeanne Vugnon, femme Cherel, à Ceyzériat (Ain).

LE DÉPART

1

Charmante beauté,
Je viens t'annoncer
Une triste nouvelle :
Les gens de l'assemblée
Qui viennent annoncer
Qu'il faut nous embarquer.
Le plus grand regret,
Qu'il nous faut quitter
Nos aimables maîtresses,
Tout en leur faisant nos adieux
En partant les larmes aux yeux.

2

Au jour du départ,
Autour des remparts,
Quelle triste nouvelle !
De tous les côtés
Les filles à pleurer.
Elles sont bien embarrassées ;
Elles s'en vont pleurant
Chez le commandant,
Ainsi que le colonel.
Monsieur, rendez-nous nos
                    [aimants
Que nos cœurs aiment tendre-
                    [ment.

3

Le colonel répond :
Ah ! Dieu ! mes enfants,
Cela ne peut se faire ;
Voyez présentement
Ce beau régiment
Qui rejoint l'embarquement.
Il nous faut des soldats
Hardis au combat
Pour passer l'Amérique,
Et pour apprendre aux Anglais
A respecter les Français.

4

Venez, grandeur,
Remplie de douceur,
Répond le colonel.
N'en pleurez point tant ;
Il y a d'autres aimants
Dedans la ville à présent.
Tous ces beaux lurons,
Quand ils reviendront,
Chacun prendra sa place.
Ils vous aideront à nourrir
Tous vos petits benonis.

5

Adieu, Rosalie,
Jeannette et Julie,
Catherine et Thérèse,
Marie et Fanchon,
Babette, Margoton,
Catherine et Louison,
Adieu, Babette, adieu !
Nous quittons cette ville
Pour aller chercher le laurier
A la pointe de l'épée,
Repoussant les émigrés.

Dicté par Jeanne Vugnon, femme Cherel, à Ceyzériat (Ain).

LA NOURRICE ET LE VOLEUR

1

C'est une pauvre nourrice,
De Paris marche à grand train.
En son chemin l'a rencontré,
Un voleur plein de malice
Qui a le costume déguisé
Sous un vêtement d'abbé.

2

Où allez-vous, brave femme?
Lui dit cet homme insolent.
Où allez-vous aujourd'hui?
Dites-moi-le, je vous en prie.
On parle tant de voleurs
Que vous devriez en avoir peur.

3

Oh! je n'y porte pas grand'chose
Que la somme de vingt-cinq francs
Au maillolet de mon enfant.
Je ne crains pas qu'il m'arrive

Qui puisse s'imaginer
Dans ce lieu de les chercher.

4

Ce malheureux infâme,
Quand ils furent au milieu du bois,
Son sabre détermina,
Il le présente à la nourrice
En lui disant : Présentement,
Il faut ta vie ou ton argent !

5

Monsieur, prenez tout ce que j'ai. } *bis*
Pour Dieu, sauvez-moi la vie.
Vous savez qu'ils sont dedans
Le maillolet de mon enfant.

6

Sitôt le voleur se baisse
Pour démailloter l'enfant.
Son sabre il déposa
A côté de lui, ce maudit traître.
Mais la nourrice sans propos
S'en saisit tout aussitôt.

7

Elle lui a donné un seul coup. } *bis*
Lui a fendu en deux la tête,
Dont il est tombé d'abord
Sur la terre raide mort.

8

Elle prend son enfant bien vite,
Elle le serre entre ses bras.
Elle n'en fut pas à mi cent pas,
Elle s'aperçoit qu'on prend sa suite.
C'est les gendarmes qui cherchaient
Les voleurs dans la forêt.

9

Où allez-vous, brave femme ?
Vous m'avez l'air effrayée,
Racontez-nous votre tourment,
Dites-nous-le, je vous en prie ;
Racontez-nous votre tourment,
Nous y mettrons soulagement.

10

J'ai fait rencontre, dit-elle,
D'un voleur, comme un abbé,
M'y voulant assassiner.
Je lui ai fendu la tête.
Donc il est là-bas, il dort.
Moi, j'ai mérité la mort.

11

Au contraire, brave femme.
Votre coup est très vaillant.
Menez-nous y promptement,
Oh ! vers ce voleur infâme.
Menez-nous y promptement,
Nous y mettrons soulagement.

12

Dans ses poches beaucoup d'or, } *bis*
Un sifflet en esfaïence.
Quatre à cinq coups de sifflet
L'ont pris voleurs dans la forêt.

Dicté par Josephte Braconnier, femme Festas, à Ceyzériat (Ain).

LE GARÇON PLAFONNEUR

1

C'est un garçon de bien,
De bonne fortune,
Qui cherche partout
L'amour d'une brune.
Il les a tant cherché,
Mais car il a *(bis)*
Fort bien trouvé.

2

La fille s'en va,
Va dire à sa mère :
Ne savez-vous pas
Le garçon que j'aime.
C'est un garçon plafonneur.
Mais car il a *(bis)*
Charmé mon cœur.

3

Tandis que ce garçon
Restera-z-en ville,
Dedans le couvent,
Nous t'y mettrons, ma fille ;
Tu n'en sortiras jamais
Que pour y boire *(bis)*
Et pour manger.

4

Ce garçon de bien
N'aura pas l'adresse
De mon plafonneur
Rempli de tendresse.
Mais j'aurai toujours dans mon
Les amours *(bis)*   [cœur
De mon plafonneur.

5

Chaque jour j'irai
Le long du rivage,
Pleurant mes amours
Et mon esclavage;
Mais j'aurai toujours dans mon cœur
Les amours *(bis)*
De mon plafonneur.

Dicté par Josephte Braconnier, femme Festas, à Ceyzériat (Ain).

LA FILLE D'UN PARISIEN

1

Oh! c'est la fille d'un Parisien. (*bis*)
On dit qu'elle est jolie ;
Elle en a ravi les amitiés
D'un beau soldat de guerre.

2

Soldat de guerre veut s'engager. (*bis*)
Oh! ne t'engage point-z-encore.
Ma mère a encore un peu d'argent,
Tu n'iras point-z-en guerre.

3

Adieu, la belle, je m'en vas. (*bis*)
Je suis soldat pour la vie.
Adieu, la belle, je m'en vas
Joindre ma compagnie.

4

Il n'en fut pas cent lieues sur l'eau, (*bis*)
Tourne la tête en derrière.
A vu venir un beau vaisseau
Croyant que c'était sa mie.

5

Son capitaine lui a dit :
Soldat, à quoi la reconnais-tu?
Je la connais à son beau visage,
Aussi à ses beaux yeux brillants
Qui ont ravi mon âme.

Dicté par Jeanne Vugnon, femme Cherel, à Ceyzériat (Ain).

JEANNE, MA MIE

1

Bonjour, Jeanne, ma mie;
Comment t'y portes-tu, *(bis)*
Jeanne, ma mie?
L'enfant que tu as eu de moi
Est-il en nourrice?

2

Il n'est point en nourrice,
Mais l'en est baptisé, *(bis)*
Au nom du père,
Après je l'ai jeté
Dans la rivière.

3

Jeanne, ma mie,
Tu en as mérité là, *(bis)*
Jeanne, ma mie,
Tu en as mérité là
D'être pendie.

4

Oh! si j'en suis pendie,
Tu seras mon bourreau *(bis)*
Dedans ma vieillesse,
Toi, que tu m'as aimée
Dans ma jeunesse.

5

Pierre, mon ami Pierre,
Monte-z-y donc là-haut *(bis)*
Dedans ma chambre;
Tu verras mon enfant
Blanc comme un ange.

6

Marguerite, ma mie,
Desselle mon chevau; *(bis)*
Ote-lui la bride,
Jamais je n'aimerai
Une autre fille.

Dicté par Jeanne Vugnon, femme Cherel, à Ceyzériat (Ain).

LA BELLE BOURGEOISE

1

Qui veut savoir chansonnette
Nouvelle ? nous vous la dirons.
Elle est faite d'une bourgeoise
Qui a quitté son mari
Pour s'aller promener la nuit.

2

A son chemin le fit rencontre
Le fils d'un avocat.
Il la fit monter dans sa chambre
L'a tant coiffée et recoiffée
Que la pointe du jour est arrivée.

3

Quand la pointe du jour arrive,
La belle se mit à pleurer.
Qu'en diront-ils de moi le monde,
Principalement mon mari,
Que j'ai ici passé la nuit ?

4

Tu diras que tu jardines,
Que tu t'en viens du jardin,
D'en cueillir la violette,
Les romarins fleuris.
Oh! oui, vraiment, il fait bon dormir.

5

Son mari qui est aux fenêtres,
Qui la regarde venir :
D'où t'en viens-tu, belle bourgeoise ?
Où donc as-tu passé la nuit ?
Oh! oui, vraiment, le temps m'a duré.

6

Je viens de chez la voisine
Qui est en grand mal d'enfant.
Elle est en grande souffrance,
En grande souffrance, en grand tourment,
Oh! oui, vraiment, d'un bel enfant.

7

Elle en appelle sa servante,
La petite Janneton :
Va-t-en me chercher une bouteille,
Une bouteille d'aliqueur,
Oh! oui, vraiment, j'en ai mal au cœur.

8

Oui, tu as raison, ma femme,
Prends quelque chose qui te ravigote.
Toi qui fais tant la bigote,
Tu en as quitté ton mari
Pour t'aller promener la nuit.

Dicté par Jeanne Vugnon, femme Cherel, à Ceyzériat (Ain).

CHRISTOPHE

1

Qui veut entendre chanson, } bis
Histoire véritable,
Qui veut entendre chanson
D'un meunier bien aimable ?

2

Christophe va-t-au marché,
Pour vendre, pour acheter.
Personne ne lui a marchandé
Son beurre et son fromage,
Personne ne lui a marchandé.
Quel triste voyage !

3

Sa femme voit venir de loin
Christophe plein de chagrin.
Elle dit au meunier : Babet,
Je vois venir Christophe.
De crainte qu'il vous voie,
Mettez-vous dans ce coffre.

4

Christophe, tout en entrant :
Femme, il fait mauvais temps.
Du marché, je viens aujourd'hui.
De tant que je suis désolé
J'en veux vendre mon coffre. (*bis*)

5

Sa femme lui a répondu :
Tu me parais un étourdi,
Il faut vendre nos joyaux,
Nos chemises, Christophe,
Il faut vendre nos joyaux
Et laisser là le coffre.

6

Le plus petit de ses enfants
Lui dit : Papa, le meunier est dedans.
Oh ! va, mon petit enfant,
N'en dites pas davantage,
Car je veux vendre aujourd'hui
L'oiseau, aussi la cage.

7

Christophe, tout en criant :
Argent de mon coffre, argent !
J'en veux dix-huit francs
Qu'il est bon et valable,
Sans savoir ce qu'y a dedans ;
Il pèse comme un diable.

8

Un grand marchand boulanger
Qui vient pour le marchander :
Je t'en donne quinze francs,
Je te le paye au double,
Et le meunier qui y a dedans.
Les cervelles lui troublent.

Dicté par Jean-Marie Suchet, dit Trois-Vieilles à Rossillon, (Ain).

LA SŒUR MARIE

1

C'est une dame de la Basse Auver-
D'une grande renommée, [gne
Elle avait une fille
Dont elle était charmée
De la voir au couvent
Avec beaucoup de zèle.
Mais bientôt sa grande joie
Fut changée en tristesse.

2

Un menuisier très habile
Travaille au couvent ;
D'un air poli, honnête,
Quoique protestant,
Dit à la jeune sœur :
Grand Dieu ! qu'il est dommage
Si nous étions tous les deux,
Nous ferions bon ménage.

3

Vous êtes un fripon,
Lui dit la jeune sœur.
A vos paroles je connais
Que vous êtes flatteur.
Vous êtes protestant,
Et moi religieuse,
Nous ferions déshonneur,
A nos supérieures.

4

Flatteur je ne suis pas,
Lui dit le menuisier ;
Quand je dis quelque chose
Je dis la vérité.
Oui, j'en suis protestant,
Mais j'espère de suite
M'y faire recevoir
Aux ordres de l'Église.

5

L'on fait une retraite
Tous les ans pour les sœurs.
Elle s'en va-t-en prière,
Avec grande ferveur ;
Dit à son confesseur
Qu'elle s'était amusée
Avec un menuisier
Qui travaillait chez elle.

6

Le confesseur prit de l'encre,
Aussi du papier blanc,
Ecrivit une lettre
A la mère du couvent.
Prenez garde à vos sœurs
Qui sont sous votre charge.
Vous avez des ouvriers
Qui vous feront des farces.

7

Le lendemain, à six heures,
Les sœurs se sont levées
Pour faire la prière,
Comme d'accoutumée.
Sont allées appeler
La jeune sœur Marie,
Croyant de la trouver
Dans son lit endormie.

8

Elle était sur la route,
Sur le bord du grand chemin,
Où elle versait la goutte
A tous ces comédiens (*bis*)
Qui se crèvent de rire,
Voyant la sœur Marie,
Tant elle en est jolie.

Dicté par Marie Piane, à Villereversure (Ain).

CADET ET DEMOISELLE

1

Qui veut savoir complainte
Sans crainte
Faite d'un jeune cadet
Et d'une demoiselle,
Longtemps s'y sont aimés.

2

L'ont bien resté ensemble,
Ensemble l'espace de deux ans,
Jusqu'à ce que la demoiselle,
Fut enceinte d'un enfant.

3

Le galant dans les peines
De voir sa mie enfler,
S'en va être moine
Chez le père cordelier.

4

Au bout de six semaines,
La belle le va partout cherchant.
A la fin le découvre
Dans l'enclos du couvent.

5

Ouvrez, ouvrez la porte !
J'en porte le regret dans mon sein ;
Mon cœur brûle d'envie,
D'y parler au gardien.

6

Oh ! dites-moi, la belle,
Est-ce de vos parents ?
Je n'ai ni père ni mère.
Mon père, c'est un de vos amis ;
Je vous prie en grâce
De l'y faire venir.

7

Retournez, frère Bottière,
Retournez sur vos pas.
Une jeune demoiselle
Qui vous attend là-bas.
Tu baisses bien la tête, Bottière.
Lève les yeux en haut,
Tu verras ta maîtresse
Réduite au tombeau.

8

Voilà la cloche qui sonne,
Il faut me rentourner
Pour faire l'obéissance
Que Jésus ordonnait.
Oh va! oh va! ermite hypocrite,
Tu fais bien le faquin.
Crois-tu que mon mérite,
N'en vaille p'encore le tien?

9

Puisque tu m'abandonnes,
Je donne tout mon amour.
Oh! je m'y rendrai nonne
Le restant de mes jours.

10

Oh! pour vous rendre nonne, ma bonne,
Vous ne le pouvez pas.
Toutes les nonnes sont chastes,
Et vous ne l'êtes pas.

11

Si je ne suis pas chaste
Oh! va, tu le sais bien,
C'est par ton doux langage
Et tes faux entretiens.

Dicté par Jeanne Vugnon, femme Cherel, à Ceyzériat (Ain).

LE JEUNE SOLDAT

1

Jeune soldat, revenant de guerre, (*bis*)
Mal équipé, mal habillé,
Ne sachant où aller loger.

2

S'en va loger à la Croix-Blanche. (*bis*)
L'hôtesse, avez-vous du vin blanc?
Jeune soldat, as-tu d'argent?

3

Pour de l'argent, je n'en ai guère ; (*bis*)
J'engagerai mon blanc chevau,
Mon équipage et mon manteau.

4

Jeune soldat se mit z-à table, (*bis*)
Se mit z-à boire et à chanter.
L'hôtesse se mit z-à pleurer.

5

Qu'avez-vous donc, dame l'hôtesse? (*bis*)
En pleurez-vous votre vin blanc
Que les soldats boivent en payant?

6

Ce n'est pas mon vin que je pleure. (*bis*)
Je pleure le sort de mon mari,
Vous me ressemblez d'être lui.

7

Qu'as-tu donc fait, méchante femme? (*bis*)
Je t'avais laissé que deux enfants,
M'en voilà quatre maintenant.

8

L'on m'a-t-écrit des fausses lettres (*bis*)
Que vous étiez mort, enterré.
Moi, je me suis remariée.

9

Mon cher époux, faisons partage, (*bis*)
Faisons partage de nos enfants;
Prends le petit et moi le grand.

10

Qu'on apporte ici mon sabre, (*bis*)
La tête je lui trancherai
Avant de retourner à l'armée.

Dicté par Jeanne Vugnon, femme Cherel, à Ceyzériat (Ain).

LA MÉCHANTE FEMME

1

Ce sont trois garçons
Qui parlaient de mariage.
Moi, si je pouvais,
Je me démarierais.
J'ai-t-une méchante femme ;
Elle est plus forte que moi.
Elle m'y fait danser de beaux branles
Toutes les fois que je bois.

2

Oh ! pardon, pardon,
Pardonne-moi donc, ma femme.
Depuis ce matin
Je n'ai pas goûté de vin ;
J'ai beaucoup fait de l'ouvrage,
J'ai balayé la maison ;
Pour ma pauvre récompense,
J'ai eu cent coups de bâton.

3

Oh! va, va, va!
On t'y fera monter sur l'âne,
Moi, pi mon valet.
Nous t'y donnerons le fouet.
Mon valet tiendra la bride,
Et moi, le manche à balai;
Aux quatre coins de la ville
Nous t'y donnerons le fouet.

Dicté par Josephte Braconnier, femme Festas, à Ceyzériat (Ain).

CHANSONS D'AMOUR

CHANSONS D'AMOUR

MAMAN NE VEUT PAS

1

Mon cher amant, tu ne sais pas
Qu' maman n' veut pas que j'aille au bois,
Que j'aille au bois toute solette,
Craint' d'y glisser dessur l'herbette.
Mon cher amant, tu ne sais pas
Qu' maman n' veut pas que j'aille au bois.

2

Maman, vous n'avez pas raison (*bis*)
D' m'y défendre l'herbe fougère.
Moi, qui ne crains ni serpent ni vipère,
Sur moi j' porte contrepoison.
Maman, vous n'avez pas raison.

3

Maman, laissez-moi divertir (*bis*).
Quand j'en serai femme à votre âge,
Je quitterai ce charmant badinage,
Je le quitterai avec plaisir.
Maman, laissez-moi divertir.

4

Maman, n' vous en souvenez-vous pas (*bis*)
Quand vous étiez sur l'herbe fougère ?
Mon petit papa vous serre entre ses bras.
Il vous faisait, tra la la la,
Maman, n' vous en souvenez-vous pas ?

Dicté par Joseph Brédy, dit Lafleur, à Ceyzériat (Ain).

A QUATORZE ANS

1

Maman, je viens pour vous demander,
Mais je ne sais si vous me l'accorderez :
J'ai carculé mon âge,
J'ai quatorze à quinze ans.
Ne suis-je point dans l'âge
D'y avoir un aimant, tra la la,
D'y avoir un aimant?

2

Que me dis-tu, petite effrontée?
A quatorze ans m'y parler d'un aimant !
Tu as le cœur si tendre,
Tu n'as pas la raison.
Si tu n' veux pas m'entendre,
Tu auras du bâton, tra la la,
Tu auras du bâton.

3

Maman, ne faites pas ce jeu,
Car vous pourriez frapper dessur deux.
Il vaudrait mieux, ma mère,
M'accorder mes amours.
Je vous ferai grand'mère,
Et moi mère à mon tour, tra la la,
Et moi mère à mon tour.

4

Maman, c'est un gentil garçon
Rempli de cœur, rempli de raison.
Il a eu l'avantage
D' savoir charmer mon cœur.
Dessous ces verts feuillages,
Il en est le vainqueur, tra la la,
Il en est le vainqueur.

Dicté par Joseph Brédy, dit Lafleur, à Ceysériat (Ain).

DERRIÈRE CHEZ NOUS

1

Dernier chez nous, le rossignol y chante,
Soir et matin, à la pointe du jour.
J'entends qu'il dit, dans son charmant langage :
Les amoureux sont malheureux toujours.

REFRAIN

Tra la la, la la la la, la la la la lonlaire,
Tra la la la, la la la la, la la la lonla.

2

Petits oiseaux, qui volez par la plaine,
Vous êtes heureux, moi j'en suis malheureux.
Vous êtes heureux, les uns avec les autres,
Et moi, j'en suis au rang des malheureux.

3

Dernier chez nous, il y a-t-une fontaine,
Tout' entourée de beaux lauriers d'amour.
Allons-y donc, ma charmante que j'aime,
Nous y prendrons les plaisirs les plus doux.

4

Dernier chez nous, il y a-t-une montagne.
Moi, mon aimant, nous la montons souvent.
En la montant, hélas ! qu'il y a de peine !
En descendant il y a du soulagement.

Dicté par Jeanne Vugnon, femme Cherel, à Ceyzériat (Ain).

LA PETITE BERGÈRE

1

Il y a six mois que c'était le printemps.
Je conduisais sur l'herbette naissante
Mon petit troupeau, ma famille bêlante.
J'ai commencé mon devoir à quinze ans,
J'ignorais tout, j'étais trop innocente.

2

J'ignorais tout, jusqu'au point de l'amour.
Je ne craignais que d'entrer ma chaumière ;
Solette au bois, je restais la dernière ;
En m'amusant, je filais tous les jours ;
Je n'y craignais que le loup z-et ma mère.

3

Par un beau jour vint à passer Colin.
Que fais-tu là, ma petite bergère ?
Ah ! j'en suis là, dans ce bois solitaire.
Viens me tirer de ce mauvais chemin,
Tends-moi le bras comme si j'étais ton frère.

4

Au lieu du bras, je lui tendis la main
En lui disant ce langage si tendre :
Oh ! oui, je t'aime, je ne peux m'en défendre.
J'aurais voulu agrandir le chemin,
Tant de plaisir que j'avais à l'entendre.

5

Adieu, bergère, je te quitte en ce lieu,
Je vais rejoindre mon autre bergère ;
Elle est là-haut dans ce bois solitaire,
Tout en disant : Viendra-t-il, mon aimant ?
Je n'ai donc plus que mon chien pour fidèle ?

6

Ingrat galant, tu me quittes en ces lieux.
Qu'ai-je sur moi qui puisse te déplaire ?
Ne suis-je pas plus fraîche que la rose ?
Tous tes discours sont gravés dans mon cœur;
En faudrait-il t'y répéter la chose ?

Dicté par Joseph Brédy, dit Lafleur, à Céyzériat (Ain).

LES TROIS FLEURS

1

Dernier chez nous, il y a trois fleurs, (*bis*)
De ces trois fleurs j'en veux faire ma mie
    Brave [1], jolie.

2

Belle, faites-moi-s-un bouquet
De violettes et de muguets,
De romarin, de jolie marjolaine,
    De l'amour certaine.

3

Quand le bouquet en sera fait,
Amant, de quoi faudra-t-il le lier?
D'un fil d'argent, de la soie mélangée.
    Belle, que je t'aime !

[1] Belle.

4

Quand le bouquet en sera lié,
Amant, sur quoi faudra-t-il l'attacher ?
Sur mon chapeau à la reine plaisante,
Brave, charmante.

5

Quand le bouquet en sera attaché,
Belle, il faudra l'arroser
De ce vin rouge ; c'est la couleur aux filles.
Buvons, ma mie.

6

Galant, vous ne m'aimez pas tant
Que vous en faites le semblant.
De jour en jour, tu fais d'autres maîtresses,
Et moi, tu me laisses.

Dicté par Joseph Brédy, dit Lafleur, à Ceyzériat (Ain).

LE BOUQUET

Andantino.

1

Dans la prairie de Châtillon,
Il y a-t-une bergère
Qui chante la nuit et le jour,
C'est pour s'entretenir d'amour.

2

Son cher aimant vient à passer.
Promptement il la salue.
Saluez-moi si vous m'aimez,
Car il y en a d'autres qui m'aiment assez.

3

Belle, faites-moi-s-un bouquet
De toutes ces fleurs jolies,
Qui soit lié d'un fil d'argent;
Tes amours et les miens seront dedans.

4

Si le fil d'argent vient à casser,
Marguerite, ma mie,
Si le fil d'argent vient à casser,
Tes amours et les miens seront passés.

5

Allons, belle, nous promener
Tout le long de la rivière.
Nous y verrons les poissons nager,
Et nous apprendrons le jeu d'aimer.

6

Le jeu d'aimer est fort plaisant,
Marguerite, ma mie,
Est fort plaisant et dangereux.
Prends garde à toi, la belle, si tu veux.

Dicté par Joseph Brédy, dit Lafleur, à Ceyzériat (Ain).

JARDIN D'AMOUR

1

Je m'en fus au jardin d'amour,
Là où j'ai passé la semaine.
Son père la cherche partout,
Son cher aimant en est en peine.

2

Il faut demander à ce berger
Oh ! s'il l'a vue qu'il nous l'enseigne :
Berger, berger, n'aurais-tu point vu
Une fille, la beauté même ?

3

Elle est là-haut, sur ces vallons,
Auprès d'une claire fontaine.
Entre ses mains, l' tient un oiseau ;
La belle lui conte ses peines.

4

Petit oiseau, que tu es-t-heureux
D'être entre les mains de la belle !
Moi, que j'en suis son cher aimant,
Je n'en peux m'approcher d'elle.

5

Peut-on être si près de l'eau
Sans pouvoir boire à la fontaine ?
Buvez, buvez, cher aimant, buvez,
Car cette eau en est souveraine.

6

Peut-on être si près du rosier
Sans pouvoir en cueillir la rose ?
Cueillez, cueillez, cher aimant, cueillez,
Car c'est pour vous que la rose est éclose.

Dicté par Jeanne Vugnon, femme Cherel, à Ceyzériat (Ain).

MIGNONNE

1

Mignonne, ma mignote, } bis
Mon cœur joli,
En veux-tu cinq cents livres
De mon argent ?
Après tu m'y rendras
Le cœur content.

2

Je n'en veux point cinq cents } bis
De ton argent.   [livres
Je veux m'y mettre rose
Sur le rosier.
Jamais tu n'y auras
Mes amitiés.

3

Oh ! si tu te mets rose } bis
Sur le rosier,
Je m'y mettrai espèce
D'un jardinier.
J'irai cueillir la rose
Sur le rosier.

4

Si tu te mets espèce } bis
D'un jardinier,
Je m'y mettrai caille
Volant au blé.
Jamais tu n'y auras
Mes amitiés.

5

Oh! si tu te mets caille } bis
Volant au blé,
Je m'y mettrai espèce
D'un chien d'arrêt.
J'irai prendre la caille
Volant au blé.

6

Si tu te mets espèce } bis
D'un chien d'arrêt,
Moi, je m'y mettrai truite
Dans la rivier.
Jamais tu n'y auras
Mes amitiés.

7

Oh! si tu te mets truite } bis
Dans la rivier,
Je m'y mettrai espèce
D'un éparvier.
J'irai prendre la truite
Dans la rivier.

8

Si tu te mets espèce } bis
D'un éparvier,
Moi, je m'y mettrai nonne
Dans le couvent.
Jamais tu n'y auras
Le cœur content.

9

Oh! si tu te mets nonne } bis
Dans le couvent,
Moi, je m'y mettrai moine
Aux moines blancs.
J'irai confesser la nonne
Dans le couvent.

10

Si tu te mets moine } bis
Aux moines blancs,
Je m'y mettrai étoile
Au firmament.
Jamais tu n'y auras
Le cœur content.

11

Si tu te mets étoile } bis
Au firmament,
Je m'y mettrai nuage,
Nuage blanc.
J'irai couvrir l'étoile
Au firmament.

12

Si tu te mets nuage, } bis
Nuage blanc,
Prends-moi en mariage,
Mon cher aimant,
Puisque tu m'as suivie
Jusqu'à présent.

Dicté par Jeanne Vugnon, femme Cherel, à Ceyzériat (Ain).

VIVE L'AMOUR

1

J'ai fait l'amour à une brune,
Je ne sais pas si je l'aurai.
Oui, je l'aurai quoiqu'il m'en coûte,
Quoique ses parents l'en dégoûtent !
Vive le vin ! aimons toujours,
    Vive l'amour !

2

Oh ! si l'amour prenait racine,
J'en planterais dans mon jardin.
J'en planterais si long, si large,
Que j'en ferais part à mes camarades.
Vive le vin ! aimons toujours,
    Vive l'amour !

3

Je bois à la santé du prince,
Je bois à la santé du roi,
A la santé de nos maîtresses.
Que ceux qui n'en ont point n'en cherchent!
J'aime le vin, aimons toujours,
   Vive l'amour !

Dicté par Jean-Marie Cabot, à Saint-Etienne-du-Bois (Ain).

BLONDE OU BRUNE

1

Qui veut savoir chansonnette,
Chanson bien approuvée,
D'une fillette
Avec son bien-aimé,
D'un garçon boulanger
Qui s'est bien préparé
Pour aller voir sa brune?
Cela m'y revient toujours
Qu'il m'en faut une. (*bis*)

2

Mais puisqu'il m'en faut une,
Cela n'y coûte rien.
Blondes ou brunes,
La couleur n'y fait rien.
Marchons à menus pas,
Cela n'y pique pas
La meilleure des fortunes.
Cela m'y revient toujours
Qu'il m'en faut une. (*bis*)

3

C'est donc à toi, la belle,
Que j'ai prêté serment
D'être fidèle
Jusqu'au dernier moment.
Tu l'oublias pourtant,
Ton plus fidèle aimant.
Tu n'es donc plus gentille ?
Tu ne seras pas toujours
Jeune et jolie. (*bis*)

4

Dans la vieillesse
Il y a du changement.
Dans la jeunesse
Chaque chose a son temps.
Le printemps a ses fleurs,
L'été a sa chaleur,
L'hiver a sa froidure.
Cela m'y revient toujours
Qu'il m'en faut une,
Ou blonde ou brune.

Dicté par Joseph Brédy, dit Lafleur, à Ceyzériat (Ain).

LES DEUX AMANTS

1

L'autre jour je m'y promène
A la rigueur du soleil.
A mon chemin, j'ai fait rencontre
D'une beauté sans pareille.
J'ai trouvé ma mie à l'ombre,
Dessous ces ormeaux,
Prenant du repos.

2

Je me suis-t-approché d'elle,
C'était pour la caresser.
J'ai mis ma main sous sa tête
Pour lui servir d'oreiller.
Dessur sa bouche vermeille
J'ai pris un doux baiser
Sans la réveiller.

3

Tandis que la belle sommeille,
Je vas faire un tour au jardin.
Je cueille un bouquet de roses
Pour mettre sur ses blancs seins.
La rafraîcheur de la rose
La réveilla soudain,
C'était mon dessein.

4

Lorsque la belle s'y réveille,
Se réveille en s'y souriant.
N'en suis-je pas bien heureuse
D'être auprès de mon aimant?
Oh! que l'amour a des charmes
Lorsque deux aimants
S'aiment tendrement!

Dicté par Jeanne Vugnon, femme Cherel, à Ceyzériat (Ain).

LA BELLE HÉLÈNE

1

L'autre jour, en m'y promenant,
J'ai rencontré la belle Hélène. *(bis)*
Tout le long d'un coulant ruisseau
Elle filait sa colognette
En gardant son troupeau.

2

La belle disait une chanson
Qui en était fort agréable, *(bis)*
Toute prête à danser ;
Et moi, curieux de l'apprendre,
Je me suis-t-approché.

3

La belle disait dans sa chanson
Que les filles en sont malheureuses (bis)
Dedans ce moment ici.
Au lieu de soulager leurs peines,
On les laisse languir.

4

La belle, pour vous soulager,
Que faudrait-il donc vous faire ? (bis)
La belle pour vous soulager,
Je garderai vos blancs moutons
Tandis qu' vous dormirez.

5

Si tôt la belle lui répond
Que l'amour n'a pas de sommeil, (bis)
Elle n'a rien que d'agrément.
Moi, pour soulager mes peines,
Il me faut un aimant.

Dicté par Joseph Brédy, dit Lafleur, à Ceyzériat (Ain).

LA CHASSE

1

Oh! que la chasse est belle
Quand on a de l'amour,
Auprès de sa maîtresse
Assise sur ses genoux!
Embrasse-moi, la belle,
La belle, embrasse-moi.
Permettez-moi la chasse
Partout dans vos endroits.

2

La demande est trop belle
Pour vous la refuser.
Galant, prenez les armes,
Chassez dans mes forêts.
Galant, prenez les armes,
Faites l'entour du bois.
Je vous permets la chasse
Partout dans mes endroits.

3

Si vous savez, Mademoiselle,
Je ne peux plus chasser.
Le chien de la platine,
Il ne veut plus marcher.
Galant, frappez la pierre,
Et le coup partira,
Le trou de la lumière,
Il se débouchera.

4

Là-haut sur la montagne,
J'aperçois-t-un gibier.
Mon chien le plus habile,
Je lui lance après.
Mon chien chasse le lièvre
Et moi, je chasse la perdrix.
N'y suis-je pas le maître
D'en porter un fusil?

MA MAITRESSE

Andantino.

1

L'autre jour par amour,
J'ai fait un joli tour
    En ville.
J'ai fait une maîtresse
Blanche comme le jour
A qui je fais l'amour
    En ville.

2

Brune, tu ne sais pas
Qu'on ne vient plus chez toi,
    Brunette.
Tu aimes bien les autres,
Mais moi tu ne m'aimes pas,
Mais d'autres m'aimeront
    Sans doute.

3

Brune, tu ne sais pas?
Un habit te faudra,
    Brunette.
Qui coûte cinq cents livres.
Voilà le juste prix
Pour avoir un habit
    En ville.

Dicté par Joseph Brédy, dit Lafleur, à Ceyzériat (Ain).

DANS LES VERTS PRÉS

1

L'autre jour je m'y promène
Tout le long de ces verts prés.
A mon chemin j'ai rencontré
Une tant jolie demoiselle,
Oh! qui marchait z-a menus pas
Sans savoir où elle va.

2

Où allez-vous, Mademoiselle,
Où allez-vous si à menus pas?
Oh! je m'en vais chercher de l'eau,
De l'eau, de l'eau à la fontaine.
Monsieur, si vous voulez venir,
Vous en serez mon bon ami.

3

Ils n'en furent pas vers la fontaine
Que la belle remplit son sçiot,
Que le galant lui met la main
Par dessous sa colorette.
La belle lui dit d'un air si doux :
Mon beau Monsieur, qu'y cherchez-vous?

4

Je n'y cherche rien, la belle.
J'admire vos beautés.
Oh ! mes beautés n'en sont point là
Par dessous ma colorette.
Oh ! mes beautés n'en sont point là,
Mon beau Monsieur, ne les cherchez pas.

5

Je n' suis pas de ces hirondelles
Qui s'en vont partout cherchant, *(bis)*
Partout cherchant de côtés d'autres.
Moi, quand j'ai fait une bonne amie,
Je la fais pour toute ma vie.

Dicté par Joseph Brédy, dit Lafleur, à Ceyzériat (Ain).

DANS NOTRE VILLAGE

1

Oh! mère, ma douce mère,
Mes amours s'en vont coulant ; *(bis)*
Qu'il est dommage
De n'avoir rien qu'un aimant
    Dans ce village !

2

N'en pleure pas tant ma fille,
Ne te chagrine point tant.
Les garçons n'en manquent pas
Dans ce village.
Nous t'en donnerons bien un
    En mariage.

3

Les montagnes sont des roches,
Le soleil ne leur peut rien, (*bis*)
Non plus la lune.
Tout garçon à marier
Cherche fortune.

4

La fortune que je cherche,
C'est la fille d'un paysan, (*bis*)
Mie ma blonde.
J'aimerais mieux son petit cœur
Que tout le monde.

Dicté par Joseph Brédy, dit Lafleur, à Ceyzériat (Ain).

BONSOIR, MEUNIÈRE

Andantino.

1

Bonsoir, belle meunière,
Je viens en ce jour
D'un amour sincère
T'y faire l'aveu.
Reçois-y les caresses,
Celles d'un grand seigneur,
Qui vient en réserve
T'y offrir son cœur.

2

Je ne reçois pas les caresses
Ni les compliments.
Je ne suis pas fille
A changer d'aimant,
Car j'ai mon domestique
Et mon garde-moulin
Qui fait mon ouvrage
Soir et le matin.

3

Est-il permis, belle meunière,
Qu'un gros paysan
Ait les avantages
De vos agréments?
Avec sa blouse de toile
Et son chapeau blanc
Semble une hirondelle
Qui s'en va volant.

4

C'est le garçon le plus aimable
De tout le pays.
Les filles du village
Viennent moudre ici;
Elles viennent sur la route
De trois lieues de loin,
Pour y venir moudre
Dedans mon moulin.

Dicté par Joseph Brédy, dit Lafleur, à Ceyzériat (Ain).

MARGUERITE

Andantino.

1

L'autre dit jour, en m'y promenant
Tout le long de ce bois charmant,
J'ai entendu la voix de ma bergère
Qui en chantait une chanson nouvelle.

2

De tant loin qu'elle m'a-t-aperçu,
La bergère ne chante plus.
Chantez, chantez, Marguerite, ma mie,
Vous m'apprendrez votre chanson jolie.

3

Pour en chanter, je ne sais pas,
En vérité, je ne peux pas.
J'aimerais mieux boire dans ma bouteille
Que d'en chanter une chanson nouvelle.

4

Le médecin m'a-t-ordonné
Boire de l'eau, c'est ma santé.
Boire de l'eau, c'est à mon' en contraire,
Boire du vin, c'est à mon ordinaire.

5

Le matin, quand j'y bois de l'eau,
Cela m'y trouble le cerveau.
De ce bon vin qui brille dans mon verre,
Celui qui tient les hommes sur la terre.

6

Vous autres filles qui allez au bois,
Coupez la rose à fleur du bois,
Coupez-la bien, prenez garde à ma treille,
Vous en boirez du vin de ma bouteille.

Dicté par Joseph Brédy, dit Lafleur, à Ceyzériat (Ain).

LE FUSEAU D'ARGENT

1

L'y a-t-une bergère au bois
Que j'ai-t-entendue bien plus de cent fois;
Pleurant son serviteur,
C'est un aimant trompeur,
Pleurant son fidèle aimant
Qui ne revient pas dans ces bois charmants.

2

La belle en appelle son chien
En disant : Finaud,
Garde mon troupeau.
Et moi sous ces ermeaux [1]
En tournant mon fuseau.
C'est ici qu'il me faut mourir,
Puisque cet ingrat n' veut pas revenir.

[1] Ormeaux.

3

Rossignolet du bois charmant,
Moi qui t'aimais tant
D'un amour constant,
Prends mon fuseau d'argent.
Porte-le à mon aimant,
Et tu lui diras sans mentir
S'il ne revient pas, je m'en vais mourir.

4

Rossignolet, sans hésiter,
Il a pris son fuseau, il s'est envolé.
Traversant toutes ces eaux,
Montagnes et coteaux,
Traversant toutes ces forêts
Pour aller au devant de l'ingrat berger.

Dicté par Eléonore Berger, à Journans (Ain).

L'AMOUREUX

Andantino.

1

L'autre jour en m'y promenant
Le long de ce rivage,
A mon chemin j'ai rencontré
T-une bergère aimable.
Je lui ai dit : Belle, en passant,
Causerez-vous à votre aimant?
Si vous l'aimez si tendrement,
Je vous ferai des compliments.

2

Oh! oui, mon beau Monsieur, entrez, } *bis*
Entrez dans mon rivage,
Entrez dans mon rivage, entrez,
Entrez-y tant que vous voudrez.
Nous n'avons qu'un petit bois à passer,
Je vous dirai mes volontés.

3

Ils n'en furent pas dehors du bois,
La belle se mit à rire.
Qu'avez-vous, belle, quand vous riez ?
La belle, qui vous fait rire ?
Je ris de toi, couyon d'amoureux,
D'avoir passé le bois tous les deux,
Tenant ta mie à ton côté
Sans lui avoir rien demandé.

4

La belle, retournons au bois, } *bis*
Je te donnerai cent livres.
Oh! non, au bois je n'irai pas,
Car les chemins sont des appâts.
Quand tu tenais la caille au blé,
Galant, tu devais la plumer.

Dicté par Joseph Brédy, dit Lafleur, à Ceyzériat (Ain).

BELLE ISABEAU

1

Oh ! donc, bonjour, belle Isabeau,
Je viens, dans ce printemps nouveau,
Je viens ici par amourette,
Je viens ici dans ces beaux lieux.
Ta beauté, tes beaux yeux (*bis*)
M'ont rendu-t-amoureux.

2

Monsieur, cessez vos compliments,
Monsieur, vous perdez votre temps.
J'en suis bergère, j'en suis grossière,
J'en suis bergère en vérité,
Sans esprit, sans beauté.
Sans avoir mérité,
Monsieur, vos qualités.

3

Monsieur, vous n'êtes qu'un flatteur,
Monsieur, vous n'aurez pas mon cœur.
Au lieu que d'être dans ces champêtres,
Au lieu que d'être à la pluie, au vent,
A la rigueur du temps,
Ma carrosse t'attend ;
Bergère, reviens-t-en.

4

Adieu, bergère sans pitié,
Vous n'aurez point mes amitiés.
Adieu, plaisante,
Mal obligeante.
Adieu, trompeur, vilain cajoleur.
Cajoleur, sur ma foi, tu croyais ton bonheur,
Jouir de mes faveurs.

Dicté par A. Festas, à Ceyzériat (Ain).

LE ROSSIGNOLET

1

Rossignolet du bois joli.
Pourquoi chantes-tu le jour et la nuit ?
Tu chantes des airs qui sont si charmants !
Voici le printemps,
Belles, il vous faudra changer d'aimant.

2

Pourquoi changerais-je d'aimant,
Moi qui en ai un qui est si charmant ?
Je l'ai tant aimé, je l'épouserai
S'il en est content.
Je le servirai bien fidèlement.

3

La belle s'en fut au jardin
Pour cueillir la rose et le romarin.
La rose est en fleurs, la belle est en pleurs.
Son aimable cœur,
Belle, j'en serai votre serviteur.

4

Vous autr' filles, qui avez des aimants,
Désirez-vous de les voir souvent.
Quand vous les voyez,
Vous vous désolez, vous vous chagrinez.
Belles, il faudra vous reconsoler.

Dicté par Joseph Brédy, dit Lafleur, à Ceyzériat (Ain).

ADIEU, NANON

1

Adieu, ma très chère Nanon.
Oh ! c'est demain que nous partons.
Il faut servir la nation,
Il faut aller en garnison.
Vous n'avez rien que de me dire
Si vous prétendez de me suivre.

2

Est-il possible, mon cher ami.
Il faut se résoudre à parti,
Il faut quitter parents, amis,
Père, mère, frères, sœurs.
Cher papa fera tapage ;
Moi je crains beaucoup ce voyage

3

Ma chère Nanon, qu'en risquez-vous ?
Moi, qu'ai tant d'amitié pour vous
Je ne saurais vivre sans vous.
A Paris, ici, comme partout,
Du pain, du vin et de la viande,
Vous deviendrez riche marchande.

4

Vous vendrez du papier marqué,
Des jeux de cartes à jouer,
Tout ce qui est utile dans l'armée, (*bis*)
De l'eau de vie, de la fenoillette[1],
De cette bonn' eau clairette.

5

Qu'irais-je faire dans l'armée,
Moi qui ne suis point effrontée ?
Un jour vous me délaisserez. (*bis*)
Voilà pourquoi il y a-t-à craindre.
N'en serai-je pas fille à plaindre ?

Dicté par Joseph Brédy, dit Lafleur, à Ceyzériat (Ain).

[1] Anisette

VIRGINIE

1

Virginie, les larmes aux yeux,
Je viens t'y faire mes adieux.
Nous partons pour l'Amérique.
Nous allons droit au couchant.
Ma petite Virginie,
Nous mettons le voile au vent.

2

Le voile au vent, mon cher aimant,
Pour moi quel désagrément,
S'il arrivait quelque naufrage.
La tempête ou le mauvais temps
Briserait ton équipage,
Je resterais fille sans aimant.

3

Virginie, ma bien-aimée,
Oh ! va, ne crains pas le danger,
Car j'en suis fort bon pilote ;
Je connais fort bien le vent.
J'en conduirai ma barque
Tout comme un vaillant marin.

Dicté par Joseph Brédy, dit Lafleur, à Ceyzériat (Ain).

LE DÉPART

1

Voici le retour du printemps
Qu'il nous faut battre sur le champ.
C'est maintenant qu'il faut quitter
Celle que mon cœur a tant aimé.
Je vais lui rendre mes hommages.

2

Bonsoir, charmante Eléonore,
Je viens t'annoncer mon départ.
Ne crains pas que je t'oublierai,
Quoique je m'en vais voyager
Sur cet aimable tour de France.

3

Partons, partons, chers compagnons,
N'oublions jamais ce doux nom.
Oh ! tu m'avais permis la foi
Que tu ne vivrais que pour moi,
Maintenant, tu quitte mes charmes.

4

Il est vrai que je te l'ai juré,
Ce serment de fidélité.
Je reviendrai dedans deux ans
Pour accomplir tous nos serments,
Si Dieu nous donne l'existence.

5

Mon cher aimant, que me dis-tu ?
A moi tu n'y penseras plus.
Je t'y ferai faire un portrait,
A toi, la belle, je l'enverrai,
Pour que tu prennes patience.

Dicté par Gabriel Nallet, à Ceyzériat (Ain).

JULIE

1

Pan ! pan ! Julie, réveille-toi donc !
Voilà la veille de ta fête,
Je viens t'apporter un bouquet. (*bis*)
Il y a bientôt six mois que je te l'apprête. (*bis*)

2

Oh ! c'est donc toi, mon cher aimant !
Je vais promptement t'ouvrir la porte,
Tout en respectant ce bouquet (*bis*)
Encore bien mieux celui qui me l'apporte. (*bis*)

3

Sais-tu, la belle, j'ai pris parti
Dans la cavalerie française.
C'est pour défendre mon pays,
C'est pour défendre ma patrie.
Pour t'y faire voir que j'ai la main guerrière. (*bis*)

4

Oh ! va, tu t'en repentiras
Quand il faudra monter la garde.
Soufflant dans tes doigts, tu diras : (*bis*)
Maudit soit le jour que j'ai pris la cocarde. (*bis*)

5

Sais-tu, la belle, qu'en faction
On est couvert d'une capote ?
Sais-tu, la belle, qu'en faction (*bis*)
L'on oublie tout, lorsqu'on est en ribote ? (*bis*)

Dicté par Joseph Brédy, dit Lafleur, à Ceyzériat (Ain).

L'ALOUETTE

1

La dimanche matin,
J'entendis l'alouette (*bis*)
Qui disait dans son chant :
Galant, tu perds tes peines,
Galant, tu perds ton temps.

2

Si j'ai perdu mon temps,
Je n'ai pas perdu mes peines, (*bis*)
Mes peines ni mon temps.
Avec toi, la belle,
J'ai bien couché souvent.

3

Si tu as couché avec moi,
J'ai bien couché avec d'autres, (*bis*)
Des plus jolis que toi,
Qui ne m'ont pas fait grand'chose,
Mais toi, tu n' m'as rien fait.

4

La belle, si je t'ai rien fait,
J'ai bien le temps de m'y reprendre.
Décroche ta ceinture,
Délace ton corset,
Je t'y ferai voir, la belle,
Si je sais travailler.

5

Si tu as travaillé,
Galant, faut donc m'y prendre (*bis*)
Et vite m'épouser.
Nous coucherons ensemble
A notre liberté.

Dicté par Joseph Brédy, dit Lafleur, à Ceyzériat (Ain).

LA PETITE ROSETTE

Andantino.

1

L'autre dit jour, la petite Rosette,
En faisant son lit, la belle s'est endormie.
Tout en s'y réveillant, elle fit un cri :
Grand Dieu ! que j'en suis malheureuse
D'y avoir perdu mon fidèle aimant !
C'est celui-là que mon cœur aime tant.

2

N'en pleurez pas tant, charmante Rosette,
Car vos beaux yeux en sont enflammés.
N'en pleurez point tant si vous m'aimez,
Et n'en dites rien à personne ;
N'en pleurez point tant si vous m'aimez,
Car je n'aime pas sans être aimé.

3

Ce sont les voisins de notre voisinage
Qui ne s'entretiennent que de nos amours,
S'en vont partout, disant que je suis fou,
Et moi, je dis que j'en suis sage.
Si j'en suis fou, j'en suis bien heureux ;
J'en fais le fou, le sage quand je veux.

<small>Dicté par A. Festas, à Ceyzériat (Ain).</small>

L'AUTOMNE

1

En voici le mois d'automne,
Le bon vin nous réjouit.
Le bon vin réjouit l'homme
Lorsqu'il boit à ses plaisi.
Ne suis-je pas charitable ?
L'amour n'a pas de soucis.

2

Ma maîtresse vient me dire :
Galant, tu manges tout ton bien.
Je n'y mange point le vôtre ;
Je n'y mange que le mien,
Je n'y mange point sans boire ;
Mes amis le savent bien.

3

Ma maîtresse vient me dire :
Galant, pourquoi bois-tu tant?
Je bois pour soulager mes peines
Et pour bannir mes chagrins.
Permettez-moi que je vous aime;
Jamais je ne boirai tant.

4

Qu' voulez-vous que je vous aime?
Je vous ai que trop t-aimé.
Je t'ai donné mon cœur en gage
Tout en croyant d'être unie;
Et moi, la pauvre fillette,
Me voilà bien délaissée.

5

Qu'est-ce que c'est qu'un cœur volage
Que-tu me parles si souvent?
C'est un oiseau misérable
Jusqu'à l'âge de quinze ans.
Quelquefois, par badinage,
Il s'envole à quatorze ans.

Dicté par Joseph Brédy, dit Latleur, à Ceyzériat (Ain).

MARGUERITE

1

J'ai fait une maîtresse,
Trois jours, n'a pas longtemps.
Si Dieu me la conserve,
Je l'irai voir souvent.
J'irai la voir dimanche.
Lundi, sans plus attendre,
J'irai la demander.
Serai-je refusé ?

2

Je pass' devant la porte, ⎫
Je lève mon chapeau :   ⎬ *bis*
Bonsoir, la compagnie,
Sans oublier ma mie,
Ma mie, que j'aime tant
Depuis l'âge de quinze ans.

3

Son père qu'est en fenêtre, } bis
Qu'entend ces compliments :
Ma fille est trop jeunette
Pour parler d'amourette.
Une autre aimant que vous ;
Galant, retirez-vous.

4

S'il faut que j' me retire, } bis
Je me retirerai ;
Dans un couvent ermite,
Pour l'amour d'une fille,
Ermite dans le bois,
Sans jamais la revoir.

5

Marguerite, ma mie, } bis
Prête-moi tes ciseaux
Pour couper l'alliance
Que nous avons ensemble,
Alliance d'amour.
Adieu, belle, pour toujours.

6

Marguerite, ma mie, } bis
Prête-moi ton mouchoir,
Pour essuyer les larmes
Qui coul' de mon visage.
Les larmes de mes yeux
Sont pour te dire adieu.

Dicté par Jeanne Vugnon, femme Cherel, à Ceyzériat (Ain).

LE GALANT TROMPEUR

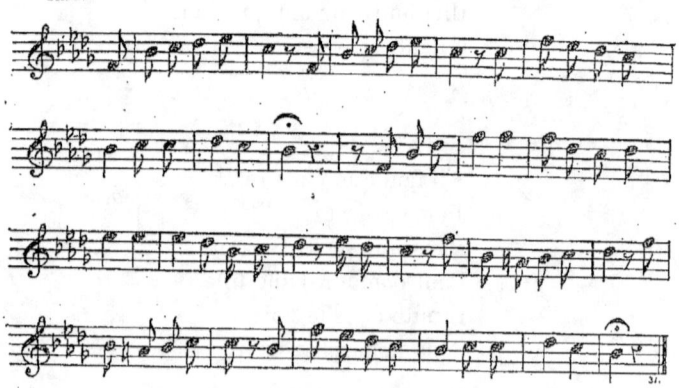

1

La dimanche matin,
En m'allant promener,
J'ai-t-entendu pleurer
Ma maîtresse.
Je me suis-t-approché,
Je lui ai demandé
Ses tristesses.
Elle me répond d'abord :
Je pleure mon triste sort;
C'est d'avoir écouté
Tes promesses.

2

Oh ! va, galant trompeur,
Tu m'as ravi l'honneur,
La plus belle fleur
De mon âme.
Ne t'en souviens-tu pas,
Quand nous étions au bois
Sur l'orbette[1],
Que personne nous voyait,
Que personne nous entendait (*bis*)
Que nous-mêmes?

Dicté par Joseph Brédy, dit Lafleur, à Ceyzériat (Ain).

[1] Herbette

LES GARÇONS DE CHEZ NOUS

1

Les garçons de chez nous,
Grand Dieu ! qui z'ont de peine.
La nuit z-et le jour,
S'en vont partout cherchant
Les divertissements
Et les amusements.

2

Ami, mon bel ami,
Où sont ces beaux habits
Que tu m'avais promis ?
Ils sont chez le tailleur.
Tiens, voilà de l'argent
Pour les payer comptant.

3

Ami, mon bel ami,
Où sont ces beaux souliers
Que tu m'avais promis ?
Sont chez le cordonnier.
Tiens, voilà de l'argent
Pour les aller chercher.

4

Ami, mon bel ami,
Où est cet anneau d'or
Que tu m'avais promis ?
Il est à mon doigt.
La belle, aime-moi,
Il en sera pour toi.

5

Si j'avais un tambour
Qui soit couvert de roses
Et de fleurs d'amour,
J'irais tambouronner
Le long de ces allées
Avec mon bien-aimé.

Dicté par Joseph Brédy, dit Lafleur, à Ceyzériat (Ain).

LES FILLES DE MARSEILLE

1

Ce sont les filles de Marseille
Qui veulent s'apprendre à naviguer.
Elles veulent s'apprendre au pilotage
Tout comme si c'était leur métier.

2

La cadette dit à l'aînée :
Ma sœur, il nous faut des aimants
Qui sachent bien conduire la barque,
Qui connaissent les airs du temps.

3

Ma sœur, si tu voulais me croire,
Nous laisserions là ces aimants,
Car nos frégates sont trop légères
Et se remplissent sur le devant.

4

La belle en fit monter ses voiles,
En fit dresser pavillon blanc,
La belle en fit couler son ancre
Dedans le rang des bons enfants.

5

Lorsque son ancre fut coulée,
La belle se mit à pleurer.
Tu as beau pleurer, verser des larmes,
Ton cœur volage tu n'as plus.

6

Le soir en m'y allant couchée
Dans un lit plus froid qu'un glaçon,
J'ai perdu ma carte marine,
Et mon compas ne marque plus.

Dicté par Joseph Brédy, dit Lafleur, à Ceyzériat (Ain).

CHARMANTE BEAUTÉ

Andantino.

1

Là-haut dedans ce bois,
J'ai-t-entendu la voix
De mon cher aimant.
Je lui ai fait présent
D'un beau bouquet charmant
A son contentement.

2

Aimant, tu ne sais pas,
La maman ne veut pas
Que je m'y marie.
Si ton père le veut,
Ce sera mon bonheur
Aussi bien que le tien.

3

La fleur de l'oranger,
Celle que j'ai tant aimée,
Charmante beauté,
Et tes beaux yeux brillants
Que mon cœur aime tant,
Les faudra-t-il quitter ?

4

Si je meurs, que mon tombeau
Soit couvert de rameaux,
De roses et de fleurs !
Et ma sincérité
Doit en être formée
Aux quatre coins gravée.

Dicté par Joseph Festas, à Ceyzériat (Ain).

JE CROYAIS QU'ELLE M'ÉTAIT FIDÈLE

Andantino.

1

J'ai fait une bonne amie,
Je croyais qu'elle m'était fidèle.
De jour en jour je vais la voir
En lui disant : Belle, aime-moi.
Je lui présente un doux baiser,
Sitôt la belle m'y rebute.

2

En m'y voyant rebuté,
J'en pleurais, j'en versais des larmes.
Sitôt la belle m'y regarde,
Se met à dire une chanson :
Belle, ce n'est pas la raison
D'y chanter quand un aimant pleure.

3

Dis-moi, belle, qui t'aura,
Qui t'aura, belle, en mariage ?
Qui embrassera ton blanc visage ?
Qui épousera ton tendre cœur ?
Et moi, pauvre aimant malheureux,
Je regretterai toujours la belle.

Dicté par Joseph Brédy, dit Lafleur, à Ceyzériat (Ain).

RETOUR DES NOCES

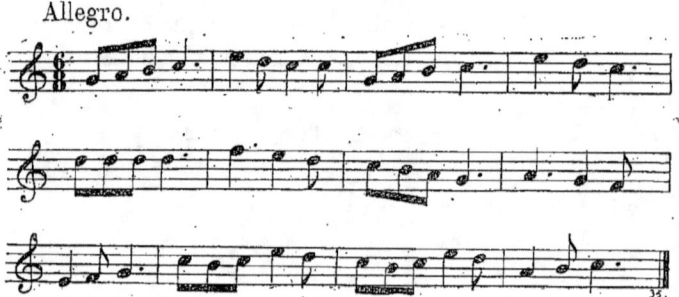

1

En revenant des noces,
J'étais bien fatiguée.
Auprès d'une fontaine
Je me suis reposée.

REFRAIN

Tra la la la la la la lère,
La la la lère, la la la.

2

L'eau en était si claire
Que je m'y suis baignée.
Avec une feuille de chêne
Je me suis-t-essuyée.

3

Sur la plus haute branche,
Le rossignol chantait :
Chante, rossignol, chante,
Toi qui as le cœur gai.

4

Chante, rossignol, chante,
Toi qui as le cœur gai.
Pour moi, je ne l'ai guère ;
Mon aimant m'a quittée !

5

Pour moi, je ne l'ai guère ;
Mon aimant m'a quittée
Pour un bouton de rose
Que trop tôt j'ai donné.

6

Pour un bouton de rose
Que trop tôt j'ai donné·
Je voudrais que la rose
Fût encore au rosier.

7

Je voudrais que la rose
Fût encore au rosier,
Et que le rosier même
Fût encore à planter.

8

Et que le rosier même
Fût encore à planter,
Et que mon ami Pierre
Fût encore à m'aimer.

Dicté par Mme M....., à Bourg (Ain).

OU SONT TES DÉSIRS

1

Maman je voudrais
Vous dire quelque chose.
A la fin vous saurez
Ce que j' veux désirer.
Chère maman, je n'ose.
A la fin vous saurez
Ce que j' veux vous demander.   } bis
Chère maman, je n'ose à vous parler. }

2

Ma fille, que peux-tu désirer?
Une fille si bien retapée.
Tu as des souliers
Couverts et bronzés,
Des bas pour tes dimanches,
Tu as des souliers.
Couverts et bronzés.   } bis
Rosalie, où sont tes désirs ?   }

3

Tu prends tes repas les plus délicats,
Que bien des bourgeois ne font pas.
Du lait le matin,
Du lait, du café,
Du sucre dans ta tasse.
Du lait le matin,
Du lait, du café. } bis
Rosalie, où sont tes désirs ?

4

Tu as une chambre garnie en tapisserie,
En fauteuils et en chaises.
Tu as une chambre garnie en tapisserie,
Comme les plus grand' dames de Paris.
Coffre doré, cabinet de noyer,
Une belle commode,
Coffre doré, cabinet de noyer. } bis
Rosalie, où sont tes désirs ?

5

Tu as un beau lit blanc garni de rideaux.
Tu couches toute seule.
Tu as un beau lit blanc garni de rideaux,
L'on ne peut rien voir de si beau.
C'est dans ce beau lit blanc
Qu'il me faut un aimant,
Qui me sert de compagnie.
C'est dans ce beau lit blanc
Qu'il me faut un aimant,
Qui me rend' le cœur plus content.

Dicté par Joseph Corsain, à France, commune de Jasseron (Ain).

L'OLIVIER

1

Si je fais planter un olivier, } bis
Belle, ce sera à ta porte.
La première branche qui viendra
Sera la branche d'amourette.

2

Aimant, aimant, si tu t'en vas, } bis
Que me laisseras-tu pour gage ?
Je te laisserai mon manteau
Et mon épée pour héritage.

3

Aimant, quand tu étais blessé, } bis
Tu me faisais mille caresses.
A présent que tu es guéri,
Tu as changé d'autre maîtresse.

4

Jamais la mer n'est sans poissons, } *bis*
Ni le printemps sans violettes,
Ni les montagnes sans vallons,
Ni les aimants sans leurs maîtresses.

Dicté par Marie Piane, à Villereversure (Ain).

LA DESTINÉE, LA ROSE AU BOIS

1

Mon père m'a mise à l'école, ⎫
A l'école du roi,   ⎬ *bis*
La destinée, la rose au bois,
A l'école du roi.

2

Le maître d'école
S'est rendu-t-amoureux de moi.
Il m'a-t-acheté une robe,
Une robe de soie,
La destinée, la rose au bois,
Une robe de soie.

3

Tous les points de l'aiguille, ⎫
Belle, embrasse-moi,   ⎬ *bis*
La destinée, la rose au bois,
Belle, embrasse-moi.

4

Ce n'est point l'ouvrage aux filles
D'embrasser les garçons;
C'est l'ouvrage aux filles
De balayer la maison,
La destinée, la rose au bois,
De balayer la maison.

5

Partons, de quatre à quatre, ⎫
Sans faire carillon,   ⎬ *bis*
La destinée, la rose au bois,
Sans faire carillon.

Dicté par Jeanne Vugnon, femme Cherel, à Ceyzériat (Ain).

LA ROSE

1

J'ai fait l'amour à une rose,
Mais sans savoir si je l'aurais.
C'est la plus belle fille du monde ;
Si j' lai pas, j' serai malheureux.

2

Rose, si tu voulais m'en croire,
Je te verserais de mon sang.
Je t'en verserais un plein verre,
Tu connaîtrais l'amitié d'un aimant.

3

Tu crois que j'en sois ta maîtresse ?
Tu te trompes joliment.
Je connais bien par ta finesse
Que tu n'es pas mon fidèle aimant.

4

Oh ! si tu n'es pas ma maîtresse,
Je m'en irai au régiment ;
Au régiment dedans Lorraine,
J'en trouverai d'aussi belles que toi.

5

Si toi tu vas dedans Lorraine,
Moi j' m'en irai dans un couvent,
Dans un couvent de religieuses,
Prier pour mon doux et fidèl' aimant.

6

J'ai tant pleuré, versé des larmes,
Que mes beaux yeux sont inondés,
Sont inondés d'une fontaine.
Tous les ruisseaux s'y sont rassemblés.

Dicté par Jean-Marie Suchet, dit Trois-Vieilles, à Rossillon (Ain).

LA FILLE A MARIER

1

Quand j'étais toute petite,
Je me disais tous les jours :
Arrive, mon temps, arrive,
Et je grandis un jour.
A présent que je suis grande,
A vingt ans parvenue,
Je suis encore fillette ;
Jamais je ne l'aurais cru.

2

Je porte de belles robes,
Aussi de beaux bonnets.
Je vais bien à la mode
Et toujours bien coiffée.
Avec toute ma parure, } bis
Je reste à marier.

3

Je vois toutes mes compagnes
Prendre de bons partis.
S'en vont à la promenade
Avec leurs bons amis.
Moi qui les regarde
D'un air bien tristement,
Forcée de m'y promener seule,
Puisque je n'ai point d'aimant.

4

Ma mère m'y console.
Oh ! elle me dit souvent :
C'est assez rester fille,
Il faut t'y marier.
Et moi qui la regarde
D'un air bien tristement :
Peut-on s'y marier seule
Quand on n'a point d'aimant.

5

Si je viens à mourir,
Sans être mariée,
On mettra sur ma tombe,
En lettres, bien écrit :
Si elle est morte fille,
C'est qu'elle n'a point trouvé
A bien se marier. (*bis*)

Dicté par Constantine Bardet, à Merpuis, Commune de Serrières-sur-Ain.

JE VOUDRAIS BIEN ME MARIER

1

Il y a sept ans que je suis content
De ma bonne aventure.
Il ne faut pas s'embarrasser
De la vie de ce monde.
Le paradis est bien pour moi,
Et le cœur de ma blonde.

2

Tout en passant devant le corps de garde,
Je pense à ma maîtresse.
Ma maîtresse agit pour moi,
Et moi j'agis pour elle.
Nous mangerons du pain bis,
Si le pain blanc nous manque.

3

Je voudrais bien m'y marier;
Je ne sais comment faire.
Ma maîtresse n'a point d'argent
Et moi je n'en ai guère.
Ce ne sera pas le moyen
De vivre sans rien faire.

4

Pour aller battre les Anglais,
Quels soldats faut-il prendre?
Ne prenez pas ces artilleurs
Avec leurs grosses bottes.
C'est des voltigeurs qu'il nous faut,
Pour prendre la ville d'assaut.

Dicté par Joseph Brédy, dit Lafleur, à Ceyzériat (Ain).

LE LUNDI DE PENTECOTE

1

Le lundi de Pentecôte,
Je suis allé me promener (*bis*)
Dans ces grands prés.
J'ai trouvé ma mie endormie
    A la rosée.

2

Je me suis-t-approché d'elle,
Faisant semblant de l'embrasser, (*bis*)
    De la caresser.
Elle m'y a dit d'un air si doux :
    Retirez-vous.

3

Je lui ai dit : Jeanne, ma mie,
Allons-y donc dans ton blanc lit. (*bis*)
    Nous parlerons,
    Nous diviserons
    Toute la nuit.

4

Ils n'ont point divisé une heure
Que le coq chante minuit, (*bis*)
    La belle au lit,
Que le coq chante minuit
    En fut ruti.

5

Ils n'en ont point divisé deux heures
Que l'allouette chante le jour, (*bis*)
    La belle au lit.
La pointe du jour en fut changée.
    A la minuit.

6

Mais tout garçon qui sert son maître
N'en fait point l'amour quand il veut.
Depuis le matin jusqu'au soir,
    Faut travailler.
Faut bien le restant de la nuit
    Pour se reposer.

7

Mais si l'amour prenait racine,
J'en planterais dans mon jardin (*bis*)
    Aux quatre coins.
J'en ferais part à ces gros lourdauds
    Qui n'en ont point.

Dicté par Joseph Corsain, à France, commune de Jasseron (Ain).

CHARMANTE NANON

1

Ouvre-moi ta porte,
Charmante Nanon,
Si la chandelle est morte,
Nous l'allumerons.
Je n'ouvre point ma porte,
Je n'ai plus de feu.
Ouvre-moi, la belle,
J'en ai pour nous deux.

2

La porte est ouverte,
Moi, je suis entré,
Auprès de la Nanette
Suis allé couché.
Quand fut onze heures
Et la minuit,
La pauvre Nanette
N'en peut plus dormir.

3.

La pauvre Nanette
N'en fait que pleurer
D'avoir ouvri la porte
A son bien-aimé.
Tu as mon cœur en gage
Maintenant tu t'en vas.
Mon cher ami Pierre,
Ne m'abandonne pas.

4

Vous autres, jeunes filles,
Qui avez des aimants,
Quand ils vous emmènent
Vous font bon semblant,
Quand ils s'en retournent,
S'en vont en chantant :
Adieu, pauvres filles,
Cherchez un autre aimant !

Dicté par Charles Corsain, à Ceyzériat (Ain).

LE SAMEDI-Z-AU SOIR

1

Quand c'est le samedi-z-au soir
Que les galants vont voir leur mie :
Ouvrez, ouvrez, belle, si vous m'aimez.
C'est votre aimant qui vient pour vous parler.

2

Oh ! si vous êtes mon aimant,
Parlez, je vous en prie.
Venez le jour, quand vous voudrez me parler,
Car, pour la nuit, ma porte en est fermée.

3

Le beau galant, rempli d'amour,
Il se cache-z-à la porte.
Quand je devrais mourir, cent fois mourir,
À votre porte, je passerai la nuit.

4

Quand fut le lendemain matin,
Que la belle s'y réveille :
Oh ! cher aimant, quelle dure gelée,
Oh ! à ma porte vous avez endurée.

5

Belle, si j'en savais chanter
Comme le rossignol chante,
J'en chanterais une chanson d'amour.
Adieu, la belle, j'en perds mon temps pour vous.

Dicté par Joseph Corsain, à France, commune de Jasseron (Ain).

LA ROSE DU BOIS

1

Mon père, aussi ma mère,
N'ont rien que moi d'enfant, (*bis*)
A la rose du bois,
N'ont rien que moi d'enfant.

2

Ils m'ont donné-z-en mariage
Un vieux vieillard tout blanc, (*bis*)
A la rose du bois,
Un vieux vieillard tout blanc.

3

Ils m'ont acheté une robe,
Une robe en soie, (*bis*)
A la rose du bois,
Une robe en soie.

4

Ils l'ont donnée à faire
Au grand tailleur du roi, (bis)
A la rose du bois,
Au grand tailleur du roi.

5

Tous les quatre points d'aiguille,
La belle, embrasse-moi, (bis)
A la rose du bois,
La belle, embrasse-moi.

6

Ce n'est point l'ouvrage aux filles
D'embrasser les garçons, (bis)
A la rose du bois,
D'embrasser les garçons.

7

Oh ! c'est l'ouvrage aux filles
D'y balier la maison, (bis)
A la rose du bois,
D'y balier la maison.

8

Quand les maisons sont belles,
Tous les galants y vont, (bis)
A la rose du bois,
Tous les galants y vont.

Dicté par Joseph Corsain, à France, commune de Jasseron (Ain).

LA BELLE AU BOIS

1

L'autre jour, je m'y promène
Le long de ce grand bois.
Oh ! j'ai entendu
Une haute voix,
Je me suis-t-approché d'elle
Pour la voir.

2

La fille est encore jeune,
Le se mit à pleurer,
Criant : Vierge Marie,
Sauvez-moi !
J'en suis fille perdue
Dans ce bois !

3

N'ayez point peur, la belle,
N'ayez crainte de rien ; *(bis)*
Donnez-moi votre cœur en amitié,
Je vous donnerai le mien
Pour entretien.

Dicté par Jeanne Vugnon, femme Cherel, à Ceyzériat (Ain).

MARIE

1

Le long de la Croix-Rouge,
Tout en m'y promenant,
J'ai rencontré Marie,
Marie qui pleurait.
Dessus son blanc visage
J'y ai pris un doux baiser.

2

Passant devant sa porte,
A l'heure de minuit,
Je lui ai dit : Marie, } *bis*
Marie, viens m'ouvrir.

3

Je n'ouvre point ma porte
A l'heure de minuit.
Monte par la fenêtre   } *bis*
La plus proche de mon lit.

4

Comment veux-tu, Marie,
Que je monte si haut?
Je suis couvert de neige,   } bis
J'en ai jusqu'aux genoux.   }

5

Au château de mon père,
Un bon manteau il y a.
Aimant, va-t-en le prendre,
Et couvre-t-en le dos
Pour réparer la pluie
Qui tombe de si haut.

6

Au jardin de mon père,
Un bel oiseau il y a,
Que nuit et jour il chante :
Galant, tu perds ton temps,
Galant, tu perds tes peines,
Tu manges ton argent.

7

Si j'ai perdu mes peines,
J'ai bien passé mon temps.
Voici la récompense,   } bis
Marie, que j'ai de vous.   }

8

 Te souvient-il, Marie,
 Quand nous étions nous deux,
 Passant la nuit ensemble   } *bis*
 Comme deux amoureux ?

9

 Pierre, mon ami Pierre,
 Pourquoi le dites-vous ?
 Ne suis-je pas si belle,
 Tout comme auparavant ?
 Pierre, mon ami Pierre,
 Tu n'es plus mon aimant.

Dicté par Jeanne Vugnon, femme Cherel, à Ceyzériat (Ain).

PASSANT PAR UNE BRUME

1

Dimanche, après vêpres,
Le soir après souper,
Passant par une brume,
Je vois une clarté.
Croyant que c'était ma mie,
Je suis allé la saluer.

2

Ouvrez-moi un peu la porte, } *bis*
Belle, si vous m'aimez.
J'en suis à votre porte,
En grand désir d'entrer.

3

Si vous savez, la belle, } *bis*
Comme nous sommes là ;
Nous sommes dans la neige
Jusqu'au milieu du dos.

4

Le chien de votre père
En parle le latin.
L'en dit, dans son langage :
Galant, tu perds ton temps,
Galant, tu perds tes peines,
Galant, tu perds ton temps.

5

Si j'ai perdu mes peines,
J'ai bien passé mon temps.
Combien de fois, la belle,
Tu as veillé nous deux ?
Nous avons couché ensemble
Malgré les ennuyeux.

Dicté par Jeanne Vugnon, femme Cherel, à Ceyzériat (Ain).

TOINON[1], MA MIE

1

Il y a-t-un garçon dans cette ville
Qui fait l'amour à-t-une fille.
Le premier coup qu'il y a été,
Son congé l'y a été donné.

2

T'en souviens-tu, Toinon, ma mie,
Quand nous étions dans la prailie[2]?
Tu m'as promis plus de cent fois
Que je te mettrais la bague au doigt?

3

Quand nous étions dans la prailie,
J'étais encore toute petite ;
Et à présent que j'en suis grand,
J'aurai les soins d'un autre aimant.

[1] Antoinette.
[2] Prairie.

4

Je t'acheterai une robe,
Un cotillon fait à la mode,
Et un corset en vert velours
Sera pour porter à tous les jours

5.

Je me barasse de ta robe,
De ton cotillon fait à la mode,
De ton corset en vert velours.
Jamais tu n'auras mes amours.

Dicté par Jeanne Vugnon, femme Cherel, à Ceyzériat (Ain).

LE VINGT-CINQ DU MOIS D'AVRIL

1

Le vingt-cinq du mois d'avril,
Que mon aimant doit revenir.
Bonjour Josephte,
Ne te souviens-tu pas
De nos amourettes ?
Ne me les tiens-tu pas ?

2

Oh! oui, oh! oui, mon cher Louis,
Je vous les ai toujours promis,
De vous attendre.
Ça serait charité,
De vous y prendre
Quante vous reviendrez.

3

Josephte, on me dit tous les jours
Que d'autr' aimants t'y font l'amour.
Ça m'y chagrine,
M'y cause de tourment
D'entendre dire
Que tu changes d'aimant.

4

Laissez parler, laissez causer,
Ne laissons pas de nous aimer.
La jalousie
Règnera-t-elle toujours?
Malgré l'envie,
Elle finira-t-un jour.

5

J'aime Françoise, j'aime Louison,
J'aime le cœur de la Jeanneton,
Et la Josephte
Qu'a le cœur si doux
L'en sera ma mie,
L'en aura mes amours.

Dicté par Jeanne Vugnon, femme Cherel, à Ceyzériat (Ain).

L'AUTRE JOUR, EN M'Y PROMENANT

1

L'autre jour, en m'y promenant,
J'entends la voix de mon cher aimant,
J'entends qu'il dit dans son langage :
Mes amours ne sont point-z-ici ;
Ils en sont dans le pâturage,
Ou bien dedans la bergerie.

2

Bergère, quitte ton troupeau,
Viens avec moi dans mon château,
Tu en seras la bienheureuse,
Tu porteras le diamant d'or,
Tu en seras la bienheureuse,
Tu auras la clef de tous mes trésors.

3

Mon beau Monsieur, que me dites-vous ?
Je ne suis pas assez riche pour vous.
Je ne suis qu'une pauvre fille,
Fille d'un simple paysan.
Oh ! je ne suis pas assez riche
Pour un seigneur aussi charmant.

4

Belle, croyez-vous que je viens, ce soir,
Pour mes richesses que je viens vous voir?
Sont vos beaux yeux, vos bonnes grâces,
Vos discours qui m'y ont charmé.
Permettez-moi donc, la belle,
Oh ! que je puisse vous aimer.

Dicté par Joseph Brédy, dit Lafleur, à Ceyzériat (Ain).

LOUISON

1

L'autre jour, je m'y promène,
L'autre jour, en m'y promenant,
A mon chemin fis rencontre
De mon aimable Louison.
Son cœur était tout en larmes
D'y avoir perdu ses moutons.

2

Qu'avez-vous, Louison, ma mie?
Qu'avez-vous que vous pleurez?
J'ai eu le malheur de m'y endormie,
Mes moutons sont égarés.
Je n'ose dire à ma mère,
Je n'ose m'y rentourner.

3

Donne-moi ton cœur en gage, } *bis*
Je n'en dirai rien du tout.
Nous irons dire à ta mère
Qu'ils en sont mangés des loups.

4

Pour donner mon cœur en gage,
Je n'en ferai point cela.
J'en serai beaucoup plus sage
De m'en aller à la maison,
D'aller dir' z-à ma mère
Qu'elle en cherche ses moutons.

Dicté par Jeanne Vugnon, femme Cherel, à Ceyzériat (Ain).

MON TENDRE CŒUR

1

Je ferme ma porte à minuit,
L'on frappe, l'on fait bien du bruit.
C'est la voix de mon aimant
Qui frappe si doucement
Que je lui dis : Mon tendre cœur,
De moi n'ayez point peur.

2

Oh ! c'est donc toi, mon cher aimant,
Que je regrette si souvent !
Toutes les fois que je t'ai pleuré,
Je t'y croyais mort à l'armée.
Hélas ! je t'y croyais au trépas
Dans le champ du combat.

3

T'en souviens-tu, il y a six ans,
Cé que tu m'avais promis en partant ?
Tu m'avais juré la foi
Que souvent tu m'écrirais.
Hélas ! si tu m'avais envoyé,
Tu m'aurais reconsolée.

4

La belle, c'est que pour t'envoyer
J'étais un peu trop-t-éloigné.
En passant par l'Italie,
On m'a rendu prisonnier.
Hélas ! j'aurais bien voulu, mon cœur,
T'annoncer mon malheur.

5

A présent, j'en suis de retour,
Je t'y viens souhaiter le bonjour,
Avec toute ma liberté,
Ma cartouche bien cirée.
Hélas ! si tu veux, Fanchon, mon cœur,
Nous nous marierons nous deux.

6

Avec toute ta liberté,   } *bis*
Tu vas retourner à l'armée. }
Hélas ! quand tu auras ton congé,
Tu m'y viendras retrouver.

Dicté par Jeanne Vugnon, femme Cherel, à Ceyzériat (Ain).

RÉVEILLEZ-VOUS, NANETTE

1

De bon matin, quand je me lève,
De bon matin il n'est pas jour,
Oh ! j'en suis allé voir ma mie,
C'est pour lui souhaiter le bonjour.
Réveillez-vous, mie Nanette, réveillez-vous !
Auparavant que je m'en aille, je parle à vous.

2

Quand la Nanette a entendu
A la voix de son prétendu,
Oh ! l'a mis son cœur aux fenêtres,
    L'a salué.
Oh ! le galant la remercie
    Très humblement.

3

Il me ressemble, à votre habit,
Qu'à la guerre vous allez parti ?
Vous verrez une, vous verrez l'autre ;
    Vous m'oublierez.
En attendant de vos nouvelles,
    J' m'y marierai.

4

Si j'attendais encore un an,
Mon bel ami, reviendrez-vous?
Oh! que nenni, mie Nanette.
    Mariez-vous.
Oh! tout galant qui va à la guerre,
    C'est pour toujours.

5

J'ai de l'argent dedans mon coffre,
Mon bel ami, en voulez-vous?
Oh! que nenni, mie Nanette,
    Gardez pour vous.
Oh! tout galant qui va à la guerre
    L'en a toujours.

Dicté par Jeanne Vugnon, femme Cherel, à Ceyzériat (Ain).

RARE BEAUTÉ

1

Rare beauté, que mon cœur te désire !
Que tu es donc charmante à mes yeux !
Oh ! à mes yeux, que tu es donc charmante !
Mon cœur soupire pour toi tous les jours.

2

Belle, aimez donc un aimant qui vous aime.
A quoi sert-il de le faire languir ?
Si vous l'aimez, faites-lui donc connaître ;
Cela l'empêchera de mourir.

3

Oh ! cher aimant, si vous avez des flammes,
Cherchez ailleurs une autre maîtresse. (*bis*)
Mon cœur n'est point pour vous rendre heureux.

4

L'autre jour, à la promenade,
Ne m'avez-vous pas bien parlé ?
Ne m'avez-vous pas dit, la belle,
Que nous nous marierons les deux ?

5

Ne m'avez-vous pas toujours dit, la belle,
Que vous n'en changerez pas d'aimant ?
Mais à présent que la mode est nouvelle,
Vous en changez d'aimant tous les ans.

Dicté par A. Bidal, à Meillonnas (Ain).

CETTE BRUNETTE

1

J'ai fait l'amour à-t-une brune,
Je ne sais pas si je l'aurai, (*bis*)
    Cette brunette.
Elle m'y a permis son cœur,
Ses amourettes et son honneur.

2

Je lui ai donné pour étrennes,
Couteau, ciseaux d'argent doré. (*bis*)
    Par-devant son père,
Elle les a pris, les a jetés dans la rivière
    Pour jamais.

3

J'entends toujours dire à mon père
Qu'un débauché n'a jamais rien (*bis*)
    Par sa fortune.
Vive les enfants sans soucis,
L'en vivent partout, Dieu merci !

Dicté par Jeanne Vugnon, femme Cherel, à Ceyzériat (Ain)

LA TOURTERELLE

1

De bon matin, à la pointe du jour,
J'ai entendu chanter l'amour
Par une tourterelle,
Que tous les voisins d'alentour
Se sont approchés d'elle.

2

Oh! cher aimant, que vous faut-il
Aujourd'hui, pour vous plaire ?
Tu as toutes mes amitiés,
Tu as mon cœur volage ;
Pour une fille de quinze ans
N'est-il pas bien dommage ?

3

Je voudrais bien m'y marier,
Je ne sais comment faire.
Ma maîtresse n'a point d'argent,
Et moi, je n'en ai guère.
Ça ne sera pas le moyen
D'y vivre sans rien faire.

4

Je lui ai demandé son cœur, }
D'un air si doux, si tendre.   } *bis*
La belle me l'a refusé,
J'ai bien su lui prendre.

Dicté par Joseph Brédy, dit Lafleur, à Ceyzériat (Ain).

CHARMANTE LOUISON

1

Embarquons-nous,
Le temps est doux,
Faire un voyage dessur l'onde.
Que risques-tu de t'embarquer?
Il fait beau jour
Pour aller voguer.
Embarquons-nous, charmante Louison;
Fais ton paquet, nous partirons.

2

Mon cher aimant, je crains la mer.
Lorsque le vent est en contraire,
Je crains la mer
Comme l'enfer.
- Oh! non, non; non, je ne m'embarque pas,
J'aimerais mieux mourir entre tes bras.
Pour m'embarquer,
Je ne m'embarque pas.

3

Si tu m'avais promis tes amours,
Comme moi je t'ai promis les miennes,
Tu me dirais cent fois par jour :
Ma Nanon, embarquons-nous.
Moi, je te répondrais
Plus de cent mille fois :
Pour m'embarquer,
Je ne m'embarque pas.

Dicté par Benoit Bernard, à Ceyzériat (Ain).

ADIEU, NANON

1

Adieu ! Nanon, je m'en vas,
Je m'en vas voguer sur l'onde.
Adieu ! belle, je m'en vas en campagne,
    Voguer en Espagne
      Sur ces eaux.
Quand je reviendrai de mon voyage,
Je débarquerai sur ce port ;
Je t'y laisserai pour gage
    Mon trésor.

2

Cher aimant, si tu t'en vas,
Tu t'en vas voguer en Espagne,
Va, ta maîtresse tu l'oublieras ;
Tu en verras ces Espagnolettes,
Qui en sont belles et coquettes,
    Remplies d'appas,
Et ta maîtresse, tu l'oublieras.
Non, jamais tu ne la reverras.
Va, va, galant trompeur, ingrat.

3

Cher aimant, si tu t'en vas,
Tu t'en vas voguer sur l'onde,
Va, oh ! tu périras.
Viendra le vent et l'orage,
Brisera tous tes cordages,
    Ton bâtiment,
Tes matelots et tout ton monde.
Au fond de l'eau tu engloutiras ;
Toi et tout ton monde périras.

4

Chère Nanon, ne crains rien, } *bis*
Je suis un fort bon pilote ;
La boussole nous conduira bien.
Quoique la mer est incruelle,
Je ne crains point de m'embarquer, *(bis)*
Le vent contre pluie est changé.

Dicté par Benoit Bernard, à Ceyzériat (Ain).

OH ! NON, NON

1

Je m'en vais à la promenade,
Ma maîtresse, y viendrez-vous ?
    Oh ! non, non, (*ter*)
Que Dieu m'en garde
D'y aller seule avec vous.

2

Belle, n'en fait point tant la fière ;
L'on vous a vu l'autre jour,
    L'on vous vu, (*bis*)
L'on vous vu sur la fougère
Un berger auprès de vous.

3

Qu'en dit-on de ce berger ?
N'en est-il pas bon berger ?
    Il me parle, (*bis*)
Il me parle d'amourettes ;
Moi, je lui réponds d'amour.

4

Les étoiles en sont brillantes,
Et la lune encore bien mieux.
Mais les yeux, (*bis*)
Mais les yeux de ma brunette
Brillent encore cent fois mieux.

Dicté par Benoit Bernard, à Ceyzériat (Ain).

CHARMANTE CATIN

1

L'autre jour, en m'y promenant ⎱ *bis*
Le long de ces verts prés, ⎰
J'ai-z-entendu chanter
La fille d'un jardinier.

2

Je lui ai dit : charmante Catin,
Que fais-tu dans ton jardin ?
Je suis après en cueillir des fleurs,
De toutes les couleurs.
C'est pour en faire un présent,
C'est à mon fidèle aimant.

3

Je lui ai dit : Charmante beauté,
Voudrais-tu bien m'en donner ?
Entrez, entrez, mon aimant, entrez,
Vous en choisirez
De toutes les belles fleurs
Qui vous charment le cœur.

4

Belle, sont point tant vos belles fleurs
Qui m'y ont charmé le cœur ;
Ce n'est que vos beaux yeux brillants,
Vos beaux yeux charmants
Que j'ai vus à présent.
Belle, voilà la fleur
Qui m'y a charmé le cœur.

Dicté par Joseph Corsain, à France, commune de Jasseron (Ain).

BERGÈRE, ON LA

1

Nous sommes ici beaucoup de gens,
Celui que j'aime n'y est pas.
Bergère, on la, la derirette,
Bergère, on la, la la dera.

2

Celui que j'aime n'y est pas ;
Je le vois venir de là-bas.
Bergère, on la, la derirette,
Bergère, on la, la la dera,

3

Dedans un manteau de drap blanc,
Que nos amours en sont dedans.
Bergère, on la, la derirette
Bergère, on la, la la dera.

4

Il' en sont bien étroitement,
Nous l'élargirons en peu de temps.
Bergère, on la, la derirette,
Bergère, on la, la la dera.

5

Dedans un beau lit de drap blanc, (*bis*)
Bergère, on la, la derirette,
Bergère, on la, la la dera.

Dicté par Jeanne Vugnon, femme Cherel, à Ceyzériat (Ain)

LOUISON

1

Le bon matin, la trompette sonne,
De bon matin, la pointe du jour ;
C'est pour avertir nos maîtresses
Que c'est demain que nous partons.

2

Tout en arrivant sur la place,
J'ai-t-aperçu la Louison.
Oh ! qui pleurait, versait des larmes,
De voir partir son cher aimant.

3

Oh ! va, ingrat, tu m'abandonnes,
Tu me laisses dans l'embarras,
Dans l'embarras, dans la misère,
Bientôt un enfant sur les bras.

4

Si cet enfant vient au monde,
Tu lui feras porter mon nom.
Mon nom ; je m'appelle Sans-Gêne,
Et mon prénom, c'est Sans-Façon.

5

Quand tu seras dans Lille en Flandre,
Tu ne penseras plus à moi ;
Tu penseras à ces Flamandes
Qui sont cent fois plus belles que moi.

6

Je ferai faire une image
A la ressemblance de toi.
Je la mettrai dans ma ceinture,
Cent fois par jour je l'embrasserai.

7

Que diront-ils tes camarades,
Que tu embrasses ce papier ?
Je leur dirai que c'est ma maîtresse
Du temps passé.

Dicté par Joseph Brédy, dit Lafleur, à Ceyzériat (Ain).

BELLE, SOYEZ SAGE

1

Toûte fille qu'a deux aimants, *(bis)*
La nuit comment dort-elle ? *(bis)*

2

Quand l'un s'en va, l'autre revient, *(bis)*
Toujours la belle veille. *(bis)*

3

Mon bel ami, d'où êtes-vous ? *(bis)*
J'en suis de loin, la belle. *(bis)*

4

Mon bel ami, quand irons-nous ? *(bis)*
Un jour de la semaine. *(bis)*

5

Le galant monte à cheval, (bis)
Met la belle derrière. (bis)

6

Mon bel ami, reposons-nous, (bis)
Grand Dieu! que j'en suis lasse. (bis)

7

A l'ombre, et là un peu plus loin, (bis)
A l'ombre, sous ce chêne. (bis)

8

Que personne nous y verra, (bis)
Que les oiseaux sauvages. bis)

9

Le rossignol se mit à chanter, (bis)
L'en dit en son langage :
La belle, soyez sage.

10

Rossignolet, si je te tenais, (bis)
A Paris, dans ma chambre, (bis)

11

Je te ferais plumer par mon valet, *(bis)*
Fricasser par ma servante. *(bis)*

12

Je t'apprendrais bien à parler, *(bis)*
A danser les corandes [1]. *(bis)*

Dicté par Jeanne Vugnon, femme Cherel, à Ceyzériat (Ain)

[1] Courir à travers les champs.

SYLVIE

1

C'est la jeune Sylvie,
Toute constante dans l'amour,
Toute réjouie
En gardant son troupeau,
Dedans ce bocage,
Croyant d'y trouver son fidèle berger.
Son amant volage,
N' s'y est point trouvé.

2

Rossignolet sauvage,
Toi qui chantes la nuit et le jour
Dans ce vert bocage
Mes tendres amours,
Porte-lui, je t'en prie,
Dans ton bec cet anneau d'or,
Et va-t-en lui dire
Que j'en suis à la mort.

3

Le rossignolet s'envole dans la plaine,
Tout en chantant ce refrain,
Reprit sa volée,
S'en va-t-à Madrin [1].
Il en vit une armée
Campée dans un pays charmant,
Si bien arrangée,
Rien de si charmant.

4

L'oiseau en fit sa pose
Sur la tête de l'aimant,
Racontant sa cause
Tout en pleurant :
Reviens-toi, je t'en prie,
Reviens-toi promptement,
Car ta beauté brillante
S'en va mourant.

5

L'aimant pleure, il se tourmente
En voyant ce gage d'amour,
Car il se désole
En voyant cet anneau d'or :
En voilà bien le gage
Que ma Sylvie a reçu de moi.
Dans ce vert bocage,
Elle me le renvoit.

Dicté par François Cherel, à Ceyzériat (Ain).

[1] Madrid.

ADIEU, ROSALIE

1

Oh! que j'en suis du malheur,
J'ai le chagrin dans le cœur
Quand je pense à ma maîtresse.
Je ne peux me reconsoler,
Tant d'amour que j'avais pour elle ;
Mais, l'ingrate, elle m'a trompé.

2

Tu m'as trompé, Rosalie.
Ce n'est point ton bel esprit,
Tes paroles engageantes,
Ta beauté et ta gaîté
Ne m'empêcheront-s-à dire,
Ma Rosalie, de t'aimer.

3

Aime-moi, ne m'aime pas,
Pour moi, je ne m'en soucie pas.
Je suis encore trop jeunette,
Je n'ai que quinze à seize ans ;
J'ai encore le temps de plaire
Et d'y faire un autre aimant.

4

Armons-nous, le verre en main.
Ami, verse-moi du vin.
Prends la tasse et moi le verre,
Verse-moi de ce bon vin.
A la santé de nos maîtresses,
Nous partons demain matin.

5

Auparavant que d' nous quitter,
Permets-moi de t'embrasser.
Oh! n'en fais point tant la fière,
Souviens-toi du temps passé.
Adieu! donc, chère maîtresse,
Nos deux cœurs sont séparés.

Dicté par Joseph Corsain, à France, commune de Jasseron (Ain).

LE PETIT JEAN

1

L'autre dit jour, m'y promenant en ville.
J'ai rencontré Marguerite, ma mie.
Je l'ai rencontrée au coin d'une maison,
Qui fesait l'amour avec d'autres garçons.

2

Je lui ai dit : Marguerite, ma mie,
Nos amitiés sont-elles déjà finies?
Il y a six ans que tu n'aimais que moi,
Mais, à présent, tu m'y délaisseras.

3

Le petit Jean s'en va trouver son camarade
Console-moi, j'ai bien le cœur malade :
Camarade, allons au cabaret
Boire, chanter pour chasser nos regrets.

4

Regret, regret, dureras-tu longtemps ?
Pour une brune, faut-il que mon cœur meure ?
Regret, regret, dureras-tu-z-une heure,
Pour une brune qui a changé d'aimant ?

5

Si j'ai changé d'aimant, t'as bien changé de mie.
Oh va ! oh va ! grand enguseur de filles.
Si j'ai changé, je n'en suis pas fâché,
Car j'en ai une autre parfaite, à mon gré.

Dicté par Jeanne Vugnon, femme Cherel, à Ceyzériat (Ain).

ENTRE PARIS ET LYON

1

Entre Paris et Lyon
J'ai rencontré ma maîtresse ;
Elle est parfaite à mon gré.
Je lui ai dit tout en riant :
Voulez-vous être ma mie ?
Oh ! que non, non, me dit-elle,
Je ne veux point me marier ;
Vous êtes garçon trop riche,
Peut-être vous m'y laisserez.

2

Garçon riche je ne suis point.
Aime-moi, charmante blonde,
Je serai ton serviteur,
Aime-moi, charmante blonde,
Je serai ton serviteur. (*bis*)

3

Pour être mon serviteur,
Il ne faut point aller à la guerre.
Tout aimant qui va à la guerre
Est en danger d'en mouri,
S'éloignant de sa maîtresse,
S'approchant de l'ennemi.

4

Si en guerre je m'en vais,
Je t'enverrai des nouvelles
Par le rossignol sauvage,   } *bis*
Messager des amoureux.

5

Le troisième jour après,
Le rossignol n'y a pas manqué.
Sur la fenêtre de la belle,
Il est venu se reposer :
Oh ! tenez, tenez, la belle
Des nouvelles de votre aimant,
Qui est sur la mer courante,
Qui vous fait mille compliments.

6

Si vous êtes le messager,
Le messager de mon aimant,
Montez dedans ma chambrette,
D'or et d'argent il y a.
Vous en prendrez à votre usage
Et à celui de mon aimant.

7

J'aimerais bien mieux ma plumette
Que ton or et ton argent,
Pour passer la mer courante   } *bis*
Sans bateau, ni bâtiment.

Dicté par Jean-Marie Suchet, dit Trois-Vieilles, à Rossillon (Ain).

MÈRE, DONNEZ-MOI-S-UN MARI

1

C'est une fille de quinze ans,
On dit qu'elle est amoureuse ;
Elle s'en va dire à sa mère :
Mère, donnez-moi-s-un mari.
Si vous tardez davantage,
J'en prendrai un à mon plaisi.

2

Quand le père s'est aperçu
Que sa fille en était amoureuse,
Oh ! il l'a mise dans une ville,
Dans un couvent bien renfermé.
Tu en seras religieuse,
Tu n'auras plus ta liberté.

3

Quand la fille s'est aperçue
Que religieuse il fallait être,
Elle a monté dedans sa chambre,
En arrachant ses blonds cheveux,
Et ses jolis pendants d'oreille
Que son aimant lui a fait présent.

4

Son petit frère lui va-t-après,
De pas à pas, la reconsole.
Oh ! n'en pleurez point tant, ma sœur,
Le papa vous mariera.
Le mari que ton cœur désire,
La maman te l'accordera.

5

Le mari que mon cœur désire,
Il est dessur la mer jolie.
Si tu le vois, tu lui peux dire,
Si tu le vois, tu lui diras
Que j'en suis sa chère bien-aimée.
Je veux mourir entre ses bras.

Dicté par Marie Piane, à Villereversure (Ain).

LA RELIGIEUSE

1.

C'est une fille religieuse,
Bien amoureuse.
Son père la mit dans un couvent
Pour l'éloigner de son aimant.

2

Quand son père lui vient dire :
Eh bien ! ma fille,
Te plairas-tu dans le couvent ?
Y resteras-tu bien longtemps ?

3

Père, voilà-t-il les promesses
Que vous me faites,
Vous qui m'avez si bien promis
Que vous m'y donneriez un mari !

4

Quand je regarde par la vitre,
Je vois ces filles
Qui se promènent avec leurs aimants,
Et moi, je suis dans le couvent.

5

Que Dieu bénisse les murailles,
Pierres de taille !
Que Dieu bénisse les maçons
D'avoir fait les murs aussi longs !

Dicté par Andréas, à Villereversure (Ain).

J'AIME LA DON DON

1

Mon père m'envoi-t-à l'herbe, lon la,
A l'herbe, au cresson,
Oh ! j'aime la don daine don,
A l'herbe, au cresson,
Oh ! j'aime la don don.

2

Ce n'est pas l'affaire aux filles, lon la,
D'aller avec les garçons,
Oh ! j'aime la don daine don,
D'aller avec les garçons,
Oh ! j'aime la don don.

3

C'est bien l'affaire aux filles, lon la,
De balayer la maison,
Oh ! j'aime la don daine don,
De balayer la maison,
Oh ! j'aime la don don.

4

Quand les maisons sont propres, lon la,
Les courtisans y vont,
Oh ! j'aime la don daine don,
Les courtisans y vont,
Oh! j'aime la don don.

5

S'asseyent sur le coffre, lon la,
En frappant du talon,
Oh ! j'aime la don daine don,
En frappant du talon,
Oh! j'aime la don don.

6

Quand y le coffre sonne, lon la,
Les courtisans s'en vont,
Oh ! j'aime la don daine don,
Les courtisans s'en vont,
Oh ! j'aime la don don.

7

La belle les rappelle, lon la,
Revenez ici seyant,
Oh ! j'aime la don daine don,
Revenez ici seyant,
Oh ! j'aime la don don.

8

Nous en avons bien d'autres,
Que nos pistoles y sont,
Oh ! j'aime la don daine don,
Que nos pistoles y sont,
Oh ! j'aime la don don.

9

Mon père me marie, lon la,
Avec un bon garçon,
Oh ! j'aime la don daine don,
Avec un bon garçon,
Oh ! j'aime la don don.

10

Le lendemain des noces, lon la,
J'accouche d'un beau garçon,
Oh ! j'aime la don daine don,
J'accouche d'un beau garçon,
Oh ! j'aime la don don.

Dicté par Antoinette Basset, femme Perraud, à Rossillon (Ain).

L'UNE OU L'AUTRE

1

J'ai fait une maîtresse,
Trois jours, n'y a pas longtemps,
Trois jours, n'y a pas longtemps,
Qu'elle en est faite.
Je la voudrais-t-avoir
Pour ma ma tresse.

2

Va-t-en dire à ton père
S'il veut t'y marier,
S'il te veut marier,
Qu'il en veut faire.
Je t'y voudrais avoir
Pour ma maîtresse.

3

Son père, qui est aux fenêtres,
Qui entend tout cela :
Galant, retirez-vous
De vers ma fille.
J'ai refusé bourgeois,
Marchand de ville.

4

S'il faut que je m'y retire,
Je m'y retirerai,
Je m'y retirerai
Dans ma chambrette ;
En regrettant le cœur
De ma maîtresse.

5

Traversant la rivière,
J'ai tourné mon chapeau,
J'ai tourné mon chapeau
De droite et de gauche.
Si je n'ai pas celle-là,
J'en aurai n'autre.

Dicté par Jeanne Vugnon, femme Cherel, à Ceyzériat (Ain).

J'AIMERAIS MIEUX MA MARION

1

C'est un garçon boulanger,
Grand Dieu ! qu'il en est drôle !
Il en est drôle, sans façon,
Il est entré dans ma maison :
Oh ! donc, bonjour, mon maître,
Je viens voir ma maîtresse.

2

Maître, vous ne savez pas
Ce qu'on dit par le village.
Oh ! l'on va partout disant
Que je n'ai pas cinq sous vaillant
Pour acheter une veste,
Pour aller voir ma maîtresse.

3

Le maître lui répond,
Lui répond comme un bon maître :
Je te dois cinq à six cents francs,
Je vas te les payer comptant
Pour acheter une veste,
Pour aller voir ta maîtresse.

4

J'aime mieux ma Marion
Que toutes ces demoiselles.
Elle est belle, elle rit,
Elle chante à mes désirs.
Autant que je la caresse,
Je la trouve encore plus belle.

5

Je lui ai dit : Embrasse-moi,
Marion, ma mie,
Embrasse-moi autant de fois
Qu'il y a de feuilles dans le bois,
D'herbes dans la prairie.
Embrasse-moi, ma mie.

Dicté par Andréas, à Villereversure (Ain).

MA PETITE BRUNETTE

1

Ma petite brunette,
Faut quitter ton pays,
Quitter père-z-et mère
Et tes parents aussi,
Pour venir me servir. (*bis*)

2

Ma petite brunette,
Longtemps je te fais l'amour.
L'amour m'a bien fait faire
Cinquante mille tours,
Tant la nuit que le jour. (*bis*)

3

Comment pourrais-je faire,
Pour quitter mon pays,
Pour quitter pèr'-z-et mère,
Longtemps qu'il ma nourri ?
A présent me faut servir. (*bis*)

4

Si j'étais hirondelle,
Que je puisse voler,
Je prendrais la volée,
Je volerais si haut,
J'irais aux matelots.

5

Là-haut, sur la montagne,
J'entends le rossignol.
Rossignolet qui chante
A bien de quoi chanter
Et moi de soupirer.

Dicté par Antoinette Basset, femme Perraud, à Rossillon (Ain).

MES LAURIERS

1

Soit en été comme en hiver,
Mes lauriers sont toujours verts.
L'autre jour, je m'y promène.
Oh ! tout en m'y promenant,
J'ai trouvé ma mie à l'ombre
Qui dormait dessous ces lauriers.

2

J'y ai bien fait cinquante tours,
En attendant la pointe du jour.
J'ai passé et repassé,
Devant ta porte j'ai couché,
En tremblant la fièvre amoureuse
Qui tient mon cœur enchaîné.

3

Si tu étais un honnête garçon,
Tu t'y mettrais à la raison.
Je suis comme une hirondelle
Qui cherche à faire son nid.
Je suis comme la voyagère
Qui cherche à faire son bonheur.

Dicté par François Cherel, à Ceyzériat (Ain).

PAR UN BEAU SOIR D'ÉTÉ

1

Par un beau soir d'été,
En m'allant coucher,
Je pense à ma mie,
Je me suis levé.
Passant devant sa porte,
Trois petits coups frappais.
La porte s'est ouverte,
Et moi, je suis entré.

2

Dis-moi donc l'ami,
Qui t'a rendu si hardi
D'entrer dans ma chambre
Quand je suis au lit ?
Moi, je t'y ferai pendre,
Dans ma prison mener ;
Dans la plus haute chambre
J'en aurai la clef.

3

Oh! dis-moi donc, la belle,
Aurais-tu le cœur
D'être si rebelle
A ton serviteur ?
Cela n'est point rebelle,
Ce n'est que rigueur.
Toute fille sage
Tient à son honneur.

Dicté par Jeanne Vugnon, femme Cherel, à Ceyzériat (Ain).

BRUNETTE, MA BRUNETTE

1

Rossignolet sauvage,
Tu chantes le jour et la nuit.
Dedans ton ramage
Il y a du plaisir.

2

Oh ! dedans ton ramage,
Que chaque fille avec son aimant.
A la promenade ;
Rien de si charmant.

3

Que mon sort est à plaindre !
Que mon sort est malheureux !
Je ne peux rejoindre
Tous mes amoureux.

4

J'aime la brunette, (*bis*)
Oui, je l'aime ; elle m'aime aussi.
La fille est trop jeune ; c'est mon malheur.

5

Galant, si tu voulais m'attendre, (*bis*)
Oh ! tu n'attendrais pas longtemps,
Car l'amour m'y tourmente à chaque instant.

6

Brunette, ma brunette,
Garde-moi ta fidélité.
Quoique tu es jeune,
Je t'attendrai.

Dicté par François Cherel, à Ceyzériat (Ain).

BELLE JARDINIÈRE

1

Dedans un jardin dessur terre,
Un jour en m'y promenant,
J'aperçois la jardinière
Qui dormait dans son jardin.
Je me suis-t-approché d'elle,
Doucement, sans la réveiller.

2

Belle jardinière, dedans ton jardin,
L'on y fait l'amour, l'on boit du vin.
A ta porte languissante,
Deux heures après la minuit,
Tremblant la fièvre-z-amoureuse
Qui tient mon cœur enchaîné.

3

Mon cher aimant, pour t'y reconsoler,
Prends sur ma bouche un doux baiser.
Sur ma figure, couleur de rose,
Sur mes blancs seins, prends tes plaisirs ;
Mais n'y touche rien autre chose,
Mon petit cœur te le dit.

Dicté par Jeanne Vugnon, femme Cherel, à Ceyzériat (Ain).

OUVREZ, OUVREZ, JULIE

1

Au clair de la lune,
En m'y promenant.
Ouvrez, ouvrez, Julie,
La porte à votre aimant,
Qui revient de la guerre
Dans un beau bâtiment.

2

Je n'ouvre point ma porte,
Il est minuit sonné.
Mon père aussi ma mère,
Dans leur blanc lit couchés.
Ils trouveraient à redire,
Galant, si je vous ouvrais.

3

Passez par la fenêtre,
Je vous parlerai.
Le manteau de mon père,
Qui est dans la chambre à cou-
Par dessus les épaules, [cher,
Je vous le jetterai.

4

Le manteau de ton père
N'est pas ici pour moi.
Je suis dedans la neige,
Mouillé jusqu'aux genoux.
Voici la récompense,
La belle, que j'ai de vous.

Dicté par Joseph Brédy, dit Lafleur, à Ceyzériat (Ain).

JÉROME COLIN

1

Qui veut savoir chanson
Nouvelle, nous la dirons,
Faite de la Josephte
Et de son mignon.
Elle a le cœur en joie
D'y avoir des aimants.
Son père aussi sa mère
En sont bien contents.

2

Mère, voulez-vous
Que j'aime beaucoup
Jérôme Colin
Qui vient tant chez nous ?
Aime-le ! ma fille,
Aime-le ! si tu veux.
Il faut aimer qui aime ;
N'est point défendu.

3.

Il est vrai, ma mère,
Qui vient des garçons.
Qu'y viennent y faire ?
Ont-y la raison ?
C'est tous des canailles,
Des banqueroutiers.
Oh ! que viennent y faire ?
Les vais-je chercher ?

4

Jérôme là-haut
Avec son chariot.
Josephte l'entend,
Va, dans le moment.
Toi, qui n'es qu'un arbre
Tout prêt à mourir.
Et toi, ton blanc visage
Prêt à être enseveli.

Dicté par Jeanne Vugnon, femme Cherel, à Ceyzériat (Ain).

PETIT PAPILLON VOLAGE

1

Petit papillon volage,
Tu ressembles à mon aimant.
L'amour n'est que badinage,
L'amour n'est que passe-temps.
Mon fidèle aimant
M'en a fait autant.

2

Monsieur, de l'ingratitude
Votre cœur n'en manque pas.
Vous avez donné des habitudes
Que bien souvent d'autres n'ont pas.
Monsieur, croyez-moi,
Ne revenez pas.

3

Croyez-vous, Mademoiselle,
Croyez-vous que je pense à vous?
Oh! j'ai bien fait l'amour à d'autres
Qui sont plus belles que vous.
Belle, croyez-vous
Que je pense à vous?

4

Si j'avais mon cœur volage
Que ma mère m'avait donné,
Je le tiendrais dans une cage.
Je chanterais joyeusement :
Voici le printemps,
Voici le beau temps.

Dicté par Derognat, à Ramasse (Ain).

MIE NANON [1]

1

M'y promenant sur ces vallons,
J'ai rencontré mie Nanon.
Oh! je me suis-t-approché d'elle,
En lui disant : Mie Nanon,
    Mie Nanette.

2

Je lui ai dit : Mie Nanon,
Connais-tu ton cher mignon?
Oh! non, je n'y connais personne;
J'en suis fille sans amour,
    Solette au monde.

3

Tu es-t-à moi, quand je te le dis.
Car ton père me l'a permis.
S'il te l'a permis, qu'il te le maintienne,
Car, pour moi, jamais
Je n'en serai la tienne.

[1] Annette.

4

Camarade, allons-nous-en
Au cabaret pour notre argent,
Au cabaret boire bouteille,
En parlant, en divisant
    De nos maîtresses.

5

Au cabaret, fut arrivé,
N'en veut ni boire, ni manger.
Buvons, trinquons, cher camarade,
De ce bon vin d'aliqueur
    A la rasade.

Dicté par Charles Corsain, à Ceyzériat (Ain).

LE SOIR A LA LUNE

1

Le soir à la lune,
En m'y promenant,
En fumant ma pipe
Bien gaillardement,

2

J' vois mon camarade,
Triste, désolé.
Lui dis un' parole
Pour le reconsoler.

3

J' lui dis : Camarade,
Qu'as-tu à pleurer ?
Faut-il pour un' brune
Tant t'y chagriner ?

4

Nous irons en Flandre,
Nous en choisirons
Des brunes, des blondes
Tant que nous voudrons.

5

Va-s-y, camarade,
Moi, je n'y vas pas ;
Ma maîtresse m'aime,
Je ne la quitte pas.

6

J'aime ma maîtresse,
Elle m'aime aussi.
Il faut que je l'emmène
Dedans mon pays.

Dicté par Joseph Brédy, dit Lafleur, à Ceyzériat (Ain).

LE MAITRE ET LE VALET

1

Le valet m'y fait l'amour,
Le maître n'en est jaloux.
Le valet m'y suit partout
Jusqu'à tirer les vaches.
Le maître s'en vient lui dire :
Va-t-en faire ton ouvrage.

2

Le valet m'y plairait bien,
Quoique son ouvrage est loin.
Nous porterons le berceau
En allant à l'ouvrage.
Nous rentrerons le soir
Dedans notre ménage.

3

Le maître m'y plairait mieux,
Quoique c'est un homme vieux.
J'en balierais la maison,
Je ferais la soupe,
En attendant le pauvre vieux
Qu'il vienne du labourage.

4

À présent qu'il fait chaud,
Nous mettrons le vin dans l'eau. (*bis*)
Nous ferons la salade
En attendant le pauvre vieux
Qui vient du labourage.

5

Quand nous aurons bu et mangé,
Nous irons nous reposer, (*bis*)
La-haut sur la paillasse.
C'est à présent, mon pauvre vieux,
Que tu as de l'ouvrage.

Dicté par Joseph Corsain, à France, commune de Jasseron (Ain).

LES POMMES REINETTES

1

Belle, on dit partout
Que vous avez des pommes,
Que vous avez des pommes reinettes,
Dans votre jardin.
Permettez-moi, la belle,
Que j'y porte la main.

2

Pour y porter la main,
Apporte-moi la lune, (*bis*)
Le soleil à la main,
Tu toucheras les pommes
Qui sont dans mon jardin.

3

Le gros lourdaud s'en va
Sur la plus haute montagne,
Croyant d'avoir la lune,
Le soleil à la main.
La lune en est trop haute,
Le soleil est trop loin.

4

J'ai passé, repassé
Par devant votre porte,
J'ai vu qu'elle était ouverte.
Tout en dépit de moi,
Tout en disant: La belle,
Vous en avez n'autre que moi.

5

Si j'ai un autre que vous,
Ça n'est point votre affaire.
Oh! oui, j'en ai un autre
Qu'est plus joli que vous.
Il en est fait pour plaire;
Galant, retirez-vous.

Dicté par Andréas, à Villereversure (Ain).

J'AI PRIS FANTAISIE

1

Quand fut le samedi au soir,
J'ai pris une fantaisie
De m'y aller promener.
Ma maîtresse j'ai rencontrée.

2

Tenez, galant, ce beau bouquet;
De ma main je vous le donne.
Ne revenez pas si souvent,
Car vous perdez votre temps.

3

Si j'ai perdu mon temps,
Je n'ai pas perdu mes peines,
Mes peines ni mon temps passé.
Adieu, mes jolies amitiés !

4

Si tu étais si bon garçon
Que moi j'en suis bonne fille,
Tu serais mon doux mignon,
Et moi ta douce mie.

5

Je ne suis ni bon, ni riche,
Je ne veux point de toi pour mie.
Je suis tel que Dieu m'a fait ;
Tout le monde n'est pas parfait

6

La rivière j'ai traversée;
Des poissons il y a un grand nombre.
Ils n'ont pas tous leur pêcheur,
Ni les filles leur serviteur.

Dicté par Jeanne Vugnon, femme Cherel, à Ceyzériat (Ain).

JE PLEURE, JE SOUPIRE

1

Oh! j'en pleure, j'en soupire
D'avoir perdu mon aimant. (*bis*)
Vous le connaissez à ma mine,
Quand je pense à sommeiller,
L'amour vient m'y réveiller.

2

Savez-vous comme il faut faire,
Ma petite Jeanneton?
Il faut casser le glaçon,
T'y baigner dans la rivière.
Ça abaissera ton feu ;
Après tu dormiras mieux.

3

Dites-moi, mère, à mon âge,
N'étiez-vous pas comme moi?
Vous m'avez dit une fois
Que vous en perdiez la mémoire;
Sans l'amour d'un bel aimant,
Vous perdiez le sentiment.

4

Taisez-vous, petite sotte.
Je ne vous ai point dit cela.
Si je le disais à ton papa,
Du bâton il te donnerait;
Si je le dis à ton papa,
Du bâton il te donnera.

Dicté par Joseph Corsain, à France, commune de Jasseron (Ain).

REVENANT D'ITALIE

1

M'en revenant de l'Italie,
En pliant mon bagage,
Dans mon chemin j'ai rencontré
J'ai rencontré ma blonde,
Qui m'y a dit d'un air bien gai :
Pourrais-tu bien m'accompa-
[gner?

2

Oh! si tu veux m'accompagner,
Entrons dans cette auberge.
Nous y boirons, nous y mange-
De ce bon vin, ma blonde ; [rons
Nous y boirons, nous y mange-
[rons
Tout ce que nos cœurs désire-
[ront.

3

Ils n'en furent pas à mi-souper
Que le galant s'y endort.
Réveillez-vous, si vous dormez,
Voilà minuit qui sonne.
Réveillez-vous, si vous dormez,
Car il est temps de nous rentour-
[ner.

4

Ils n'en furent pas au grand
[chemin,
Au milieu de la route :
Asseyons-nous, reposons-nous
Un petit moment, ma blonde.
Asseyons-nous, reposons-nous,
Et nous parlerons de l'amour.

5

Si de l'amour tu veux parler,
Allons-y chez mon père :
Cher papa, mariez-moi,
Les garçons m'y demandent;
Mariez-moi, si vous m'aimez,
Le temps commence à m'y durer

6

Oh ! ma fille, pour t'y marier,
Tu es-t-encore trop jeune.
Tu n'as que quatorze à quinze
Tu penses au mariage.   [ans,
Il faut avoir au moins vingt ans,
Ma fille, pour penser aux aimants

Dicté par Marie Piane, à Villereversure (Ain).

BONJOUR, CHARMANTE HÉLÈNE

1

Bonjour, charmante Hélène,
Je viens te dire adieu,
Les larmes au visage
Qui coulent-z-à grands flots.
C'est pour te dire, la belle,
Que je m'embarque sur l'eau.

2

Cher aimant, si tu t'embarques,
Tu sais que la mer est grande,
La tempête et l'orage
Gagneront ton vaisseau ;
Toi et ton équipage
Couleront au fond de l'eau.

3

Ne crains de rien, la belle,
Nous connaissons le train ;
Le chef de marine,
C'est un vaillant marin.
Il connaît son affaire,
Il nous conduira bien.

4

Ils n'en furent pas sur mer,
A cinq cents lieues sur l'eau,
Le vaisseau se défonce,
Le galant coule à l'eau.
Faut écrire à la belle
Qu'il y a du nouveau.

5

La belle reçut la lettre,
Elle se mit à pleurer.
N'en suis-je pas malheureuse
De n'y avoir qu'un aimant ?
L'orage et la tempête
Me l'enlèv' à l'instant.

Dicté par Jeanne Vugnon, femme Cherel, à Ceyzériat (Ain).

MARION, MON CŒUR

1

Préparez le souper,
Que je veux aller veiller (*bis*)
Chez ma chère maîtresse.
Elle m'a promis son cœur ;
J'en serai son serviteur.

2

Tout en entrant dans la maison,
J'ai salué Marion :
Marion, mon cœur,
Etes-vous déjà couchée ?
Je suis venu ce soir
Pour vous souhaiter le bonsoir.

3

Grand Dieu ! aimant, ⎫
Que vous avez de la peine ! ⎬ *bis*
Asseyez-vous ici,
Sur le bord de mon lit.

4

Je n'y veux point m'y arrêter.
Je m'en vas dans la Comté.
Dans la Comté,
Cher aimant, n'y restez guère.
Quand vous reviendrez,
Nous planterons les lauriers.

5

Vous y avez donc bien resté, } *bis*
Cher aimant, dans vos voyages? }
Les filles de la Comté
Vous y ont donc bien gardé?

Dicté par Jeanne Vugnon, femme Cherel, à Ceyzériat (Ain).

LE ROSSIGNOL DES AMOUREUX

1

Rossignol du bois sauvage,
Rossignol des amoureux,
Va-t-en dire à ma maîtresse.
Tu la trouveras solette,
Solette dans son château.

2

Le rossignol a pris son vol.
Au château d'amour s'en va.
Il s'assit sur la fenêtre,
En disant sa chansonnette.
La belle se réveilla.

3

Qui sont ces mauvaises langues
Qui ont fait chanson de moi ?
Ce sont vos aimants, la belle,
Qui ont fait la chansonnette,
Le soir en s'y promenant.

4

Mie, je pars dimanche,
Je n'emporte rien de vous.
Donnez-moi pour assurance
Un bouquet de fleur d'orange
Pour me souvenir de vous.

5.

Que veux-tu que je te donne ?
Je t'ai déjà trop donné.
Je t'ai donné mon cœur en gage,
Que te faut-il davantage ?
Avec toi, je l'ai perdu.

Dicté par Jeanne Vugnon, femme Cherel, à Ceyzériat (Ain).

ADIEU, CHARMANTE LOUISON

1

J'ai fait une maîtresse,
Trois jours, n'y a pas longtemps;
Si Dieu me la conserve,
Je l'irai voir souvent.
Il y a-t-il du changement?
Je n'en sais rien.
Je pars pour la ville de Lyon,
Adieu, ma charmante Louison!

2

Le beau galant s'y réveille
Trois heures avant le jour,
A la porte de la belle
Trois petits coups frappant:
Réveillez-vous, sommeillez-vous, belle Nanon?
Réveillez-vous, si vous dormez,
C'est votre aimant qui parle à vous.

3

La belle, sans chandelle,
A pris son jupon blanc,
S'en va ouvrir la porte

A son fidèle aimant.
Elle se jette entre ses bras
En lui disant :
C'est donc toi, mon cher aimant,
Que mon cœur aime tant!

4

Je viens de m'engager, belle,
Aujourd'hui pour sept ans;
Au bout de la septième,
Oh ! je t'épouserai.
Mais pour sept ans,
C'est bien longtemps, mon cher aimant.
Je m'en irai parmi les champs,
Toujours pleurant mon aimant.

5

Les garçons de ton village
N'en savent point faire l'amour.
Toujours les mêmes paroles,
Toujours les mêmes discours.
Ils t'y diront plus de cent fois :
Belle, aime-moi;
N'y penses plus à ton aimant,
Car il est mort au régiment.

Dicté par Joseph Brédy, dit Lafleur, à Ceyzériat (Ain).

JE SUIS FILLE SANS AIMANT

1

Je suis fille sans aimant,
Délaissée depuis quelque temps.
Mon aimant est allé à Lille, en Flandre,
Rejoindre son beau régiment.
Moi, qui suis fille pour l'attendre,
Je me suis rendue dans un couvent.

2

Au bout de six mois tout au plus,
Ce cher ami est revenu.
Il va au logis de mon père,
En lui présentant le salut,
En lui disant : Où est ma chère,
Celle que mon cœur aime tant?

3

Celle que ton cœur aime tant,
Elle s'est rendue dans le couvent,
Dans un couvent de religieuses,
Où l'on ne vit qu'en languissant.
Menant une vie extérieure,
L'on y souffre mille tourments.

4

Avec ton or et ton argent,
Je m'en irai dans le couvent,
Dans un couvent de religieuses,
Je prierai pour devenir plus pieuse.
Dessus ces propos-là,
Tout droit au couvent s'en va.

5

Trois petits coups frappe à la porte,
Demande, parla poliment,
Une jeune religieuse, } bis
La plus coquette du couvent.

6

La supérieure du couvent,
Lui dit : Qu'avez-vous, bel enfant ?
Cessez vos pleurs, cessez vos larmes,
Ici n'y entrent pas d'aimant.
Celle qui possédait vos charmes,
Elle s'est rendue dans le couvent.

7

Mère, ayez pitié de moi,
Je viens du service du roi ;
Si elle est au couvent, qu'elle y reste,
Puisqu'elle est soumise à vos lois ;
Mais, par avant que je parte,
Faut que je la voie encore une fois.

8

Après avoir dit d'un air très froid :
Belle, donnez-moi votre doigt ?
J'ai un anneau d'or, je vous le donne,
Le plus sincère de ma foi,
Jamais, je n'en aimerai point d'autres.
Belle, souvenez-vous de moi.

9

La belle, son doigt ne donna pas,
Et son ami est tombé mort.
Quel chagrin pour sa maîtresse !
Toutes les sœurs plaignaient son sort.
Oui, j'ai bien connu ta tendresse,
Mon cher ami, mais tu es mort.

10

Puisque mon ami est mort,
C'est moi qui veux l'ensevelir.
Qu'on m'y apporte un beau drap de roses,
Je veux l'environner de fleurs.
Aussitôt, l'aimant se relève
Pour emmener la jeune sœur.

Dicté par Andréas, à Villereversure (Ain).

A L'OMBRE D'UN LAURIER

1

L'autre jour je m'y promène
Le long de ce vert pré,
A mon chemin faisant rencontre
D'une bergère,
Couchée sous la fougère,
A l'ombre d'un laurier.

2

Je lui ai dit : Ma belle,
Ah ! que fais-tu donc là ?
J'attends mon doux berger
Qui doit venir me prendre.
Il m'a promis la foi
Qu'il n'aimerait que moi.

3

Je lui ai dit : La belle,
Si tu voulais m'aimer,
Je t'y ferais porter
Des coiffures en dentelles,
Avec la robe anglaise
Et les cheveux frisés.

4

Quoique j'en suis pauvre fille,
Fille d'un paysan,
Je m'estime autant
Que toutes ces demoiselles
Qui portent la robe anglaise
Et les cheveux frisés.

Dicté par Jeanne Vugnon, femme Cherel, à Ceyzériat (Ain).

AU SERVICE NATIONAL

1

J'ai quitté le sort des filles
Pour choisir mon régiment ;
C'est la nation qui m'appelle.
Demain, il me faut battre au champ,
Au service national ;
J'y serai, je suis content.

2

Auparavant que je parte,
J'en veux faire mes adieux,
Mes adieux à toutes ces filles
Qui ont pour moi les larmes aux yeux,
A ma charmante maîtresse
Qui s'arrache les cheveux.

3

Nous sommes cinq frères au service :
Il y en quatre grenadiers ;
Il y en a deux en Bavière,
Et deux autres au Piémont.
Moi, qui n'en ai pas la taille,
Je suis soldat du renom.

4

Mon grand-père était hussard,
Et mon père partisan.
Ils ont fait les cent coups du diable;
N'est-il pas juste que leurs enfants,
Au service national,
N'en puissent pas faire autant ?

Dicté par Jean-Marie Suchet, à Rossillon (Ain).

ADIEU, NANETTE

1

Oh! donc, bonjour, mie Nanon.
Tu ne sais pas ce qui m'est arrivé hier?
Oh! j'ai tiré la milice [1],
J'ai-t-apporté le billet noir.
Adieu! donc, ma charmante Nanette,
Je viens t'y dire au revoir.

2

Oh! cher aimant, que me dis-tu?
Je crois que tu as l'esprit perdu.
J'ai encore un peu du bien à vendre,
A vendre, à engager :
J'en ferai un homme à ta place,
Quoiqu'il m'en coûterait mille écus.

3

Chère Nanon, n'engage rien,
Car nous partons demain matin.
Nous partons en Allemagne,
En Allemagne, en Allemand.
Adieu! donc, charmante Nanette,
Je viens t'y faire mes adieux.

Dicté par Jeanne Vugnon, femme Cherel, à Ceyzériat (Ain).

[1] Tirage au sort.

JE REVIENDRAI

1

Toute la nuit, n'ai rien dormi,
Je n'entends que bruit et tapage.
Je crois que c'est mon cher aimant
Qui vient de plier bagage.

2

Quand fut le dimanche matin,
Qui part avec son équipage,
L'en marche d'un pas distingué,
L'en marche sur le pas de ligne.

3

Ma maîtresse n'en fait que pleurer,
Oh! elle en pleure, elle s'y chagrine.
Oh! ne vous chagrinez point tant,
La belle, je vous en prie.

4

Grenadier, beau grenadier,
Quitte un moment tes armes.
Viens tirer ma fille du danger,
Auparavant que tu partes?

5

Quitter mes armes, je ne puis pas,
La nation m'en fait la défense.
Je reviendrai pour t'épouser,
Oh! va, tu peux bien t'y attendre.

Dicté par Jeanne Vugnon, femme Cherel, à Ceyzériat (Ain).

ADIEU, BELLE MARION

1

Adieu ! la belle Marion,
Je m'en vais dedans la guerre
Pour servir la nation,
Je m'en vais dedans la guerre,
Reconsole-toi donc.

2

Comment puis-je me reconsoler.
D'y perdre un aimant que j'aime,
Un aimant prêt à partir,
S'en va faire la décharge à l'ennemi,
S'en va faire la décharge
Avant que de mourir?

3

Oh ! quand tu seras à Ligny,
Dessur le champ de bataille,
Une bombe qui viendra,
Qui t'emportera une jamb' ou bien un bras :
Te voilà dans la misère,
Et moi dans l'embarras.

4

Oh ! je ne crains pas les canons,
Ni les boulets, ni les bombes.
Quand la bombe passera,
Je mettrai ventre à terr' et la bombe éclatera.
De suite, je m'y relève,
M'y voilà bon soldat.

Dicté par Jeanne Vugnon, femme Cherel, à Ceyzériat (Ain).

JULIE

1

Bonjour, ma mie, mon cœur,
Je me suis-t-engagé
Pour aller en Flandre.
Bonjour, ma mie, mon cœur,
Je me suis-t-engagé.
A l'aimable vainqueur,
J'en veux suivre les traces
Du grand couteau de chasse.
Ma mie, j'ai pris parti
Dans ce beau régiment de cavalerie.

2

Cher aimant, que me dis-tu là ?
Que tous tes discours
Me sont infidèles.
Cher aimant, que me dis-tu là ?
Que tu as pris parti
Au service du roi.
Tu n'en es que novice,
Tu n'entends point l'exercice,
Tu n'as aucun savoir
Dans ce régiment, pour y faire ton devoir.

3

J'ai appris tout cela,
Charmante Julie,
Etant en ribotte ;
J'ai appris tout cela,
Charmante Julie,
De ces vieux soldats.
De droit comme de gauche,
Je fais cela tout comme un autre.
Ma mie, j'en sais autant
Que ces vieux soldats qui ont servi trente ans.

4

Si tu veux venir-z-avec moi,
Il te faut venir, la belle, en campagne.
Si tu veux voir le roi,
Il te faut venir,
La belle, avec moi.
Tu verras sa personne,
Son armée qui l'environne.
L'on n'y voit rien d'aussi beau,
Que d'y voir le roi
Dessous ses drapeaux.

5

Vous me parlez du roi,
Ne passerait-il pas dans ce village ?
Vous me parlez du roi,
Ne passerait-il point dans cet endroit ?
J'ai-t-une envie extrême
De voir ce grand roi suprême.
Je donnerais tout mon vaillant
Pour le voir passer un petit moment.

Dicté par Jeanne Vugnon, femme Cherel, à Ceyzériat (Ain).

LA VILLE D'ALEXANDRIE

1

Dans la ville d'Alexandrie,
La fleur de nos jeunesses,
Puisque l'endroit il faut quitter
Sans dire adieu à nos maîtresses.

2

Ma mère ne fait rien que pleurer,
Mon père est en colère
De voir partir son cher enfant
Qui s'en va-t-à la guerre.

3

Ma mère, ne pleurez pas tant,
Père, je vous en prie.
Je reviendrai de jour en jour,
Dans quelque temps pour voir ma mie.

4

Je ferai planter un rosier,
Mie, devant ta porte.
La première fois qu'il fleurira,
Sont nos amours qui nous rappellent.

5

J'ai fait tracer le grand chemin,
Le long de ces rivages.
Tous les oiseaux viendront chanter,
Surtout le rossignol sauvage.

6

Rossignol, mon rossignol,
Apprends-moi ton langage.
Quand tu auras assez chanté,
Rentourne-toi dans le feuillage.

Dicté par Antoinette Basset, femme Perraud, à Rossillon (Ain).

DÉPART DE CONSCRITS

1

De bon matin je me suis levé;
Je m'en fus trouver ma Rosalie:
Je viens de tirer la milice,
J'ai attrapé le mauvais sort.
Cela m'y causera la mort
De te quitter, ma Rosalie.

2

Cher ami, que me dis-tu là?
Mes yeux n'en sont mouillés de larmes.
Oh! va-t-en parler à mon père,
Il te donnera de l'argent;
Sera pour faire un remplaçant,
Où il sacrifiera ma fortune.

3

Le lendemain, je me suis levé,
Je m'en fus trouver mon capitaine:
Oh! donc, bonjour, mon capitaine,
Je vous apporte de l'argent,
Sera pour faire un remplaçant.
Oh! faites-le, quoiqu'il m'en coûte.

4

Cher ami, la loi le défend
De remplacer de si beaux hommes.
Entrez dans la garde impériale,
Quand vous serez dans ce beau corps,
Vous y serez sergent-major.
Ça fait honneur à la famille.

5

Pour de l'honneur, j'en ai assez ;
J'aimerais mieux ma Rosalie.
Il faut quitter plaines, vallons,
Il faut quitter ma Rosalie.
Adieu! pour la dernière fois,
Adieu! ma chère Rosalie.

Dicté par Jean-Marie Suchet, dit Trois-Vieilles, à Rossillon (Ain

LE VINGT-DEUX DU MOIS D'AVRIL

1

Le vingt-deux du mois d'avril,
Camarades, il faut partir ;
Partons, partons, chers militaires,
Il faut tous partir pour l'Angleterre.

2

A peine sont-ils arrivés,
Que les canons sont tous braqués.
Ils ont bien tiré cinq ou six heures,
Sans avoir aucune blessure.

3

Le colonel vient à passer :
N'a-t-il point de soldats blessés ?
Oh ! non, oh ! non, mon colonel,
Il n'y a que moi, le porte-enseigne.

4

Oh ! porte-enseigne, mon ami,
Te fâche-t-il bien de mouri ?
Tous les regrets que j'ai au monde,
C'est de mourir sans voir ma blonde.

5

Pour ta blonde, mon ami,
Nous la ferons bien veni.
Tous te la ferons venir sur semaine
Par quatre officiers de guerre.

6

De tant loin qu'il l'a vue venir,
Il a entendu ses longs soupirs.
Ne sospirez pas tant, ma blonde,
Car ma blessure est trop profonde.

7

J'engagerais mes beaux chevaux,
Mon équipage et mon manteau,
J'engagerais ma belle coiffure,
Galant, pour guérir ta blessure.

8

Mon bon ami, n'engage rien,
Tout ne te servira de rien.
N'engage rien dans ce monde,
Car ma blessure est trop profonde.

Dicté par Jeanne Vugnon, femme Cherel, à Ceyzériat (Ain).

LA NATION FAIT BRILLER SES ARMES

1

La nation fait briller ses armes.
Viens t'engager, mon fidèle aimant.
Il s'est engagé pour la Flandre, } bis
Oh ! je le crois bien malheureux. }

2

Oh ! dis-moi donc, cher camarade,
Quel regret as-tu en partant ?
Oh ! je ne regrette point la ville,
Ni les messieurs qui sont dedans ;
Je n'y regrette qu'une fille
A l'âge de seize à dix-huit ans.

3

Oh ! ne regrette point les filles,
Partout où tu iras, tu en trouveras
D'aussi jolies, d'aussi bien faites, } bis
Qu'ici elles sont à présent. }

4

Tiens ce ruban, aimant, avant que tu partes.
Puisqu'il vient de toi, je ne le veux point.
Sera pour faire une rosette   } *bis*
A la poignée de ton épée.

5

Tiens ce mouchoir, belle, avant que je parte.
Puisqu'il vient de toi, je ne le veux pas.
Sera pour essuyer tes larmes,   } *bis*
Pour t'y ressouvenir de moi.

Dicté par Jeanne Vugnon, femme Cherel, à Ceyzériat (Ain).

CHANSONS

RELATIVES AU MARIAGE

CHANSONS RELATIVES AU MARIAGE

MARIEZ-MOI

1

Mariez-moi, ma mère,
Je veux m'y marier.
Mariez-moi, car l'amour m'y tourmente ;
Mariez-moi, j'en serai plus contente.

2

Pour t' marier, ma fille,
Quel aimant as-tu donc?
Notre voisin, vous le savez, ma mère;
C'est celui-là que mon petit cœur aime.

3

Notre voisin, ma fille,
Ce n'est qu'un riboteur,
Un riboteur, un chercheur de querelles,
La nuit, le jour, caressant la bouteille.

4

Caresser la bouteille,
Ce n'est point un défaut.
Tous les garçons aim' chanter, boir' et rire;
C'est pour savoir la volonté des filles.

5

La volonté des filles,
Difficile à savoir :
Venez ce soir, l' vous diront une chose;
Venez demain, l' vous en diront une autre

Dicté par Joseph Brédy, dit Lafleur, à Ceyzériat (Ain).

DANS LA VILLE DE RENNES

1

J'ai bien resté cinq ou six mois
Dans la ville de Rennes.
J'ai bien resté, suivant la loi,
Tenant ma mie auprès de moi,
Sur le bord d'une fontaine.

2

La belle ne fait que pleurer,
S'en va dire à sa mère :
Mère, donnez-moi-s-un mari ;
Je l'aimerai toute ma vie,
Comm' vous aimez mon père.

3

Ma fille, à quoi y penses-tu,
A ces soldats de guerre ?
Nous n'avons rien que toi d'enfant,
Nous te marierons richement,
Nous t'y ferons des richesses.

4

Mère, mon cœur n'est point porté,
Porté pour les richesses.
J'aimerais mieux mon petit chasseur:
Il est mieux gravé dans mon cœur
Que toute votre richesse.

5

Ma fille, il faut le demander
Au ministre de guerre.
Si le ministre y consent,
Nous écrirons à tous tes parents;
Nous t'y marierons, ma fille.

6

Le ministre en a répondu
Bien des tristes nouvelles :
La guerre est déclarée partout,
Nos petits chasseurs partiront tous.
Adieu ! les filles de Rennes !

7

Adieu ! mon aimant Alexis,
Celui que mon cœur aime !
Puisque tu vas en garnison
Dedans la-ville de Montbrison,
Adieu la fille de reste.

Dicté par Joseph Brédy, dit Lafleur, à Ceyzériat (Ain).

LES DEUX AMANTS

1

Oh! dis-moi donc, l'aimant que j'aime,
Quand nous marierons-nous les deux?
Si tu avais six mille francs,
Nous parlerions du mariage ;
Mais tu n'as pas six sous vaillant,
Tu resteras fille longtemps. (*bis*)

2

Si ce n'est que l'argent qui te mène,
Galant, n'y reviens plus chez moi,(*bis*)
M'y raconter tes amourettes ;
Galant, n'y reviens plus chez moi,
M'y raconter tes embarras. (*bis*)

3.

Adieu! la belle, je te quitte;
Dedans la guerre je m'en vas : (*bis*)
C'est pour servir la République.
Je m'en irai dedans Lyon :
C'est pour servir la Nation. (*bis*)

4

Si tu savais, dedans la guerre,
On est nourri comme des bourgeois : (*bis*)
Du bon pain blanc, la soupe grasse.
Dans mon pays, on n'en mange pas,
C'est pour cela que je m'en vas. (*bis*)

Dicté par Joseph Brédy, dit Lafleur, à Ceyzériat (Ain).

ADIEU, BELLE ISABEAU

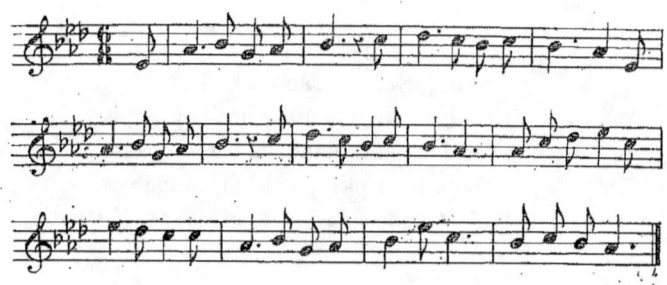

1

Là-haut sur ces vallons, ⎫ bis
L'y a-t-une bergère, ⎭
L'y a-t-une bergère
Là-haut sur ces vallons,
Gardant ses blancs moutons.

2

Il y vient à passer ⎫ bis
Un joli capitaine, ⎭
Un joli capitaine,
Qui lui a demandé :
Êtes-vous mariée ?

3

Oh ! j'en suis mariée ⎫ bis
Mal à ma fantaisie, ⎭
Mal à ma fantaisie,
Avec un vieux jaloux
Qui m'y bat tous les jours.

4

Pourquoi l'avez-vous pris, ⎫ bis
Vous, qui êtes si jolie ? ⎭
Vous, qui êtes si jolie ?
Qui avez si bonne façon,
Vous mérit' un garçon.

5

N'en parlez pas si fort, ⎫ bis
Mon mari vous écoute, ⎭
Mon mari vous écoute ;
Et, s'il vous entendait,
Peut-être il vous battrait.

6

Laissez-le voir venir, ⎫ bis
J'ai de quoi me défendre, ⎭
J'ai mon pistolet double
Et mon fusil garni ;
Laissez-le voir venir.

7

Adieu, belle Isabeau ! ⎫ bis
Je m'en vais dans la guerre, ⎭
Je m'en vais dans la guerre,
Rejoindre mon drapeau.
Adieu, belle Isabeau !

Dicté par Claude Dérognat, à Ramasse (Ain).

MON PÈRE ME MARIE

1

Mon père m'y marie,
Je n'en ai pas l'envie,
Avec un avocat.
Mais vous ne m'entendez guère,
Avec un avocat,
Mais vous ne m'entendez pas.

2

Le premier jour des noces,
Cela n'est-il pas drôle ?
Avec lui je couchas.
Mais vous ne m'entendez guère,
Avec lui je couchas.
Mais vous ne m'entendez pas.

3

Il me tourna l'épaule,
Cela n'est-il pas drôle?
L'épaule il me tourna.
Mais vous ne m'entendez guère,
L'épaule il me tourna,
Mais vous ne m'entendez pas.

4

Moi, je pris-t-une épingle,
Suis-je pas fille à plaindre?
Au bras je le piquas.
Mais vous ne m'entendez guère,
Au bras je le piquas,
Mais vous ne m'entendez pas.

5

Finissez, Marguerite,
Finissez donc, ma mie,
J'ai mal à l'estomac.
Mais vous ne m'entendez guère,
J'ai mal à l'estomac,
Mais vous ne m'entendez pas.

6

Le matin, quand je me lève,
Je prends mon habit vert,
Chez mon père je m'en vas.
Mais vous ne m'entendez guère,
Chez mon père je m'en vas,
Mais vous ne m'entendez pas.

7

Oh ! donc, bonjour, mon père,
Sans oublier ma mère ;
J'ai quitté l'avocat.
Mais vous ne m'entendez guère,
J'ai quitté l'avocat,
Mais   ne m'entendez pas.

8

Rentourne t'en, ma fille,
Car l'avocat est riche,
Son bien te nourrira.
Mais vous ne m'entendez guère.
Son bien te nourrira.
Mais vous ne m'entendez pas.

9

Ah ! diable sa richesse,
Autant sa vocatesse !
Les plaisirs n'y sont pas.
Mais vous ne m'entendez guère,
Les plaisirs n'y sont pas,
Mais vous ne m'entendez pas.

Dicté par Joseph Brédy, dit Lalleur, à Ceyzériat (Ain).

JE N'IRAI PLUS AUX CHAMPS

1

C'est demain dimanche,
Que je n'irai plus en champ.
Hélas! je me marie
Comme les autres.
J'aurai des petits poupons
Comme les autres en ont.

2

Taisez-vous, petite sotte,
De quoi les nourrirez-vous ?
Avec de la farine,
Comme les autres,
Avec du lait de mes tétons
Comme les autres font.

3

Taisez-vous, petite sotte,
Vous n'avez pas de tétons.
Mon mari est jeune
Comme les autres,
Il m'en fera venir
Comme les autres aussi.

4

Taisez-vous, petite sotte,
De quoi les habillerez-vous ?
Avec des guenilles,
Comme les autres.
Guenilles, guenillons,
Comme les autres font.

Dicté par Jeanne Vugnon, femme Cherel, à Ceyzériat (Ain).

JE VEUX M'Y MARIER

1

Mariez-moi, ma mère,
Je veux m'y marier.
J'en suis fille dans l'âge
De m'y mettre en ménage.
J'ai dix-huit ans passés,
Je veux m'y marier.

2

Pour t'y marier, ma fille,
Quel aimant as-tu donc?
C'est un garçon de ville,
D'une bonne famille ;
Un garçon d'amitié ;
Savoir si je l'aurai.

3

La mère dit à sa fille :
Ma fille, faites-y,
Faites-y une lettre,
Mettez-la à la recette,
A ce jeune garçon,
Pour savoir si nous l'aurons.

4

Quand le galant a vu la lettre,
L'a monté à chevau.
L'en prend sa baïonnette,
Son chapeau sur l'oreille,
Son sabre à son côté,
S'en va s'y marier.

5

Qu'on dresse bien la table, ⎫
Du vin dessur la table, ⎬ bis
Des pièces de jambon
Pour le jeune garçon.

Dicté par Jeanne Vuguon, femme Cherel, à Ceyzériat (Ain).

LA VERDURETTE

1

Je voudrais bien m'y marier,
Mais j'ai trop peur de m'y tromper,
J'en veux rester fillette,
La verdurette, durette,
J'en veux rester fillette,
La verdurette du bois.

2

Je n'en veux point-z-un cordonnier,
Car j'ai trop peur de ses tire-pieds,
La forme par la tête,
La verdurette, durette,
La forme par la tête,
La verdurette du bois.

3

Je n'en veux point-z-un maréchau,
Car j'ai trop peur de son gros marteau,
L'enclume par la tête,

La verdurette, durette,
L'enclume par la tête,
La verdurette du bois.

4

Je n'en veux point-z-un vigneron,
Le ressemblance d'un cochon,
Toujours le nez en terre,
La verdurette, durette,
Toujours le nez en terre,
La verdurette du bois.

Dicté par Jeanne Vugnon, femme Chérel, à Ceyzériat (Ain).

PETITE JOSETTE

1

Il y avait la petite Josette
Qui voulait se marier
Avec un boulanger de ville
Qui a fort bonne mine.
Il apprend son métier ;
Il veut se marier.

2

La mère, dit à sa fille :
Avez-vous d'autr' aimants ?
Je n'ai que ce boulanger de ville,
Qui a fort bonne mine,
Qui apprend son métier ;
Il veut se marier.

3

La mère dit à sa fille :
Faut lui envoyer une lettre
Qui marche sans retraite,
Qu'il vienne sans tarder
S'il veut s'y marier. (*bis*)

4

Quand le galant reçut la lettre,
L'a bridé son cheval.
Prend son fusil, sa baïonnette.
S'en va voir sa mignonette,
Sa ceinture bien dorée
Pour aller s'y marier.

5

Entrant dedans la ville :
Bonjour la compagnie,
Sans oublier ma mie, (*bis*)
Celle que j'aime tant ;
Avec elle j' veux passer mon
[temps.

6

Qu'on apporte sur table
Trente-six bouteilles de vin.
Que ce soit du vin de Naples,
Du plus agréable ;
Une cuisse de mouton
Pour faire collation.

7

Qui ont fait la chansonnette,
Ce sont trois bons lurons,
Avec la petite fille
Qui promène Cécile,
Le soir et le matin,
Le long de son jardin.

Dicté par Antoinette Basset, femme Perraud, à Rossillon (Ain).

ROSE

1

C'est une fille, Rose,
Qui veut se marier :
Mère, ne suis-je pas dans l'âge
De m'y mettre en ménage ?
J'ai quatorze ans passés,
Je voudrais m'y marier.

2

Pour te marier, ma fille,
Quel aimant as-tu donc ?
Mère, c'est un bourgeois de cette ville,
Qui a très bonne mine ;
Un garçon de métier,
Qui voudrait s'y marier.

3

La mère dit à sa fille :
Il nous faut le demander ;
Faut lui écrire-t-une lettre
Qui marche par adresse,
Qu'il vienne nous parler
Ce soir sans plus tarder.

4

Le garçon reçoit la lettre,
Attelle son chevau.
Il en prit sa baïonnette,
Son chapeau sur l'oreille,
Le sabre à son côté,
S'en va la demander.

5

Tout en entrant la cour,
On détclle son chevau.
Oh ! donc, bonsoir la compagnie,
Sans oublier ma mie.
Je viens dans ce moment,
N'y perdrais-je point mon temps?

6

La mère dit à sa fille :
Il faut faire un bon souper,
Il nous faut mettre une blanche nappe,
Du bon vin sur la table,
Un gigot de mouton
Qui fait trouver le vin bon,

7

Le galant se mit à table,
A boire et à manger.
Il se mit à côté de sa belle,
A parler d'amourettes,
En se disant, chaque instant:
Trinquons, mon cher aimant.

Dicté par Jean Bichat, à Villereversure (Ain).

MARIEZ-MOI

1

Mariez-moi, ma mère,
Je veux me marier (*bis*)
Avec la jeune veuve.
Mère, si vous voulez,
Je veux me marier.

2

Tu veux te marier,
Tu veux me décomplaire,
Moi que je t'ai nourri
Le temps de ta jeunesse.
Il vaudrait mieux pour toi
Epouser la fillette.

3

Mère, ma douce mère,
Les filles d'à présent (*bis*)
Ell' en sont bien trop fières.
Elles n'ont pas de l'argent
Et moi je n'en ai guère.

4

Mère, ma douce mère,
La veuve a de l'argent (*bis*)
Et son petit ménage.
Elle ne demande rien
Que mon petit cœur sage.

Dicté par Joseph Brédy, dit Lafleur, à Ceyzériat (Ain).

LE MARIAGE DE FRANÇOISE

1

Les bans publiés,
C'est pour marier Françoise.
Les bans publiés.
Il faut la marier.
L'on invite ses parents,
Chacun parle à ses gens
Pour bien marier Françoise
Dans le même instant.

2

Ah ! le beau repas
Que l'on a fait pour Françoise.
Ah ! le beau repas
Que l'on a fait ce soir.
Tambours, fifr' et violons,
La musique et le clairon
Pour bien marier Françoise
Avec ce bon garçon.

3

Les coups de fusils
Faisaient trembler le village.
Les coups de canon
Faisaient trembler Lyon.
Les enfants dans leur lit
Qui tremblaient toute la nuit
De voir marier Françoise
Cette aimable nuit.

Dicté par Joseph Brédy, dit Lafleur, à Ceyzériat (Ain).

LAN TURE LURE

1

Bonjour donc, père Ducasin, (*bis*)
A toute la compagnie,
Lan ture lure, lan lire lire,
A toute la compagnie,
Lan ture lure, lon la.

2

Je viens pour vous demander (*bis*)
L'une ou l'autre de vos filles,
Lan ture lure, lan lire lire,
L'une ou l'autre de vos filles,
Lan ture lure, lon la.

3

Laquelle demandez-vous ? (*bis*)
La Marion, la plus jolie,
Lan ture lure, lan lire lire,
La Marion, la plus jolie,
Lan ture lure, lon la.

4

L'aînée, qu'est au coin du feu, (bis)
Qui gémit et qui soupire,
Lan ture lure, lan lire lire,
Qui gémit et qui soupire,
Lan ture lure, lon la.

5

Nous vous donnerons riche marchand, (bis)
Un marchand de pommes cuites,
Lan ture lure, lan lire lire,
Un marchand de pommes cuites,
Lan ture lure, lon la.

6

Vous les irez vendre à Bordeaux, (bis)
Sur le pont de Sainte-Marie,
Lan ture lure, lan lire lire,
Sur le pont de Sainte-Marie,
Lan ture lure, lon la.

Dicté par Jeanne Vugnon, femme Cherel, à Ceyzériat (Ain).

LE MARIAGE D'UN BOSSU

1

Maman, j'ai un aimant si drôle,   ⎫ bis
Tous les dimanches il me vient voir. ⎭
Il est bossu, il est tordu,
Peut-être est-il encore cocu.
Il a cependant bien, ma mère,
Il a cependant bien des écus.

2

Maman, il doit venir dimanche ;
Je l'attends le soir pour souper.
Je suis en grande patience,
Je voudrais que cela fût fait.
Il faut l'aimer, le caresser,
Lui faire voir tes amitiés ;
Et après tout cela, ma fille,
Jamais lui dire ta pensée.

3

Prends, prends-le toujours, ma fille,
Prends-le toujours, va, ne crains rien.
Moi, j'ai bien fait longtemps la fille,

Ton papa n'en savait rien.
Tout ira bien, nous en ferons un grand festin,
Nous danserons la cabriole
Tout autour de notre jardin.

4

Jamais l'on n'a vu de si belles noces ;
De tous les côtés le monde venait.
Les uns arrivaient en carrosse,
Les autres en cabriolet.
Ah ! le bien poudré, ah ! le bien frisé,
Il ressembl' à un jeune cadet.
Un beau manteau dessur sa bosse,
Pour cacher ses infirmités.

Dicté par Joseph Brédy, dit Lafleur, à Ceyzériat (Ain).

LE LONG DE LA SEINE

1

Tout le long de la Seine,
Tout le long de la mer,
J'entends le rossignolet chanter,
Qui dit dans son langage :
Que les amants sont malheureux
Dedans le mariage !

2

Le lendemain des noces,
Comment en vivrons-nous ?
Nous y vendrons ton anneau d'or,
La plus belle de tes robes,
Et quand nous aurons de l'argent,
Nous t'en achèterons un autre.

3

Le lendemain des noces,
Comment souperons-nous ?
Nous vendrons ton habit noir,
Ton habit de pénitence.
Et vous, mon cher époux,
Le chapeau de complaisance.

4

Hélas ! la pauvre fille !
Elle ne fait que pleurer.
Elle s'en va chez sa mère
Pour se reconsoler.
Adieu, papa ! adieu, maman ! adieu, cher frère !
J'ai quitté mes beaux jours pour la misère.

Dicté par Joseph Brédy, dit Lalleur, à Ceyzériat (Ain).

ROSETTE

1

Entre quatorze et quinze ans
Rosette s'y marie.
L'a pris un homme riche
Qu'a bien quatre-vingts ans.
La petite Rosette,
Comment passer son temps ?

2

Le vieux vieillard la prit par
[la main,
Il la mène à l'église.
Vois-tu, Rosette,
Voici tous tes parents.
Ma petite Rosette,
L'en sont tous bien contents.

3

Le vieux vieillard la prit par
[la main,
Il la mène à la table.
Mange, Rosette,
De ce fricot ragotant.
Ma petite Rosette,
Ménageons bien nos dents.

4

Le vieux vieillard la prit par
[la main,
Il la mène dans sa chambre.
Vois-tu, Rosette,
En voici ton blanc lit.
Vois-tu, Rosette,
Tu passeras la nuit.

Dicté par Jeanne Vugnon, femme Cherel, à Ceyzériat (Ain).

MON PÈRE ME MARIE

1

Mon père m'y marie
A l'âge de quinze ans.
Il m'a donné-t-un homme
Qu'a bien quatre-vingts ans.
Et moi jeune fillette,
Comment passer mon temps ?

2

Le premier jour des noces
Que je couche avec lui,
Il me tourna l'épaule,
Il dort toute la nuit.
Et moi pauvre fillette,
Comment passer ma vie ?

3

La servante se lève : } bis
Mon maître, éveillez-vous; }
Reconsolez votre épouse
Qui pleure auprès de vous.

4

Que veux-tu que j'y fasse ?
La fièvre m'a surpris;
Un grand mal de tête,
En danger d'en mourir,
Je vous prie, la belle,
Oh ! d'en changer de lit.

5

La belle se prend, se lève,
Chez son père elle s'en va :
Oh ! donc, bonjour, mon père,
Mon père, ma mère aussi.
Vous m'y avez donné n'homme
Qui dort toute la nuit.

6

Prends patience, ma fille,
Ce n'est qu'un vieux vieillard ;
Il a la barbe grise.
Peut-être il en mourra.
Tu seras l'héritière
De ce riche marchand.

Dicté par Jeanne Vugnon, femme Cherel, à Ceyzériat (Ain).

LE PREMIER SOIR DES NOCES

1

Mon père me marie.
L'autre dit jour, pour mon malheur,
Il m'a donné un vieillard d'homme
Qui n'entend pas le jeu d'aimer.

2

Quand fut le premier soir des noces,
Avec lui j'allai coucher.
Il me tourna, tourna l'épaule,
Moi, je lui tourne le côté.

3

Il n'en fut pas onze heures sonnées
Que le vieillard se réveilla :
Lève-toi donc, charmante brunette,
Prends ta quenouile et va-t-en filer.

4

Comment veux-tu que je m'y lève,
Moi, que je n'ai-t-encore rien dormi ?
Lève-toi donc, charmante brunette,
Encore une fois, lève-toi.

5

J'en ai bien fait quatre à cinq fusilles[1]
Que l'allouette chante la pointe du jour.
Chante, chante, gaillarde allouette,
Que Dieu nous donne de beaux jours !

6

J'aimerais mieux être cheval d'Espagne,
J'en mangerais du foin mon saôul,
J'en mangerais du foin, de l'avoine;
Trois coups d'étrille à la pointe du jour !

Dicté par Jean-Marie Suchet, dit Trois-Vieilles, à Rossillon (Ain).

[1] Écheveaux.

LES PLAINTES

1

Suis-je pas du malheur
De m'être mariée ?
D'avoir pris un homme,
C'est un riboteur.

2

Toute la semaine
Il est toujours saôul,
Sans s'y mettre en peine
D'y gagner cinq sous.

3

Ma femme m'y gronde,
N'a pas le sujet.
De boire bouteille,
Ça rend le cœur gai.

4

De boire bouteille
Je t'empêche pas,
D'aller voir les filles,
Ça t'y convient pas.

5

D'aller voir les filles
Ruine la maison.
Laisse la pratique
A ces jeunes garçons.

Dicté par Antoinette Basset, femme Perraud, à Rossillon (Ain).

BELLE CATIN

1

Catin, belle Catin,
Où sont-ils tes blancs seins
Que tu m'as fait voir ce matin ? —
Mes blancs seins sont couvris
A cause de mon mari
Qui n'entend point la jalousie.

2

Catin, belle Catin,
Où est donc ton mari,
Qu'il n'est point ce soir ici ?
Mon mari est au bois,
Ne revient que demain.
Couchons-nous deux, belle Catin.

3

Ami, mon bel ami,
N'en parle point si haut,
Que mon beau-père en est là-haut.
Oh ! s'il entend cela,
Le dira à mon mari
Qui n'entend point la jalousie.

4

Catin, belle Catin,
Ne crains point ton mari,
C'est le plus grand de mes amis.
J'ai douze mille francs,
Je lui ferai présent,
Et ton mari sera content.

5

Ami, mon bel ami,
Ne les présente pas,
Car mon mari
Ne les prendra pas.
J'aimerais mieux mourir, cent fois mourir
Que désobéir à mon mari !

6

Catin, belle Catin,
Veux-tu venir avec moi,
Là-haut dedans le bois ?
Nous entendrons chanter
Tous ces petits oiseaux,
Qui chanteront des airs nouveaux.

Dicté par Jeanne Vugnon, femme Cherel, à Ceyzériat (Ain).

PETIT DIAN (PETIT JEAN)

1

Petit Dian de bon matin se lève,
Hue, hue, hue, tra la lidera,
Petit Dian, de bon matin se lève,
Au bois s'en va fagotant.

2

Laisse sa femme couchée,
Hue, hue, hue, tra la lidera,
Laisse sa femme couchée.
Mon déjeuner tu m'apporteras.

3

Quand il est vers les onze heures,
Hue, hue, hue, tra la lidera,
Quand il est vers les onze heures,
Son déjeuner ne vient pas.

4

Petit Dian prend sa ceinturette,
Hue, hue, hue, tra la lidera,
Petit Dian prend sa ceinturette,
Et puis déjeuner il s'en va.

5

Trouve sa femme couchée,
Hue, hue, hue, tra la lidera,
Trouve sa femme couchée,
Un avocat entre ses bras.

6

Petit Dian, mange ta soupe,
Hue, hue, hue, tra la lidera,
Petit Dian, mange ta soupe
Et puis ton morceau de lard.

7

Pendant qu'il mange sa soupe,
Hue, hue, hue, tra la lidera.
Pendant qu'il mange sa soupe,
Le chat emporta son lard.

8

Vrai Dieu! après lequel irai-je?
Hue, hue, hue, tra la lidera.
Vrai Dieu! après lequel irai-je
De ma femme ou de mon lard?

9

Je me tourne dernier la porte,
Hue, hue, hue, tra la lidera,
Je me tourne dernier la porte,
Un gros bâton j'y trouve.

10

Je n'en donne dessus ma femme,
Hue, hue, hue, tra la lidera
Je n'en donne dessus ma femme,
De temps en temps sur l'avocat.

Dicté par Jean-Marie Suchet, dit Trois-Vieilles, à Rossillon (Ain).

MON PETIT CŒUR VIT SANS SOUCI

1

Oh ! que les femmes sont folles
D'obéir à leurs maris !
J'en ai bien un comme les autres,
Mon petit cœur vit à son aise ;
Je lui fais bien obéi ;
Mon petit cœur vit sans souci.

2

Mon mari, je m'en vas à la messe ;
Tu balieras ma chambrette,
Tu feras aussi mon lit,
Mon petit cœur vit à son aise,
Tu feras aussi mon lit,
Mon petit cœur vit sans souci.

3

Quand la dame arrive :
Tu n'as pas balié la chambrette,
Tu n'as pas fait mon lit,
Mon petit cœur vit à son aise,
Tu n'as pas fait mon lit,
Mon petit cœur vit sans souci.

4

Oh! mari, quitte ta culotte
Pour te fouette, acquitt', acquitte,
Pour te fouette à mon plaisi,
Mon petit cœur vit à son aise,
Pour te fouette à mon plaisi,
Mon petit cœur vit sans souci.

5

Oh! donc, pardon, ma femme,
Je balierai ta chambrette,
Je ferai aussi ton lit,
Mon petit cœur vit à son aise,
Je ferai aussi ton lit,
Mon petit cœur vit sans souci.

6

Mon mari, je m'en vas au bal,
Tu apporteras la lanterne,
Mon manteau pour me couvri,
Mon petit cœur vit à son aise,
Mon manteau pour me couvri,
Mon petit cœur vit sans souci.

7

Quand le mari arrive,
Les dames se mettent à dire :
Voilà un gentil mari,
Mon petit cœur vit à son aise,
Voilà un gentil mari,
Mon petit cœur vit sans souci.

8

Il mérite un coup à boire ;
Il faut aller en quéri, *(bis)*
Mon petit cœur vit à son aise,
Il faut aller en quéri,
Mon petit cœur vit sans souci.

9

Le bon vin c'est pour les dames,
L'eau-de-vie pour les maris.
S'ils n'en veulent encore boire,
Mon petit cœur vit à son aise,
Faudra n'en aller quéri,
Mon petit cœur vit sans souci.

Dicté par Antoinette Basset, femme Perraud, à Rossillon (Ain).

J'AIME TANT MON MARI

1

Mon mari est bien malade,
Il a la fièvre, Dieu merci !
Il m'a demandé des pommes,
Des pommes de mon pays.
J'aime tant, tant, tant,
J'aime tant mon mari.

2

Moi, qui suis si diligente,
Je fus vite l'en quéri.
Je partis à la Pentecôte,
Je revins au mois d'avril.
J'aime tant, tant, tant,
J'aime tant mon mari.

3

Quand je fus sur la montagne,
J'entendis sonner pour lui.
Je pris à ma main mes ga-
                  [loches,
Je me mis vite à couri.
J'aime tant, tant, tant,
J'aime tant mon mari.

4

En entrant dedans la chambre.
Il est étendu sur le lit,
Dedans cinq aunes de toiles
Qui n'avaient jamais servi.
J'aime tant, tant, tant,
J'aime tant mon mari.

5

Je pris mes ciseaux finettes,
Point à point les décousis.
Quand je fus près de la bouche,
J'avais peur qu'il me mordît.
J'aime tant, tant, tant,
J'aime tant mon mari.

6

Quand on le porta en terre,
Je sautais comme un cabri.
Et tous les jours sur sa tombe,
Je venais chanter pour lui.
J'aime tant, tant, tant,
J'aime tant mon mari.

Dicté par Jean-Marie Suchet, dit Trois-Vieilles, à Rossillon (Ain.)

RONDES

RONDES

BELLE ROSE

And.

1

Mariez-vous, jeunes fillettes, (*bis*)
Mariez-vous, car il est temps,
  Belle Rose;
Mariez-vous, car il est temps,
Belle rose du printemps.

2

Comment veux-tu que je m'y marie, (*bis*)
J'en suis engagée pour un an,
  Belle Rose;
J'en suis engagée pour un an,
Belle rose du printemps.

3

Combien y gagnez-vous, la belle? (*bis*)
J'y gagne cent écus par an,
   Belle Rose;
J'y gagne cent écus par an,
Belle rose du printemps.

4

Venez-y avec moi, la belle; (*bis*)
Je vous en donnerai autant,
   Belle Rose;
Je vous en donnerai autant,
Belle rose du printemps.

5

Vous coucherez avec ma mère, (*bis*)
Avec moi le plus souvent,
   Belle Rose;
Avec moi le plus souvent,
Belle rose du printemps.

6

D'y coucher avec les hommes. (*bis*)
Ma mère me le défend,
   Belle Rose;
Ma mère me le défend,
Belle rose du printemps.

7

Votre mère est une sotte, (*bis*)
Elle en a bien fait autant,
    Belle Rose;
Elle en a bien fait autant,
Belle rose du printemps.

Dicté par Marie Piane, à Villereversure (Ain).

LE VIGNERON

CHANSON DE LA SAINT-VINCENT

1

Oh! c'est un vigneron,
Oh! tra la la, la la dera!
Oh! c'est un vigneron
Qui n'avait qu'une fille. *(ter)*

2

Son père l'envoit au bois,
Oh! tra la la, la la dera!
Son père l'envoit au bois
Pour cueillir des noisettes. *(ter)*

3

Le bois était trop grand,
Oh! tra la la, la la dera!
Le bois était trop grand
La belle trop petite. *(ter)*

4

La belle s'est endormie,
Oh! tra la la, la la dera!
La belle s'est endormie
Sur un fagot d'épines. *(ter)*

5

Oh! il vient à passer,
Oh! tra la la, la la dera!
Oh! il vient à passer
Trois chevaliers de mine. *(ter)*

6

Le premier en a dit,
Oh! tra la la, la la dera!
Le premier en a dit :
Je vois là-bas ne fille. *(ter)*

7

Le second en a dit,
Oh! tra la la, la la dera!
Le second en a dit :
Grand Dieu! qu'elle est jolie!(*ter*)

8

Le troisième en a dit,
Oh! tra la la, la la dera!
Le troisième en a dit :
J'en veux faire ma mie. (*ter*)

Dicté par Joseph Brédy, dit Lafleur, à Ceyzériat (Ain).

AUPRÈS DE MA BLONDE

1

Dernier, chez mon père,
Les lauriers sont fleuris.
Tous les oiseaux du monde
Y viennent faire leurs nids.

REFRAIN

Auprès de ma blonde,
Qu'il fait bon, fait bon, fait bon,
Auprès de ma blonde,
Qu'il fait bon dormir !

2

La blanche tourterelle,
La caille et la perdrix,
Et ma jolie colombe
Qui chante jour et nuit.

3

Elle chante pour ces filles
Qui n'ont pas de maris ;
Ne chante pas pour moi,
Car j'en ai un joli !

4

Que donnerez-vous, la belle,
Nous irons le quéri ?
Je donnerais Versailles,
Paris et Saint-Denis.

5

Je donnerais Versailles,
Paris et Saint-Denis,
Et la jolie fontaine
Qui coule jour et nuit.

6

Et la jolie fontaine
Qui coule jour et nuit,
L'église de notre village,
Et le curé-z-aussi !

Dicté par Rosalie Perret, à Ceyzériat (Ain).

DIG-DING

1

Là-bas, dans la prairie,
J'ai fait bâtir moulin, dig-ding;
La première qui vient moudre,
C'est la fille à Martin, dig-ding.

REFRAIN

Oh! revenez-y toutes,
Les belles jolies filles, moudre
Dedans mon moulin, dig-ding,
Car il est en train de moudre.

2

Elle apporte trois coupes ;
Elle en retourne cinq, dig-ding ;
La belle s'y endort
Au tic-tac du moulin, dig-ding.

3

Ça, répondit sa mère,
Ça revenge donc bien, dig-ding ?
Le meunier lui fait dire :
C'est de la bonn' en grain, dig-ding.

Dicté par Joseph Brédy, dit Lafleur, à Ceyzériat (Ain).

LA JOLIE FLAMANDE

1

Dedans Paris, l'y a, dig-di,
T-une jolie Flamande
Qui voudrait bien s'y marier, dig-di ;
Personne ne la demande.
   Oh! lon la, la la la dera, la lon la la li la lande !

2

C'est le fils d'un cordonnier, dig-di,
Qui en a fait la demande ;
Son père le veut bien, dig-di,
Sa mère en est contente.
   Oh! lon la, etc.

3

N'y a qu'un de ses parents, dig-di,
Qui en est en différence.
Malgré tous nos parents, dig-di,
Nous nous marierons ensemble.
　Oh! lon la, etc.

4

Aux quatre coins du lit, dig-di,
Quatre pommes d'orange.
Tout au milieu du lit, dig-di,
Le rossignol y chante.
　Oh! lon la, etc.

5

Chante, rossignol, chante, dig-di ;
Tu auras pour récompense,
Tu auras pour récompense, dig-di,
Une soupe à l'orange.
　Oh! lon la, etc.

Dicté par Jeanne Vugnon, femme Cherel, à Ceyzériat (Ain).

VIREZ-VOUS, TOURNEZ-VOUS

Oh! lon la, virez-vous,
Oh! lon la, tournez-vous,
Oh! lon la, vite, vite,
Oh! lon la, tournant toujours,
Oh! lon la, virez-vous,
Oh! lon la, tournez-vous.

Dicté par Joseph Brédy, dit Lafleur, à Ceyzériat (Ain).

L'ORANGER

1

Oh ! dernier, chez mon père,
    Vive la rose !
Un oranger l'y a,
    Vive la rose ! (*bis*)
Un oranger l'y a,
Vive la rose et le lilas !

2

Il porte des oranges,
    Vive la rose !
Des oranges Madras,
    Vive la rose ! (*bis*)
Des oranges Madras,
Vive la rose et le lilas !

3

Je demande à mon père,
    Vive la rose !
Quand on les cueillera,
    Vive la rose ! (*bis*)
Quand on les cueillera,
Vive la rose et le lilas !

4

Je prends mon échelette,
    Vive la rose !
Et mon panier-cabas,
    Vive la rose ! (*bis*)
Et mon panier-cabas,
Vive la rose et le lilas !

5

Je les porte pour vendre,
    Vive la rose !
A la foire à Foissiat,
    Vive la rose ! (*bis*)
A la foire à Fossiat,
Vive la rose et le lilas !

6

A mon chemin rencontre,
    Vive la rose !
Le fils d'un avocat,
    Vive la rose ! (*bis*)
Le fils d'un avocat,
Vive la rose et le lilas !

7

Que portez-vous, la belle,
　　Vive la rose !
Dans ce panier-cabas ?
　　Vive la rose ! (*bis*)
Dans ce panier-cabas,
Vive la rose et le lilas !

8

J'en porte des oranges,
　　Vive la rose !
A la foire à Foissiat,
　　Vive la rose ! (*bis*)
A la foire à Foissiat,
Vive la rose et le lilas !

9

Portez-les chez mon père,
　　Vive la rose !
Il vous les achètera,
　　Vive la rose ! (*bis*)
Il vous les achètera,
Vive la rose et le lilas !

Dicté par Mme M....., à Bourg (Ain).

LE BOUQUET DE MA MIE

1

J'ai perdu ce soir, ici,
Le bouquet de ma mie ;
Mais je le retrouverai,
Au péril de ma vie.
En passant par devant toi,
Aurai-je, aurai-je,
En passant par devant toi,
Aurai-je un baiser de toi ?

2

Excuse, beau chevalier,
Si j'ai embrassé ta mie,
En passant par devant toi.
Je l'ai trouvée jolie ;
Passe un peu par derrière moi,
Et fais-en et fais-en,
Passe un peu par derrière moi,
Et fais-en autant que moi.

Dicté par Jeanne Vugnon, femme Cherel, à Ceyzériat (Ain).

LA VIOLETTE SE DOUBLE, DOUBLE

1

J'ai une belle dans ce monde ; } *bis*
Je ne sais pas si je l'aurai.

REFRAIN

La violette se double, double,
La violette se doublera

2

Bonjour l'une, bonjour l'autre, } *bis*
Bonjour, belle que voilà.

3

J'ai une commission à faire, } *bis*
Je ne sais pas qui la fera.

4

Si je le dis à l'alouette, } *bis*
Tout le monde le saura.

5

Si je le dis au rossignol,
Ma commission se fera. } *bis*

6

Votre aimant m'envoie vous dire, } *bis*
Que vous ne l'oubliez pas.

7

J'en ai bien oublié d'autres, } *bis*
J'oublierai bien celui-là.

Dicté par Marie Piane, à Villereversure (Ain).

LA FILLE D'HAUTECOUR

1

Hautecour, la grande ville,
Oh! des filles il y a beaucoup,
    Laridondaine,
Oh! des filles il y a beaucoup,
    Laridondon.

2

Il y en a une par dessus toutes :
La Françoise à Jullieron,
    Laridondaine,
La Françoise à Jullieron
    Laridondon

3

C'est sa mère qui la peigne,
Son père lui fait son chignon,
    Laridondaine,
Son père lui fait son chignon,
    Laridondon.

4

Oh! ma fille, tu te fais belle,
Les soldats t'emmèneront,
   Laridondaine,
Les soldats t'emmèneront,
   Laridondon.

5

Qu'ils me prennent, qu'ils m'emmènent,
J'en suivrai le bataillon,
   Laridondaine,
J'en suivrai le bataillon,
   Laridon don.

Dicté par Dérognat, à Ramasse (Ain).

SAUTONS LA, LA LA GUERA

1

Nous avons fait la lessive,
Trois filles l'ont lavée. *(bis)*
Oh! dansons la, la la guerette,
Oh! sautons la, la la guera.

2

Le fils du roi y passe:
Laquelle est-ce ma mie? *(bis)*
Oh! dansons la, la la guerette,
Oh! sautons la, la la guera.

3

S'en répond la cadette:
C'est le roi qu'est mon père. *(bis)*
Oh! dansons la, la la guerette,
Oh! sautons la, la la guera.

4

Et la reine, ma mère. (*ter*)
Oh! dansons la, la la guerette,
Oh! sautons la, la la guera.

Dicté par Jeanne Vugnon, femme Cherel, à Ceyzériat (Ain).

J'AI TRENTE-SIX FILLES A MARIER

1

J'ai trente-six filles à marier,
Je n'ai rien à leur donner.
Ah! comment, comment, comment
Marierai-je, marierai-je,
Ah! comment, comment, comment
Marierai-je tant d'enfants?

2

Maman, maman, à qui parlez-vous?
Ma fille, ma fille, je parle à vous.
Dans la danse vous entrerez.
    Faites un tour,
    Un demi-tour;
Embrassez tous vos amours.

Dicté par Marie Brédy, à Ceyzériat (Ain).

ADAM EST NOTRE PÈRE A TOUS

1

Adam est notre père à tous ; *(bis)*.
Ne sommes-nous pas
Cousins, cousines,
Ne sommes-nous pas
Cousins partout ?

2

Mon beau Monsieur, entrez en danse ;
Regardez bien comme l'on y danse.
On danse ici comme partout ;
Entendez bien, comprenez bien,
Vous en embrasserez une en tout.

Dicté par Marie Brédy, à Ceyzériat (Ain).

L'ALOUETTE

1

L'alouette sur la branche,
Qui descend de branche en branche.
Faisons quelques petits sauts,
L'alouette, l'alouette,
Faisons quelques petits sauts,
L'alouette est comme il faut.

2

Mademoiselle, entrez en danse,
Regardez comme l'on y danse ;
Regardez de vos beaux yeux
Celui qui vous plaira le mieux.

Dicté par Jeanne Vugnon, femme Cherel, à Ceyzériat (Ain).

LA FILLE DU COUPEUR DE BLÉ

1

Jamais je n'oublirai
La fille au coupeur de paille,
Jamais je n'oublirai
La fille au coupeur de blé.

2

Quand je la vois,
Je la prends, je l'embrasse,
Quand je la vois,
Je lui tends les bras.

Dicté par Marie Brédy, à Ceyzériat (Ain).

SAUTONS, LA BERGÈRE

1

Mon père m'y marie,
Un beau jour de moissons,
M'y donne en mariage
Une chaîne d'oignons.

REFRAIN.

Allons donc, belle Marion,
Sautons, la bergère !

2

M'y donne en mariage
Une chaîne d'oignons.
La chaîne était petite,
Mais les oignons sont bons.

3

La chaîne était petite,
Mais les oignons sont bons.
J'en ai fait de la soupe,
J'en ai mis trent' é' ion[1].

4

J'en ai fait de la soupe,
J'en ai mis trent' é' ion.
La soupe était bien bonne,
N'en fallait encor' ion.

5

La soupe était bien bonne,
N'en fallait encor' ion.
Le sera pour la servante
Qui n'aime pas le vin.

6

Le sera pour la servante
Qui n'aime pas le vin.
La servante va à la cave,
En boit le pot tout plein.

7

La servante va à la cave,
En boit le pot tout plein.
Son maître la regarde :
Servante, tu bois bien.

[1] Trente et un.

8

Son maître la regarde :
Servante, tu bois bien.
Si j'en bois quelques gouttes,
Je les affane[1] bien.

Dicté par Judith Joncelat, à Saint-Germain-de-Joux (Ain).

[1] Gagner avec peine.

SUR LE JOLI PIED DU VERRE

1

Mon père a fait bâtir château
Sur le jon joli verre ;
Il l'a bâti sur trois carreaux
Sur le verre, tin tin, (*bis*)
Sur le joli verre,
Sur le joli pied du verre.

2

La rivière passe dedans,
Sur le jon joli verre,
La rivière passe dedans
Sur le verre, tin tin (*bis*).
Sur le joli verre,
Sur le joli pied du verre.

3

Trois canards blancs s'y vont baignant
Sur le jon joli verre,
Trois canards blancs s'y vont baignant
Sur le verre, tin tin, (*bis*)
Sur le joli verre,
Sur le joli pied du verre.

4

Le fils du roi les va chassant
Sur le jon joli verre,
Il les a tués tous trois d'un rang,
Sur le verre, tin tin, (*bis*)
Sur le joli verre,
Sur le joli pied du verre.

5

Dans son chemin les va plumant
Sur le jon joli verre,
Il a jeté les plumes au vent
Sur le verre, tin tin, (*bis*)
Sur le joli verre,
Sur le joli pied du verre.

6

Trois dames vont les ramassant,
Sur le jon joli verre.
C'est pour faire un lit de camp
Sur le verre, tin tin, (*bis*)
Sur le joli verre,
Sur le joli pied du verre.

7

C'est pour coucher le roi dedans,
Sur le jon joli verre,
Avec une fille de quinze ans,
Sur le verre, tin tin, (*bis*)
Sur le joli verre,
Sur le joli pied du verre.

Dicté par Jean-Marie Suchet, dit Trois-Vieilles, à Rossillon (Ain).

VERSE DANS MON VERRE

1

J'ai perdu ma femme
En plantant des choux,
J'ai perdu ma femme,
Verse dans mon verre ;
J'ai perdu ma femme
En plantant des choux.

REFRAIN.

Arrive qui plante,
Je suis matelot.
Rien ne m'épouvante,
Quand je suis sur l'eau.

2

On me la ramène
Au bout de huit jours,
On me la ramène,
Verse dans mon verre ;
On me la ramène,
Au bout de huit jours.

3

Je n'ai pas besoin de femme,
Gardez-la pour vous,
Je n'ai pas besoin de femme,
Verse dans mon verre ;
Je n'ai pas besoin de femme,
Gardez-la pour vous.

4

J'ai une servante
Qui me sert à tout,
J'ai une servante,
Verse dans mon verre ;
J'ai une servante
Qui me sert à tout.

Dicté par Lucie Manigand, à Saint-Laurent-les-Macon (Ain).

MÈNE MOI-Z-AU BOIS

1

Mon père m'a nourri, petite demoiselle,
M'a-t-envoyée z-au bois, cueillir la violette.
    Mène-moi-z-au-bois, brunette,
    Mène-moi-z-au bois.

2

J'en ai ben tant cueilli de la plus joliette,
J'en ai rempli mon sein jusqu'à la ceinturette.
    Mène-moi-z-au bois, brunette,
    Mène-moi-z-au bois.

3

Le forestier du bois qui me les a vu mettre :
Cessez, belle, cessez, vous y laisserez gage.
    Mène-moi-z-au bois, brunette,
    Mène-moi-z-au bois.

4

Quel gage laisserai-je? je n'ai ni bœufs, ni vaches,
Ni chèvres, ni moutons, qui soit dans ton dommage.
Mène-moi-z-au bois, brunette,
Mène-moi-z-au bois.

5

Je ne te demande point ni tes bœufs, ni tes vaches,
Je ne te demande rien, que ton petit cœur pour gage.
Mène-moi-z-au bois, brunette,
Mène-moi-z-au bois.

Dicté par Jeanne Joncelat, à Saint-Germain-de-Joux (Ain).

MON MARI EST MALADE

1

Mon mari est bien malade,
L'a la fièvre, Dieu merci !

REFRAIN.

Je l'aime mieux, mon mari,
Je l'aime mieux mort qu'en vie.

2

On ne sait si c'est la fièvre,
Ou le mal de jalousie.

3

Quand je fus sur la montagne,
J'entendis sonner pour lui.

Dicté par Jeanne Vugnon, femme Cherel, à Ceyzériat (Ain).

DANSONS, BERGÈRE, MA MIE

1

Sur la claire fontaine
Les oies s'y vont baignant.
La bergère qui m'aime
S'y va baignant souvent.

REFRAIN.

Dansons, bergère, ma mie,
Sautons gaillardement.

2

Quand y sont tous ensemble,
Après s'en vont moquant,
Et pis, nous autres filles,
Nous en faisons autant.

Dicté par Jeanne Vugnon, femme Cherel, à Ceyzériat (Ain).

VERDURON, VERDURETTE

1

Là-haut sur la montagne,
Verduron, verdurette,
L'y a trois demoiselles.
Dansons, verdurette,
Sautons, verduron.

2

Qui se coiffent à la chandelle,
Verduron, verdurette.
Ma fille, que tu es belle!
Dansons, verdurette,
Sautons, verduron.

3

Nous t'y marierons dimanche,
Verduron, verdurette.
Nous ferons chanter les prêtres.
Dansons, verdurette,
Sautons, verduron.

4

Prêtres et les vicaires,
Verduron, verdurette.
Nous ferons sonner les cloches.
Dansons, verdurette,
Sautons, verduron.

5

Nous ferons sonner les cloches,
Verduron, verdurette,
Les petites et les grosses.
Dansons, verdurette,
Sautons, verduron.

Dicté par Jeanne Vugnon, femme Cherel, à Ceyzériat (Ain).

MA TATAN, VIRE, VIRE, VIRE

1

Ah mon beau château !
Ma tatan, vire, vire, vire,
Ah mon beau château !
Ma tatan, vire, vire beau.

2

Le notre est bien plus beau !
Ma tatan, vire, vire, vire,
Le notre est bien plus beau !
Ma tatan, vire, vire beau.

3

Nous le décroîtrons bien !
Ma tatan, vire, vire, vire,
Nous le décroîtrons bien !
Ma tatan, vire, vire beau.

4

Laquelle y prendrez-vous?
Ma tatan, vire, vire, vire,
Laquelle y prendrez-vous?
Ma tatan, vire, vire beau.

Dicté par Josephte Braconnier, femme Festas, à Ceyzériat (Ain).

C'EST COMME ÇA QUE L'ON EST CONTENT

1

Là-haut sur ces plateaux charmants,
C'est comme ça que l'on est bien aise,
Là-haut sur ces plateaux charmants,
C'est comme ça que l'on est content.

2

La belle vient s'y promenant,
C'est comme ça que l'on est bien aise,
La belle vient s'y promenant,
C'est comme ça que l'on est content.

3

Ils se sont assis au pied d'un chêne,
C'est comme ça que l'on est bien aise,
Ils se sont assis au pied d'un chêne,
C'est comme ça que l'on est content.

4

Se donnent un baiser charmant,
C'est comme ça que l'on est bien aise,
Se donnent un baiser charmant,
C'est comme ça que l'on est content.

5

Se revirent en se saluant,
C'est comme ça que l'on est bien aise,
Se revirent en se saluant,
C'est comme ça que l'on est content.

Dicté par Josephte Braconnier, femme Festas, à Ceyzériat (Ain).

JEUNE ET VIEILLE

1

C'est une jeune, une vieille,
Se renvenant de gléner,
Elles ont trouvé-t-une anguille
Sous une gerbe de blé.

REFRAIN.

Tra la la la la la lère,
Tra la la la la la la.

2

La vieille dit à la jeune :
Il faut nous la partager.
La jeune dit à la vieille :
C'est dommage de la gâter.
    Tra la, etc.

3

Nous irons devant le juge,
Ce que le juge en dira.
L'anguill' en est à la jeune,
La vieille s'en passera.
    Tra la, etc.

4

Vous autres, jeunes filles,
Vous en avez quand vous voulez.
Et nous autres, pauvres vieilles,
Quelquefois par charité.
Tra la, etc.

Dicté par Joseph Brédy, dit Lafleur, à Ceyzériat (Ain).

CHANSONS

RELATIVES A D'ANCIENS USAGES

CHANSONS
RELATIVES A D'ANCIENS USAGES

L'ÉPOUSÉE

Andantino.

1

Quand l'ipozo s'en va à la messa,
Béchant l'ou ju, levant la téta,
L'ou ménétri s'en va devant.
Adieu, la fleur de nos aimants !

Quand l'épousée s'en va à la messe,
Baissant les yeux, levant la tête,
Le ménétrier s'en va devant.
Adieu, la fleur de nos aimants !

2

Tout en entrant dedans l'église,
On lui présente de l'eau bénite.
Donnez-en donc à mon époux.
Adieu, la fleur de nos amours !

3

Tout en entrant dessur la porte,
On lui présente un pain d'orge.
Donnez-en donc à mon époux.
Adieu, la fleur de nos amours !

4

Tout en traversant la prairie,
J'entends chanter des jeunes filles.
Si j'étais fille à marier
Avec elles je chanterais.

Dicté par Joseph Brédy, dit Lafleur, à Ceyzériat (Ain).

LE JOUR DU MARIAGE

Andantino.

1

J'avais promis dans mon jeune âge
De ne jamais m'y marier;
Mais aujourd'hui, par avantage,
Mes parents il m'y faut quitter.

2

Mon père me prend, il m'emmène
A l'église par dessous le bras.
J'ai ma couronne sur ma tête,
Ressemble à la fille d'un roi.

3

J'ai aussi ma belle ceinture,
Qui fait trois fois l'entour de moi.
C'est mon aimant qui me la donne
Pour finir ses jours avec moi.

4

Lorsque je vois ces filles à table,
A boire, à rire et à chanter.
Quand je les vois, je les regarde ;
Les larmes m'y coulent des yeux.

Dicté par Joseph Brédy, dit Lafleur, à Ceyzériat (Ain)

DÉPART DES CONSCRITS

1

Partons tous ensemble,
Braves déserteurs
Remplis de cœur.
Nous irons de ville en ville
Dessur ces îles.
Ce n'est pas pour longtemps,
C'est pour sept ans.

2

Là-haut dessur ces îles,
Les pays sont charmants,
Assurément.
Il y a de ces négresses,
Toujours, sans cesse,
Oh ! qui vous font l'amour
La nuit, le jour.

3

Toutes ces négresses
N'ont pas le teint blanc
Assurément.
Elles ont de la tendresse,
Ces négresses ;
C'est pour nos chasseurs
Remplis de cœur.

4

Sur le pont de la Guillotière,
On nous a vu passer
Bien enchaînés.
Sont les gendarmes
Qui nous emmènent
Avec grand' peine,
En faisant nos adieux
Les larmes aux yeux.

Dicté par Joseph Brédy, dit Lafleur, à Ceyzériat (Ain).

LA CHANSON DES NOCES

1

Qui veut savoir chanson bien drôle
Qu'on chante le jour des noces?
Les garçons s'en vont demander
La fille que l'on veut marier.

2

Son prétendu s'en va leur dire :
Où est la fille que l'on marie?
Père-z-et mère, la donnez-vous?
On veut commencer ses beaux jours.

3

Ma fille, on vous recommande
D'être bien sage, obéissante ;
Dans la maison où vous allez,
Tâchez de les bien contenter.

4

Quand la fille vient de s'épouser,
La porte se trouve fermée.
Ouvrez la porte de la cuisine,
Et préparez un bon dîner.

5

Quand la fille en fut à table,
Sa belle-mère qui la regarde,
En lui disant d'un air si doux :
A qui, la fille, en êtes-vous ?

6

J'en suis la fille de mon père,
Aussi celle de ma mère,
J'en suis l'épouse de votre fils,
Et vous ma belle-mère dès aujourd'hui.

7

Adieu, parrain ! adieu, marraine !
Préparez-moi de belles étrennes.
Dans mon ménage, quand j'y serai,
Je vous ferai bien régaler.

8

Adieu, cousins ! adieu, cousines !
Adieu, voisins ! adieu, voisines !
Adieu, à tous les gens de chez nous !
Adieu, les plus beaux de mes jours !

Dicté par Rose Grand, à Serrières-sur-Ain.

LA PART A DIEU

1

Madame de séant qui êtes à votre aise,
Les deux pieds vers le feu, le cul sur une chaise.

REFRAIN.

Pour Dieu, pour Dieu, donnez-nous un peu
   De la part à Dieu, Madame.

2

Si vous ne voulez pas nous donner,
Nous faites pas attendre,
Nos souliers sont percés,
Nous avons les pieds tendres.
   Pour Dieu, etc.

3

Si vous ne voulez pas nous donner,
Donnez à la servante
Qui balaie la maison,
Qui approprie la chambre.
   Pour Dieu, etc.

RÉCITATIF.

La brioche est sur la table,
Le couteau qui la regarde.
Coupez-la vite en trois morceaux,
Et donnez-nous le plus gros.

Copaz o prin,   (Coupez-en un peu,
Baillaz au chin.   Donnez-le aux chiens.
Copaz o gros,   Coupez-en beaucoup,
Baillaz nos o.   Donnez-nous le.)

5

Dieu, Dieu, Dieu bénira le couteau qui coupe, coupe,
Dieu trois fois bénira le couteau qui coupera [1].

Dicté par Mme X...

[1] *Variante* : la main qui donnera.
Cette variante est moderne.

LE MOIS DE MAI

CHANSON DE QUÊTE

1

(Les quêteurs)

Voici, voici le joli mois de mai, *(bis)*
Que les rosiers boutonnent. *(bis)*
Ah! donnez-nous des œufs frais
Pour remplacer ces beaux muguets,
Et nous vous remercierons, jeunes filles,
Et nous vous remercierons
Dans nos chansons.

2

(En s'en allant, quand on leur a donné)

Que Dieu bénisse la maison!
Les filles et les garçons.

Dicté par Mme M..., à Bourg (Ain).

LE MOIS DE MAI

CHANSON DE QUÊTE

1

Voici le joli mois de mai,
Oh ! qu'il est beau, oh ! qu'il est donc gai.
    Que toutes les fleurs
    Sont à leur valeur !
Amis, voici le printemps,
Oh ! qu'il y fait bon à passer son temps.

2

Vous autres filles, qui dormez,
Tâchez de vous réveiller
    Pour nous apprêter
    La collation,
Et quelque chose de bon
Pour nous autres, jeunes garçons.

3.

Si vous voulez rien nous donner,
Ne nous faites pas tant demander ;
    Car la nuit s'en va
    Et le jour revient.
Et nous autres, jeunes garçons,
Nous ne gagnons rien.

Dicté par Mme M..., à Bourg (Ain).

LES FEUX DE LA SAINT-JEAN

1

Voici la Saint-Jean d'été,
Voici la Saint-Jean et la Saint-Pierre,
Voici la Saint-Jean d'été.

2

Mon père m'a mariée,
Voici la Saint-Jean d'été,
Voici la Saint-Jean et la Saint-Pierre,
Voici la Saint-Jean d'été.

3

Un jeune homme il m'a donné,
Voici la Saint-Jean d'été,
Voici la Saint-Jean et la Saint-Pierre,
Voici la Saint-Jean d'été.

Dicté par Jeanne Vugnon, femme Cherel, à Ceyzériat (Ain).

CHANSON DE CHARIVARI[1]

Allons, vieille carcasse,
Veux-tu pas me payer?
La moitié de ma casse [2]
Tu m'as fait user.
Nous sommes de bons drôles,
Des enfants sans soucis.
Il faut payer à boire,
Ou bien, charivari.

Dicté par Jean-Marie Suchet, dit Trois-Vieilles, à Rossillon (Ain).

[1] Mariage d'une veuve ou d'un veuf.
[2] Poêle à frire.

LA VIGNE

1

Plantons la vigne.
   Le voilà
Ce joli vin de vigne,
Vigni, vignons,
Vignons le vin.
   Le voilà
Ce joli vin de vigne
   En vin.
   Le voilà
Ce joli vin de vigne.

2

De plante en pousse
   Le voilà
Ce joli vin de pousse,
Poussi, poussons,
Poussons le vin.
   Le voilà
Ce joli vin de pousse
   En vin.
   Le voilà
Ce joli vin de pousse.

3

De pousse en fleur
   Le voilà
Ce joli vin de fleur,
Feuri, fleurons,
Fleurons le vin.
   Le voilà
Ce joli vin de fleur
   En vin.
   Le voilà
Ce joli vin de fleur.

4

De fleur en graine
   Le voilà
Ce joli vin de graine,
Graini, grainons,
Grainons le vin.
   Le voilà
Ce joli vin de graine
   En vin.
   Le voilà
Ce joli vin de graine.

5

De graine en vert
  Le voilà
Ce joli vin de vert,
Véri, vérons,
Vérons le vin.
  Le voilà
Ce joli vin de vert
  En vin.
  Le voilà
Ce joli vin de vert.

6

De vert en mûre
  Le voilà
Ce joli vin de mûre.
Muri, murons,
Murons le vin.
  Le voilà
Ce joli vin de mûre
  En vin.
  Le voilà
Ce joli vin de mûre.

7

De mûre en coupe
  Le voilà
Ce joli vin de coupe.
Coupi, coupons,
Coupons le vin.
  Le voilà
Ce joli vin de coupe
  En vin.
  Le voilà
Ce joli vin de coupe.

8

De coupe en cuve
  Le voilà
Ce joli vin de cuve
Cuvi, cuvons,
Cuvons le vin,
  Le voilà
Ce joli vin de cuve
  En vin.
  Le voilà
Ce joli vin de cuve.

9

De tonne en verre
  Le voilà
Ce joli vin de verre,
Verri, verrons,
Verrons le vin.
  Le voilà
Ce joli vin de verre
  En vin.
  Le voilà
Ce joli vin de verre.

10

De verre en bouche
  Le voilà
Ce joli vin de bouche.
Bouchi, bouchons,
Bouchons le vin.
  Le voilà
Ce joli vin de bouche
  En vin.
  Le voilà
Ce joli vin de bouche.

11

De bouche en pisse
   Le voilà
Ce joli vin de pisse.
Pissi, pissons,
Pissons le vin.
   Le voilà
Ce joli vin de pisse
   En vin.
   Le voilà
Ce joli vin de pisse.

12

De pisse en terre
   Le voilà
Ce joli vin de terre.
Pissi, pissons,
Pissons le vin.
   Le voilà
Ce joli vin de terre
   En vin.
   Le voilà
Ce joli vin de terre.

Dicté par M. C...., à Ragé-le-Chatel (Ain).

LE LABOUREUR

1

Le pauvre laboureur,
Il a bien du malheur.
Le jour de sa naissance,
L'est déjà malheureux.
Qu'il pleuve, qu'il tonne, qu'il grêle,
Qu'il fasse mauvais temps,
L'on voit toujours sans cesse
Le laboureur aux champs.

2

Le pauvre laboureur
A de petits enfants,
Les envoie à la charrue
A l'âge de quinze ans.
Leur achète des guêtres,
C'est l'état de leur métier,
C'est pour empêcher la terre
D'entrer dans leurs souliers.

3

Le pauvre laboureur,   ⎫ *bis*
L'a un moulin à vent. ⎭
Qu'il pleuve, qu'il tonne, qu'il grêle,
Qu'il fasse mauvais temps,
Jamais la tempête
Ne fait tourner ce vent.

4

Le pauvre laboureur,
Il a bien du malheur.
Il a perdu sa femme
A l'âge de trente ans.
Elle le laisse tout seul
Avec ses enfants.
Qu'il pleuve, qu'il tonne, qu'il grêle,
Qu'il fasse mauvais temps,
L'on voit toujours sans cesse
Le laboureur aux champs.

Dicté par Josephte Braconnier, femme Festas, à Ceyzériat (Ain).

LE CHARBONNIER

1

Charbounier, mon ami,
Combien vends-tu ta braise ?
Je la vends cinq cents francs,
Mais mes amours sont dedans.

2

Charbonnier, mon ami,
Combien veux-tu rabattre?
Je rabats cent écus,
Mais mes amours n'y sont plus.

3

Charbonnier, mon ami,
Que ta chemise est noire !
Ell' en est noire, les dames de Paris
N'ont pas voulu la reblanchir.

4

Charbonnier, mon ami,
Que ta culotte est noire !
Ell' en est noire, c'est l'état du métier
Qui fait vivre le charbonnier.

Dicté par Josephte Braconnier, femme Festas, à Ceyzériat (Ain).

LE CONSCRIT

1

Je suis un pauvre conscrit
De l'année mil huit cent huit.
J'ai quitté le Languedo,
Le Languedo, le Languedo,
J'ai quitté le Languedo,
Avec le sac sur le dos.

2

Adieu ! mon père, au revoir !
Et ma mère, adieu ! bonsoir !
Ecrivez de temps en temps,
De temps en temps, (*bis*)
Ecrivez de temps en temps
Pour envoyer un peu d'argent.

3

Dites à ma tante que son neveu
A-t-attrapé numéro deux ;
Qu'en partant son cœur se fend,
Son cœur se fend, (*bis*)
Qu'en partant son cœur se fend
Tout comme un fromage blanc.

4

Qui a composé cette chanson?
C'est Joseph le bon garçon.
Il était marchand de bas,
Marchand de bas, (*bis*)
Il était marchand de bas,
A présent il est soldat.

Dicté par Lucie Manigand, de Saint-Laurent-les-Macon (Ain).

PRIÈRES FACÉTIEUSES

PRIÈRES FACÉTIEUSES

ORAISON

Je ne travaille que pour mon corps.
Et quand je serai mort,
Je donne mon âme au diable,
Mon corps aux chiens. A bas le bougre!

PRIÈRE

Qui es in cœlis est endetté,
Ayant passé par la taverne
Sans chandelle et sans avoir soupé,
Et sans savoir où prendre
Da nobis hodié tua.

AUTRE PRIÈRE

Pater noster qui êtes en haut,
Qui es in cœlis pour tout le monde,
En vérité rien ne nous faut
Quand nous avons des pièces rondes
Et nos pleines poches d'écus.
Bienheureux, je vous en remercie,
Bienheureux sanctificateur.

PRIÈRE

Mes chers amis, avant de sortir d'ici,
Surtout faisons connaître
Que partout où nous avons passé
Nous avons passé pour des gens honnêtes;
Nous allons payer chacun notre écot,
Sed libera nos a malo.

Dictées par Jean-Marie Suchet, dit Trois-Vieilles, à Rossillon (Ain).

CHANSONS
SATIRIQUES ET BACHIQUES

CHANSONS
SATIRIQUES ET BACHIQUES

JEANNETON

All.

1

L'autre jour je m'y promène,
J'ai-t-aperçu Jeanneton
Qui dormait sur l'herbette,
Faisant paître ses moutons.
Je m'approche et je lui prends
Son petit traderi, traderi la derirette,
Je m'approche et je lui prends
Son petit panier d'osier blanc.

2

Quand la belle s'y réveille,
S'y réveille en pleurant,
Regardant tout autour d'elle,
Ne trouvant plus son panier :
On me l'a pris bien joliment
Mon joli traderi, traderi la derirette,
On me l'a pris bien joliment
Mon petit panier d'osier blanc.

3

Oh ! n'en pleurez point tant, la belle,
Votre panier n'est pas loin,
C'est un marchand de dentelles
Qui l'achète et le revend.
Il voudrait bien l'acheter
Ton joli traderi, traderi la derirette,
Il voudrait bien l'acheter
Ton joli petit panier.

4

Mon panier n'est pas à vendre
Ni pour or, ni pour argent.
C'est un gage que ma mère
M'a recommandé souvent.
Elle m'a dit : Garde-le bien
Ton traderi, traderi la derirette,
Elle m'a dit : Garde-le bien,
Que personne n'y mette rien.

5

Va, n'écoute pas ta mère,
C'est tout des contes de grand.
Quand elle était à ton âge,
Elle en faisait bien autant.
Elle n'a pas toujours gardé
Son traderi, traderi la derirette,
Elle n'a pas toujours gardé
Son joli petit panier

Dicté par Marie Jayr, femme Vugnon, à Ceyzériat (Ain).

L'APOTHICAIRE

1

Dans Paris, il y a-t-une dame
Cent fois plus belle que le jour ;
Elle y avait une servante
Qui aurait (*ter*) voulu,
Qui aurait voulu en être aussi belle ;
    Jamais n'a pu.

2

Elle s'en va chez l'apothicaire :
Monsieur, en vendez-vous du fard?
Monsieur, combien le vendez-vous l'once?
C'est deux (*ter*) écus.
Pesez-moi-z-en une demi-once ;
    Voilà l'écu.

3

Belle, quand vous voudrez vous farder,
Prenez bien garde à vous mirer.
Belle, éteignez-en la chandelle;
Barbou, barbou, barbouillez-vous,
Demain, vous en serez plus belle
    Que le jour.

4

Lorsque la belle se fut fardée,
Elle s'en va se promener.
Elle en a pris sa robe verte,
Son blanc (*ter*) corset.
S'en va faire un tour par la ville,
    S'y promener.

5

A son chemin, elle fit rencontre
Son cher aimant du temps passé.
Où allez-vous, jolie coquette,
Si bien (*ter*) fardée?
Vous en avez la peau plus noire
    Qu'un chaudronnier.

6

Elle s'en va chez l'apothicaire :
Monsieur, que m'y avez-vous vendu?
Je vous ai vendu du cirage
Pour vos (*ter*) souliers.
Ce n'est pas la mode aux servantes
    De s'y farder.

Dicté par Joseph Brédy, dit Lafleur, à Ceyzériat (Ain).

AH! QUE ME DIRE MAMAN

1

Ah! que me dire maman?
J'ai perdu mon histoire,
J'ai perdu mon histoire aussi,
Et mon pucelage,
Dans ces bois, bergère au bois,
Dans ces bois, bergère.

2

Là haut, dedans nos grands bois
Il y a une fontaine.
Allez-y et baignez-vous,
Vous deviendrez pucelle,
Dans ces bois, bergère au bois,
Dans ces bois, bergère.

3

Que me dis-tu, gros nigaud?
Tu me la contes belle.
Si la chose était ainsi,
La fontaine aurait presse,
Dans ces bois, bergère au bois,
Dans ces bois, bergère.

Dicté par M. G......

LA FILLE D'UN PAUVRE

1

C'est la fille d'un pauvre
De bon matin levant,
Elle attelle sa mule, tra la la,
Pour aller au moulin.

2

Le meunier sur sa porte
La voit venir de loin,
   Tra la la,
La voit venir de loin.

3

Elle attache sa mule
A l'arbre du moulin,
   Tra la la,
A l'arbre du moulin.

4

Venez, venez, la belle,
Votre sac moudra bien,
   Tra la la,
Votre sac moudra bien.

5

La belle s'endort
Au tic tac du moulin,
   Tra la la,
Au tic tac du moulin.

6

Quand la belle se réveille,
Son sac se trouve plein,
   Tra la la,
Son sac se trouve plein.

7

Voilà comme font les filles
Quand elles vont au moulin,
Tra la la,
Quand elles vont au moulin.

Dicté par M. A. Bidal, à Meillonnas (Ain).

OH! SI J'EN PRENDS FEMME

1

Parlons de boire,
C'est toute ma gloire,
Parlons d'aimer
Et non de me marier.
Quand on est marié,
Il faut penser au ménage,
Nourrir femme et enfants.
Adieu! mon jeune temps.

2

Oh! si j'en prends femme
Qui en soit pauvre,
Je serai en danger
De toujours travailler;
J'aurai des enfants
Qui crieront sans cesse:
Papa, nous faut du pain,
Car nous mourons de faim.

3

Oh! si j'en prends femme
Qui en soit riche,
Je serai en danger
D'être toujours grondé.
Dans les cabarets
On me traiterait d'ivrogne :
Tu manges tout mon bien,
Tes enfants n'auront rien.

4

Oh! si j'en prends femme
Qui en soit laide,
Je serai en danger
De toujours la garder,
Toujours devant mes yeux,
Cette foutu laide,
Toujours devant mes pas.
C'est ce que je n'aime pas.

5

Oh ! si j'en prends femme
Qui en soit belle,
Je serai en danger
De ne point la garder.
Quand j'aurai des voisins
Qui la trouveront belle,
Quand je n'y serai pas,
Les voisins l'iront voir.

Dicté par Constantine Bardet, de Merpuis, commune de Serrières-sur-Ain.

A PEINE AVAIS-JE QUINZE ANS

1

A peine avais-je quinze ans
Quand ma mère me mit au cou-
Sans savoir, en vérité,   [vent,
Si l'on gronde, si l'on s'y fâche.
Je croyais, en vérité,
Que tout y était sucré.

2

A cinq heures du matin,
Quand on sonne la clochette,
C'est la sœur qui nous réveille
Avec son drelin, din, din :
Au nom de Dieu, levez-vous,
Pour adorer votre époux.

3

Moi, qui suis bien paresseuse
Et qui ai bien mal au cœur,
Je me réveille de bon cœur
En faisant la sourde oreille.
Quand je fus à l'oraison,
Je m'assis sur mes talons.

4

Quand l'oraison fut faite,
La mère vient me demander :
Ma fille, qu'avez-vous pensé
Au sujet de ce mystère ?
Ma mère, je vous demande par-
Je n'ai pas fait mon oraison.[don,

5

Apprenez, petite sotte,
Quand on est dans la retraite,
C'est pour apprendre à aimer Dieu,
A être docile et sage.
A votre âge, je savais
Mon office et mon chapelet.

Dicté par Constantine Bardet, de Merpuis, commune de Serrières-sur-Ain.

LA FILLE DE PICOT

1

La fille de Picot, à présent,
    Oh ! la coquine,
Elle a vendu son chignon,
C'est pour boire chopine.

2

Josephte, lève-toi, mâtin !
    Prends la chopine,
Và-t-en tirer du vin ;
Tu seras ma cousine.

3

Oh ! non, je n'irai pas.
    Si j'ai fait faute,
Ce n'est que votre bon vin
Qui en est la cause.

4

Josephte, tu en as bien bu
    A l'ordinaire,
A ton petit déjeuner,
Quatorze à quinze verres.

5

Et à mon dîner autant,
    Ça fait trente ;
Ce n'est que votre bon vin
Qui m'a rendu contente.

Dicté par Dérognat, à Ramasse (Ain).

LA MAISON DU PAVILLON

1

Mais pour y boire du bon vin,
Il faut aller en ville.
Dans la maison du Pavillon,
Il y a de jolies filles.

2

Dame l'hôtesse, apportez-nous du vin,
Du meilleur de la cave.
Si nous n'avons de quoi payer,
Nous laisserons en gage.

3

Quel en gage laisserez-vous ?
Mon chapeau d'escarlate
Et mon gilet en fil fin
Et mes habits de noces.

4

Dame l'hôtesse, mène-nous coucher
Dans la plus haute chambre,
Dans ce blanc lit bien arrangé,
Et avec ces Flamandes.

5

De ces Flamandes, je n'en ai pas ;
Je n'ai que de ces Françaises,
Qui savent si bien balancer
A la mode nouvelle.

Dicté par Marie Piane, à Villereversure (Ain).

A L'AUBERGE

1

Oh ! je m'en vais dedans l'auberge,
C'est pour dépenser mon argent.
Voilà ma femme, à petits pas,
    Avec sa lanterne :
Voilà donc nuit et jour
Comme tu te gouvernes.

2

Tout entrant dedans l'auberge,
Je l'aperçois bien en chagrin.
Je prends un verre de ce bon vin,
    Je lui présente.
C'est alors qu'elle en devient
    La plus méchante.

3

Oh ! je la prends, oh ! je l'embrasse,
En lui disant : Mon petit cœur,
Assis-toi-là auprès de moi.
    Ne fais pas la folle,
Je te promets de m'en aller,
    Sur ma parole.

4

Tout en entrant dedans ma chambre,
J'entends le cri de mes enfants, (*bis*)
A mes oreilles.
C'est alors que je regrette
La bouteille.

Dicté par Jean-Marie Suchet, dit Trois-Vieilles, à Rossillon (Ain.)

BON, BON

1

En passant dans Paris,
En vidant bouteille,
Un de mes amis
Me dit à l'oreille :
    Bon, bon,
Si l'amour vous gêne,
    Moi, non.

2

Oh ! prends garde, galant, ⎫
On va t'y couper l'herbe. ⎬ *bis*
    Bon, bon,
Si l'amour vous gêne,
    Moi, non.

3

Laissez-la couper, ⎫
L'en viendra plus belle, ⎬ *bis*
    Bon, bon,
Si l'amour vous gêne,
    Moi, non.

4

J'ai eu dans son cœur } bis
La rose la plus belle.
 Bon, bon,
Si l'amour vous gêne,
 Moi, non.

5

J'ai couché trois ans, } bis
Trois mois avec elle.
 Bon, bon,
Si l'amour vous gêne,
 Moi, non.

6

J'ai eu trois garçons, } bis
Tous les trois capitaines.
 Bon, bon,
Si l'amour vous gêne,
 Moi, non.

7

L'y en a un à Paris, } bis
L'autr' est à Marseille.
 Bon, bon,
Si l'amour vous gêne,
 Moi, non.

8

L'y en a un à Paris,
L'autr' est à Marseille,
L'autr' est à Toulon
Dans les mousquetaires.
 Bon, bon,
Si l'amour vous gêne,
 Moi, non.

9

Et moi qui suis-z-ici, ⎫
En vidant bouteille. ⎬ *bis*
 Bon, bon,
En vidant bouteille,
 Moi, non.

10

Si les garçons poussaient
Comme des pommes de terre,
On verrait ces filles
Labourer la terre.
 Bon, bon,
Si l'amour vous gêne,
 Moi, non.

11

Si les garçons piquaient
Comme des épines,
On verrait ces filles
Faire triste mine.
 Bon, bon,
Si l'amour vous gêne,
 Moi, non.

12

Si les garçons sautaient
Comme les sauterelles,
On verrait ces filles
Se coucher sur l'herbe.
    Bon, bon,
Si l'amour vous gêne,
    Moi, non.

13

Si les garçons volaient
Comme des bécasses,
On verrait ces filles
Aller à la chasse.
    Bon, bon,
Si l'amour vous gêne,
    Moi, non.

Dicté par Marie Piane, à Villereversure (Ain)

COUCOU

1

Ecoutez, jeunes garçons,
Vous apprendrez cette chanson :
Coucou, cocu, cornard le coucou.

2

Si vous prenez une femme jolie,
    Coucou,
Méfiez-vous encore bien d'elle
    Surtout.
Avec toute sa beauté
Elle pourrait vous faire chanter :
Coucou, cocu, cornard le coucou.

3

Si vous prenez une femme dévote,
    Coucou,
Méfiez-vous encore bien d'elle
    Surtout.
Avec toute sa dévotion,
Vous pourriez être le dindon.
Coucou, cocu, cornard le coucou.

4

Si vous prenez une femme vilaine,
Coucou,
Méfiez-vous encore bien d'elle
Surtout.
Les coucous qui sont dans les bois
S'en vont nicher dans tous les trous.
Coucou, cocu, cornard le coucou.

5

Pour éviter tous les concubinages,
Coucou,
Il faut rester sans mariage
Surtout,
Et vivre sur le bien d'autrui,
Faire chanter à ses amis :
— Coucou, cocu, cornard le coucou.

Dicté par Josephte Braconnier, femme Festas, à Montjuly (Ain).

LE MEUNIER DE CIZE

1

C'est le meunier de Cize
Qui marie sa fille.
L'y a donné en mariage
La moitié d'un fromage,
Encore, il dit que c'est trop,
Berlinguette et berlingot.

2

A déjeuner, il y avait des prunes,
On était quatre pour en manger
[une.
La mariée avait les noyaux,
    Berlinguette,
La mariée avait les noyaux,
Berlinguette et berlingot.

3

Les mariés vont à la messe,
Le marié sur une ânesse,
La mariée sur un pourceau,
    Berlinguette,
La mariée sur un pourceau,
Berlinguette et berlingot.

4

A dîner, il y avait du miel,
Chacun mangeait avec une cuil-
[ler;
La mariée léchait le pot,
    Berlinguette,
La mariée léchait le pot,
Berlinguette et berlingot.

5

A souper, il y avait du vin;
Des verres, il n'y en avait point.
Chacun buvait dans son sabot,
    Berlinguette,
Chacun buvait dans son sabot,
Berlinguette et berlingot.

6

Quand il fut pour aller dormir,
De quatre à quatre sur un lit,
La mariée sur un fagot,
    Berlinguette,
La mariée sur un fagot,
Berlinguette et berlingot.

7

Entre onze heures et la minuit
Que la mariée a fait au lit,
La faute d'avoir un pot,
    Berlinguette,
La faute d'avoir un pot,
Berlinguette et berlingot.

8

Le marié fut plus honnête :
Il a fait par la fenêtre,
Sur la tête au grand prévôt,
    Berlinguette,
Sur la tête au grand prévôt,
Berlinguette et berlingot.

Dicté par Josephte Braconnier, femme Festas, à Montjuly (Ain).

VERSONS DU VIN

1

Versons du vin, j'en suis chagrin,
L'amour ne m'en sera plus rien.
Quand je pense à ma maîtresse,
Je ne puis m'y reconsoler.
J'ai tant eu d'amour pour elle,
Et l'ingrate m'a quitté !

2

Vous êtes une ingrate beauté;
Je ne saurais vous le cacher.
Vous êtes une ingrate belle ;
L'y aura-t-un changement.
Vous êtes une ingrate belle ;
L'amour n'a duré qu'un temps.

3

Aussi, aime-moi et ne m'aime pas,
Pour moi, je ne m'en soucie pas ;
Tu as changé de maîtresse
Et moi j'ai changé d'aimant.
Tu es-t-allé dans la Flandre,
Tu as servi trop longtemps.

4

Si j'ai servi, c'était mon plaisir ;
J'en ai-t-accompli mes désirs.
Belle, verse-moi un verre,
C'est pour bannir mes chagrins.
Adieu donc, ingrate blonde,
Je m'en vais demain matin.

5

Puisque tu t'en vas dans les Pays-Bas,
Pour moi, je ne m'en soucie pas.
Je m'en vas dedans ma chambre
Pour attendre mon aimant
Qui est allé dans la Flandre,
Doit revenir dans un an.

Dicté par Joseph Corsain, à France, commune de Jasseron (Ain).

MES TRÈS CHERS CAMARADES

1

Mes très chers camarades,
Et vous qui m'écoutez,
Faites attention aux filles,
Aux filles à marier.
Sitôt qu'on les regarde,
Elles changent de couleur ;
Il suffit qu'on leur parle,
Elles sont de bonne humeur.

2

C'est un plaisir de les voir.
Elles rangent leurs dentelles
Ainsi que leurs mouchoirs,
Leur chapeau sur l'oreille,
Leurs cheveux bien frisés.
Vous pouvez bien comprendre
Que c'est pour nous tromper. (*bis*)

3

Elles sont à l'église,
Ne peuvent pas prier.
Elles ont le cœur à l'étude
De se glorifier :

De tous côtés regardent
Si quelqu'un les voit,
Arrangent leurs dentelles
Ainsi que leurs beaux mouchoirs.

4

Dans la maison de leur père,
C'est un plaisir de les voir.
Les choses qu'elles arrangent
Ressemblent à des miroirs.
Entrez dans leur chambrette,
C'est surtout bien arrangé.
Il suffit qu'on leur parle,
Jusqu'à laver leurs souliers.

5

Quand elles sont en campagne,
C'est un plaisir de les voir.
Elles sautent comme des lièvres
Aussitôt qu'on les voit.
Vous me direz sans doute
Qu'elles n'ont aucun défaut ;
Quand elles sont mariées,
Elles en ont toujours trop.

6

Mes très chers camarades,
Vous tous qui m'écoutez,
N'épousez pas ces filles,
Celles qui sont tant frisées.

Vous n'aurez que des guenippes
Dans votre maison ;
Vous aurez par la suite
Cruelle consolation.

Dicté par Antoinette Basset, femme Perraud, à Rossillon (Ain).

LE GROS LOURDAUD

1

Il doit venir ce soir
Un beau galant pour me voir, (*bis*)
Sans savoir mon envie.
Jamais de plus gros lordaud
Je n'ai vu de ma vie !

2

Si vous le voyez en dansant,
Ses poches vont mandrillant.[1] (*bis*)
On dirait à le voir
Qu'il a cent écus vaillant ;
Il n'a pas cinq sous pour boire.

3

Il a de mauvais souliers ;
Ses bas sont tout déchirés, (*bis*)
Une vieille culotte,
Ses habits sont retournés,
Ne sont plus à la mode.

[1] Déguenillées.

4

Je vous promets que, s'il revient,
Que je lui dirai fort bien (*bis*)
En parole secrète :
Mon ami, prends ton congé ;
Voilà la porte ouverte.

Dicté par Antoinette Basset, femme Perraud, à Rossillon (Ain).

LE COUCOU

1

Oh ! ce sont de jeunes hommes
Tous deux revenant du marché.
En traversant le bois bocage, } bis
Entendirent le coucou chanter. }

2

L'un dit à l'autre : Par ma foi,
Le coucou a chanté pour toi.
Oh ! non, ma femme en est trop sage
Pour m'y faire infidélité.
La tienne est un peu plus volage ;
C'est pour toi que le coucou a chanté.

3

Oh ! ces deux hommes se prirent de fureur :
Allons trouver le procureur,
Ou bien un avocat habile
Qui nous dira la vérité,
Et qui saura fort bien nous dire
Pour qui le coucou aura chanté.

4

Le procureur a répondu :
Comptez-moi chacun dix écus.
Le procureur n'en est pas bête,
Les vingt écus il a ramassés :
N'ayez donc plus mal à la tête,
C'est pour moi qu' le coucou a chanté.

5

Ces deux hommes se prirent par la main :
Allons donc boire de ce bon vin,
Puisque nos femmes en sont si sages.
Mettons-nous donc la joie au cœur.
Qui aurait dit que cet oiseau volage
Avait chanté pour le procureur ?

Dicté par Joseph Brédy, dit Lafleur, à Ceyzériat (Ain).

FILLE DE NOS PAYS

1

Fille de nos pays,
Considérez ceci,
Considérez la vie
Que les garçons mènent.
S'en vont au cabaret
Pour y passer la semaine.

2

Vient le dimanche,
Nous faut du bran-de-vin (*bis*)
Avant d'aller à la messe,
Et puis nous irons voir
Nos charmantes maîtresses.

3

Quand il vient le lundi
Et puis le mardi, (*bis*)
Le mercredi de même :
Amis, buvons toujours,
Finissons la semaine !

4

Quand il vient le jeudi,
Il faut se rentourner (*bis*)
Chacun dans nos ménages,
Où nous raconterons
Notre libertinage.

5

Hélas, que ferons-nous ? } *bis*
Nous aurons la salade,
Et, si nous répondons,
Encore la bastonnade.

6

Pour moi, si l'on me bat,
Non, je ne m'y arrête pas. (*bis*)
Je prendrai la coquarde,
Je m'en irai servir
La garde nationale.

Dicté par Jean-Marie Suchet, à Rossillon (Ain).

BUVONS, MA COMMÈRE

1

Buvons, ma commère,
Nous ne buvons rien,
Buvons, ma commère,
   Nous, nous, nous,
Nous ne buvons rien
Et nous, nous, nous,
Nous ne buvons rien.

2

Nos hommes sont à la vigne
Qui travaillent bien,
Nos hommes sont à la vigne
   Qui, qui, qui,
Qui travaillent bien,
Et qui, qui, qui,
Qui travaillent bien.

3

Buvant la piquette,
Et nous, le bon vin,
Buvant la piquette,
   Nous, nous, nous,
Et nous, le bon vin
Et nous, nous, nous,
Et nous, le bon vin.

4

Si les mouches les piquent,
Nous ne sentons rien,
Si les mouches les piquent,
   Nous, nous, nous,
Nous ne sentons rien
Et nous, nous, nous,
Nous ne sentons rien.

5

Quand ils se renviennent,
Ils nous soignent bien,
Quand ils se renviennent,
   Nous, nous, nous,
Ils nous soignent bien,
Ils nous, nous, nous,
Ils nous soignent bien.

Dicté par Joseph Brédy, dit Lafleur, à Ceyzériat (Ain).

LA MOISSON

1

Tandis que nos hommes
Sont à la moissonne,
Vidons-y le tonneau
De ce bon vin nouveau.

2

Elles en ont tant buvées,
Qu'elles se sont enivrées,
N'en pouvant plus marcher,
Allant de quatre pieds.

3

Viens donc, ma voisine,
Viens donc m'y conduire
Jusqu'au pied de mon lit,
Que je puisse dormir.

4

Voilà son mari qui entre
De l'eau jusqu'à mi-jambes,
Regarde de tous côtés
Son bouillon renversé.

5

Qu'as-tu donc, ma femme,
Tu m'as l'air malade,
Malade dans ton lit,
En danger de mourir?

6

Va-t-en tirer une goutte
De ton vin qui ragoute,
De cette liqueur
Qui rejouit le cœur.

7

Le mari de sa grâce
S'en va-t-à la cave,
Prends la bouteille en main,
S'en va tirer du vin.

8

Frappe sur sa tonne,
Le tonneau résonne.
Se mit à crier tout haut:
Il n'a rien dans mon tonneau.

9

Le mari en colère
Casse la bouteille,
Monte à la maison,
Frappe sur Madelon.

10

Diable ta maladie,
Toi et ta voisine !
Tu as tout bu mon vin,
Tu manges mon butin !

Dicté par Joseph Brédy, dit Lafleur, à Ceyzériat (Ain).

LE SABOTIER

1

C'est un pauvre sabotier
Bien mal marié.
Il a pri-t-une femme,
Il n'en peut pas jouir.
Ah ! ces bougres de moines
Ils sont toujours chez lui.

2

Le pauvre sabotier
N'en fait pas du semblant.
Il en dit à sa femme :
Je m'en vais travailler,
Au bout de la semaine
Je me renviendrai.

3

Le pauvre sabotier
N'en fut pas mi-chemin,
Il en tombe malade
D'une jalousie.
Le mal de cœur l'a pris,
Fallut s'en revenir.

4

Le pauvre sabotier,
En rentrant chez lui,
Frappe du pied à la porte :
Femme, viens m'ouvrir,
Le mal de cœur m'a pris,
Fallut m'en revenir.

5

Le pauvre sabotier n'en fit pas
                      [de semblant,
S'assit au coin du feu, carressant
                      [son enfant.
L'enfant dit à son père :
Le moin' en est venu,
Ma mère l'a caché
Dans notre vieille mai [1].

6

Le pauvre sabotier
N'en fit pas de semblant :
Oh ! c'est demain dimanche,
Lundi le marché,
Que nous mènerons vendre
Notre vieille mai.

[1] Coffre à pain

7

En arrivant au marché :
Combien la vieille maï ?
On la fait cinq cents livres,
Cinq cents francs comptant.
Oh ! sinon la mai
Aura le cul brûlé.

8

Le moine qui est dedans,
Qui parle en allemand :
J'en donne cinq cents livres,
Cinq cents francs comptant,
Pour exempter la mai
D'avoir le cul brûlé.

Dicté par Josephte Braconnier, femme Festas, à Montjuly (Ain).

L'IVROGNE

L'IVROGNE

1

Chantons tous la plaisante histoire
Arrivée au sujet d'un marchand
Qui était toujours à boire.
Malgré sa femme et ses parents,
Il était dans la débauche ;
Il buvait à droite et à gauche.
Sa femme, pour l'en détourner,
S'imagina un tour plaisant
Qui lui fit peur assurément.

2

Un soir, il s'en vient ivre
    Dans sa maison,
Faisant grand carillon.
Tu ne mérites pas de vivre,
Lui dit sa femme avec raison.
Lui, sans l'écouter, il se couche,
Il s'endort comme une souche.
Sa femme, sans perdre de temps,
Le coud dans un drap tout vivant.
Elle tire du lit le matelas,
Et le couche sur le grabas.

3

Elle tapisse la chambre
De draps noirs.
Les voisins viennent voir,
Elle était plus sombre que noire,
Fit semblant d'être au désespoir.
Elle éclaire deux chandelles,
En attendant que le mort se réveille.
Sur les quatre heures après minuit,
L'ivrogne fut las de dormir.

4

Il appelle sa servante :
Jeanneton, je t'en prie tout de bon,
Apporte-moi ma bouteille.
Mais personne ne lui répond.
Quel est donc ce drap qui me gêne,
Que je n'ôte qu'avec peine?
Si j'étais mort hier au soir,
Je m'en souviendrais bien encore,
Si j'étais mort cette nuit,
Je m'en souviendrais bien aussi.

5

Jeanneton, remplie de ruse,
Lui dit : Monsieur, je vous conjure,
N'étiez-vous pas mort hier au soir?
Pourquoi revenez-vous encore?
N'étiez-vous pas trépassé?
Dites-moi ce que vous demandez?

6

    Je demande à voir ma femme.
      Va-t-en l'appeler,
    Que je veux lui parler.
    Je te jure sur mon âme
    Que je n'étais pas trépassé.
    Va-t-en chez le voisin Grégoire
    Que nous étions hier à boire.
    Tout çà que j'ai fait, que j'ai dit,
    Je m'en souviens bien encore.
    Tout cà que j'ai fait, que j'ai dit,
    Et je m'en souviens bien aussi.

Dicté par Jean-Marie Suchet, dit Trois-Vieilles, à Rossillon (Ain).

CHRISTOPHE

1

L'autre jour, en allant me promener, (*bis*)
J'ai rencontré le père Christophe
Avec son habit d'étoffe,
    Et à son chapeau
Un bouquet de cocardo.

2

Je lui dis : Comme te voilà beau !
Il y a quelque chose de nouveau.
Christophe, en branlant la tête :
C'est que je reviens de la fête
    Du voisin hameau
Avec le compère Michaud.

3

Ne voilà-t-il pas que son chien
Se prit querelle avec le mien.
Christophe fait le diable à quatre,
Prends son bâton pour les battre,
    Et son pied glissa :
Voilà le père Christophe à bas.

4

Ah! voilà quelque chose de propre, ⎫
Le père Christophe dans la crotte; ⎬ bis
  Et son cocardo ⎭
Etait bien loin de son chapeau.

Dicté par Marguerite Manigand, à Leyment (Ain).

LA CHÈVRE

1

Vous autres qui avez des chè-
[vres,
Ne faites pas comme moi ;
J'ai mené la mienne au bois
Brouter la fougère.
Il est sorti un loup du bois
Qui a mangé ma chèvre.

2

Que je regrette ma chèvre,
Par rapport à son bon lait !
Le bon lait qu'elle avait
Faisait des merveilles,
Faisait sauter les garçons,
Danser les fillettes.

3

Que je regrette ma chèvre,
Par rapport à sa parenté !
Le bouquin du Vivarais
Etait son grand-père,
La chèvre à Turlipantin
Etait sa grand'mère.

4

Que je regrette ma chèvre,
Par rapport à sa coiffure !
La coiffure qu'elle avait
Etait des grandes cornes,
Et les dames d'à présent
En font venir la mode.

Dicté par Marguerite Manigand, à Leyment (Ain).

MA CHÈVRE

1

J'avais une chèvre qui avait le cou blanc,
J'avais un jardin, elle a sauté dedans.
Toc, mon tobri, toc, toc, toc, mon tobrinet !

2

J'avais un jardin, elle a sauté dedans.
Elle a mangé mes raves et tous mes choux blancs.
Toc, mon tobri, toc, toc, toc, mon tobrinet !

3

Elle a mangé mes raves et tous mes choux blancs.
Je l'ai fait citer par quatre sergents.
Toc, mon tobri, toc, toc, toc, mon tobrinet !

4

Je l'ai fait citer par quatre sergents.
La chèvre fut fine, fut au parlement.
Toc, mon tobri, toc, toc, toc, mon tobrinet !

5

La chèvre fut fine, fut au parlement,
Fit trois pets au juge et quatre aux sergents.
Toc, mon tobri, toc, toc, toc, mon tobrinet !

6

Fit trois pets au juge et quatre aux sergents,
Un plein panier de catoles pour leur paiement.
Toc, mon tobri, toc, toc, toc, mon tobrinet !

Dicté par Christine Alombert, de Champfromier (Ain).

LA CHÈVRE

1

Oh ! je n'ai qu'une chèvre
Qui a bien quatre-vingts ans ;
Elle a été aux choux,
Aux choux de Jean Miraud.

REFRAIN

Elle a de l'entendement, ma chèvre,
    Elle a de l'entendement.

2

L'ont fait citer ma chèvre
Pour aller en jugement. } *bis*
    Elle a, etc.

3

Elle s'en va dans la chambre
Pour répondre au président. } *bis*
    Elle a, etc.

4

Quand elle fut dans la chambre,
Elle s'assit sur un banc. } *bis*
    Elle a, etc.

5

L'en a planté ses cornes   ⎫
Au cul du président.   ⎬ bis
   Elle a, etc. ⎭

6

Et au bout de ses cornes   ⎫
Elle a amené de l'onguent.   ⎬ bis
   Elle a, etc. ⎭

7

L'en a fait un panier de crottes ⎫
Pour tous ses écoutants.   ⎬ bis
   Elle a, etc.   ⎭

8

Elle s'en va de la chambre   ⎫
Toujours en s'y moquant.   ⎬ bis
   Elle a, etc. ⎭

Dicté par Jeanne Vugnon, femme Cherel, à Ceyzériat (Ain).

TABLE DES MATIÈRES

	Pages.
Préface	1

PRIÈRES ET LÉGENDES RELIGIEUSES

Prières et légendes religieuses	3
La fille muette	7
La charité	9

CHANTS HISTORIQUES

Maudit Anglais	13
Le petit roi de Sardaigne	17
Le siège de Turin	21
La marquise	23

CHANTS LÉGENDAIRES ET ANECDOTIQUES

La Pernette	27
Dans le château du roi	29
Le long de la rivière	31
Le clerc de Saint-Germain	33
Petit ermite	35
La confession	37
Ma pauvre Élise	39
Où est le temps	41
La belle meunière	43
La meunière	45
Promenade sur la rivière	49
La batelière	51
Les filles de Montrevel	53
Les trois drôles	55
Le bois coupé	57
Pour l'amour d'une brune	61
Isabeau et Simon	63
La fille du marinier	65
La bergère aux champs	67
Dans la prairie	69
Jeanneton la bergère	71
Mes blancs moutons	73
Berger et bergère	75
Joli capitaine	77
Prisonnière dans une tour	79
La fille d'un prince	81
Au jardin des Olives	83
Allons mie nous promener	85
La princesse	87
Joli tambour	91
Le fils d'un prince	93
Les deux maris	95
Dedans Paris	97
Revenant de Paris	99
La fille d'un meunier	101
En revenant de Saint-François	103
Les trois capitaines	105
Le déserteur	107
Dans la ville de Genève	109
J'entends tambours	111
Joli soldat	113
Quel triste sort que d'être soldat	115
La belle geôlière	117
La petite Jeanneton	121
J'aimerais la don daine	123
La barbière	125
La barbière (variante)	127
Va, va, va, jolie bergère	129

TABLE DES MATIÈRES

	Pages.
Angélique	133
La fille de Lorraine	135
Jeanneton	137
Jeanne, ma mie Jeanne	139
Florentine	141
Rossignolet sauvage	143
Galant trompeur	145
Le port de Lorient	147
Chanson d'une fille et d'un garçon	151
Le pont d'Amboise	153
La fille d'un marchand	157
Le garçon mal avisé	159
Chante, rossignolet	161
Oh ! douce Marie	163
La fille d'un cabaretier	165
Les trois pigeons	169
Tout en m'y promenant	171
Belle Rosalie	173
Le cavalier	175
Que fais-tu là seulette	177
Belle Hélène	179
Revenant des Pays-Bas	181
Je n'avais qu'un amant	183
Mie Fanchon	187
La mantille	191
L'Allemand	193
Le compagnon charron	195
Les trois garçons	197
Les trois garçons allemands	199
La fille d'un boulanger	201
Le départ	203
La nourrice et le voleur	205
Le garçon plafonneur	209
La fille d'un Parisien	211
Jeanne, ma mie	213
La belle bourgeoise	215
Christophe	219
La sœur Marie	223
Cadet et demoiselle	225
Le jeune soldat	229
La méchante femme	231

CHANSONS D'AMOUR

Maman ne veut pas	235
A quatorze ans	237
Derrière chez nous	239
La petite bergère	241
Les trois fleurs	243
Le bouquet	245

	Pages.
Jardin d'amour	247
Mignonne	249
Vive l'amour	251
Blonde ou brune	253
Les deux amants	255
La belle Hélène	257
La chasse	259
Ma maîtresse	261
Dans les verts prés	263
Dans notre village	265
Bonsoir, meunière	267
Marguerite	269
Le fuseau d'argent	271
L'amoureux	273
Belle Isabeau	275
Le rossignolet	277
Adieu, Nanon	279
Virginie	281
Le départ	283
Julie	285
L'allouette	287
La petite Rosette	289
L'automne	291
Marguerite	293
Le galant trompeur	295
Les garçons de chez nous	297
Les filles de Marseille	299
Charmante beauté	301
Je croyais qu'elle m'était fidèle	303
Retour des noces	305
Où sont tes désirs	307
L'olivier	309
La destinée, la rose au bois	311
La rose	313
La fille à marier	315
Je voudrais bien me marier	317
Le lundi de la Pentecôte	319
Charmante Nanon	321
Le samedi-z-au soir	323
La rose du bois	325
La belle au bois	327
Marie	329
Passant par une brume	333
Toinon, ma mie	335
Le vingt-cinq du mois d'avril	337
L'autre jour en m'y promenant	339
Louison	341
Mon tendre cœur	343
Réveillez-vous, Nanette	345

TABLE DES MATIÈRES

	Pages.
Rare beauté	347
Cette brunette	349
La tourterelle	351
Charmante Louison	353
Adieu, Nanon	355
Oh! non, non	357
Charmante Catin	359
Bergère, on la	361
Louison	363
Belle, soyez sage	365
Sylvie	369
Adieu, Rosalie	371
Le petit Jean	373
Entre Paris et Lyon	375
Mère, donnez-moi-z-un mari	377
La religieuse	379
J'aime la don don	381
L'une ou l'autre	385
J'aimerais mieux ma Marion	387
Ma petite brunette	389
Mes lauriers	391
Par un beau soir d'été	393
Brunette, ma brunette	395
Belle jardinière	397
Ouvrez, ouvrez, Julie	399
Jérôme Colin	401
Petit papillon volage	403
Mie Nanon	405
Le soir à la lune	407
Le maître et le valet	409
Les pommes reinettes	411
J'ai pris fantaisie	413
Je pleure, je soupire	415
Revenant d'Italie	417
Bonjour, charmante Hélène	419
Marion, mon cœur	421
Le rossignol des amoureux	423
Adieu, charmante Louison	425
Je suis fille sans aimant	427
A l'ombre d'un laurier	431
Au service national	433
Adieu, Nanette	435
Je reviendrai	437
Adieu, belle Marion	439
Julie	441
La ville d'Alexandrie	443
Départ de conscrits	445
Le vingt-deux du mois d'avril	447
La nation fait briller ses armes	449

	Pages.
CHANSONS RELATIVES AU MARIAGE	
Mariez-moi	453
Dans la ville de Rennes	455
Les deux amants	459
Adieu, belle Isabeau	461
Mon père me marie	463
Je n'irai plus aux champs	467
Je veux m'y marier	469
La verdurette	471
Petite Josephte	473
Rose	475
Mariez-moi	477
Le mariage de Françoise	479
Lan ture lure	481
Le mariage d'un bossu	483
Le long de la Seine	485
Rosette	487
Mon père me marie	489
Le premier soir des noces	491
Les plaintes	493
Belle Catin	495
Petit Dian (petit Jean)	497
Mon petit cœur vit sans souci	501
J'aime tant mon mari	503
RONDES	
Belle Rose	509
Le Vigneron (chanson de la Saint-Vincent)	513
Auprès de ma blonde	515
Dig-ding	517
La jolie Flamande	519
Virez-vous, tournez-vous	521
L'oranger	523
Le bouquet de ma mie	525
La violette se double, double	527
La fille d'Hautecour	529
Sautons, la, la guera	531
J'ai trente-six filles à marier	533
Adam est notre père à tous	535
L'alouette	537
La fille du coupeur de blé	539
Sautons, la bergère	541
Sur le joli pied du verre	543
Verse dans mon verre	545
Mène moi-z-au bois	547
Mon mari est malade	549
Dansons, bergère, ma mie	551

TABLE DES MATIÈRES

	Pages.		Pages.
Verduron, verdurette	553	L'apothicaire	599
Ma tatan, vire, vire, vire	555	Ah ! que me dire maman	601
C'est comme çà que l'on est content	557	La fille d'un pauvre	603
		Oh ! si j'en prends femme	605
Jeune et vieille	559	A peine avais-je quinze ans	607
		La fille de Picot	609
CHANSONS RELATIVES A D'ANCIENS USAGES		La maison du Pavillon	611
L'épousée	563	A l'auberge	613
Le jour du mariage	565	Bon, bon	615
Départ des conscrits	567	Coucou	619
La chanson des noces	569	Le meunier de Cize	621
La part à Dieu	571	Versons du vin	623
Le mois de mai	573	Mes très chers camarades	625
Le mois de mai (variante)	575	Le gros lourdaud	629
Les feux de la Saint-Jean	577	Le coucou	631
Chanson de charivari	579	Fille de nos pays	633
La vigne	581	Buvons, ma commère	635
Le laboureur	583	La moisson	637
Le charbonnier	587	Le sabotier	639
Le conscrit	589	L'ivrogne	641
		Christophe	645
PRIÈRES FACÉTIEUSES		La chèvre	647
Prières facétieuses	593	Ma chèvre	649
CHANSONS SATIRIQUES ET BACHIQUES		La chèvre	651
Jeanneton	597		

ÉVREUX, IMPRIMERIE DE CHARLES HÉRISSEY.

www.ingramcontent.com/pod-product-compliance
Lightning Source LLC
Chambersburg PA
CBHW071707300426
44115CB00010B/1340